"十二五"职业教育国家规划教材
经全国职业教育教材审定委员会审定

国家级精品课程教材

21世纪新概念教材:"多元整合型一体化"系列

高职高专教育市场营销专业精品课程教材新系

市场营销策划
——理论、实务、案例、实训
(第三版)

张晓 王丽丽 主编

东北财经大学出版社
Dongbei University of Finance & Economics Press

大连

图书在版编目（CIP）数据

市场营销策划：理论、实务、案例、实训 / 张晓，王丽丽主编．—3版．
—大连：东北财经大学出版社，2018.1

（高职高专教育市场营销专业精品课程教材新系）

ISBN 978-7-5654-2994-1

Ⅰ．市…　Ⅱ．①张…②王…　Ⅲ．市场营销–营销策划–高等职业教育–教材

Ⅳ．F713.50

中国版本图书馆CIP数据核字（2017）第294812号

东北财经大学出版社出版

（大连市黑石礁尖山街217号　邮政编码　116025）

网　　址：http：‖www.dufep.cn

读者信箱：dufep@dufe.edu.cn

大连市东晟印刷有限公司印刷　东北财经大学出版社发行

幅面尺寸：185mm×260mm　　字数：325千字　　印张：14.75

2018年1月第3版　　　　　2018年1月第8次印刷

责任编辑：许景行　魏　巍　　　　责任校对：思　齐

封面设计：冀贵收　　　　　　　　版式设计：钟福建

定价：28.00元

总序："多元整合型"课程与教材建设的新探索

　　"多元整合型"课程是反映当代世界职业教育课程观发展的综合化趋势，通过"博采当代多种课程观之长"产生的一种新型职业教育课程模式。在我国，职教界近年推广的"宽基础、活模块"课程，是将基础课的"学科结构"与专业课的"模块结构"整合起来的一种尝试。专业课程自身领域的"多元整合"及其教材建设则是继此之后的进一步探索，这种探索有着深刻的历史与逻辑反思背景。

一、职业课程改革历史回眸

　　近半个世纪以来，国外职业课程改革浪潮此起彼伏，"关注职业活动，培养企业急需人才"，是这些浪潮发出的一致呼声。世界劳工组织的 MES 课程要求"从职业工作需要出发"；加拿大等北美国家的 CBE 课程要求"从包括知识、技能和态度的职业分析出发"；澳大利亚的 TAFE 课程要求"以作为'职业资格标准'的'培训包'为依据"；英国的 BTEC 课程将"职业核心能力"与"专业能力"一并置于"教学目标"中；德国的"学习领域"课程提出"以工作过程为导向"，如此等等。

　　世纪之交的我国，职教界通过借鉴国外职业课程的改革经验，也相继提出了有中国特色的"模块课程"、"项目课程"和"工作过程系统课程"。

　　此等课程改革以曲折的方式展现了职业课程理论与实践的提升。之所以称之为"提升"，是因为这些课程模式的推出在克服传统"学科导向课程"的片面性上有所建树；之所以称之为"曲折"，是因为它们都以"学科导向课程"的"反题"自居，都认定"学科导向课程"在自己的领域不适用，都想极力摆脱"学科导向课程"的束缚，都以"工作过程导向课程"的"横向串行结构"与"学科导向课程"的"纵向并行结构"相对峙。

　　两种课程改革浪潮之间也存在显著差别，即发达国家职业课程开发的立足点是"职业培训"；我国职业课程开发的立足点是"职业教育"，包括中等职业教育和高等职业教育。

二、"工作过程导向课程"模式的所长与所短

　　"工作过程导向课程"系借鉴德国"学习领域课程"而来，代表了我国职业教育课程改革此前试点的主流。职业教育课程改革的一切再探索，都应以对它的逻辑反思为前提。

1. "工作过程导向课程"模式的可取之处

　　进行以"学科导向课程"为"正题"的"反题"探索，深入、系统地发掘那些被"学科导向课程"所忽视的"职业工作要素"，据以构建完全不同于"学科体系"的"基于工作过程"的职教课程体系，是数十年来世界职业课程改革的战略取向。它要求人们关注"职业活动领域"，以实现专业课程设计与企业岗位群工作对接为己任，将"工作过程系统"作为职业教育课程的"参照系"，关注职业教育课程中的"横向组织结构要素"，提出了不同于"知识本位"的"能力本位"教育——这一切作为对"学科导向课程"的"矫枉"都功不可没，是我们在高等职业教育课程与教材建设的新探索中应当借鉴的。

2.“工作过程导向课程”模式的局限性

任何课程模式都有它的局限性。从“问题思维”的视角来看，“工作过程导向课程”模式的主要局限性体现在何处呢？

（1）“工作过程导向课程”对“学科导向课程”矫枉过正

“工作过程导向课程”模式的局限性缘于其对“学科导向课程”的矫枉过正。一方面，“工作过程导向课程”拒斥“知识本位”，独尊“能力本位”，从而将“知识本位”与“能力本位”对立起来；另一方面，它还将“学科导向课程”诉诸的“纵向组织结构”这个“婴儿”当作无用的东西，连同“洗澡水”一同泼了出去。这种做法忽略了两个基本事实：其一，应用型职场不仅需要基于“职业能力”的“技能操作”，也需要基于“职业知识”的“职业认知”；其二，一切“发生学”意义上的事物，其主导性的组织结构都是纵向组织结构。

（2）“工作过程导向课程”是“非发生学”意义上的课程

“工作过程导向课程”以“职业成体”的“工作过程系统”为参照系，以“横向串行组织结构”为主框架，属于“非发生学”意义上的课程体系。然而，高等职业技术教育的对象不是“高等职业成体”，而是“发生中的高等职业个体”；为“发生中的高等职业个体”开设“非发生学”意义上的高等职业教育课程，总体上看是自相矛盾的。

直面“工作的现实具体性”（即工作过程）的课程也许适用于两种学员：一种是作为“继续教育对象”的在职“高等职业成体”，其任务是顺应新的“工作过程”，以调整自我的原格局，无须重新经历“发生学”意义上的“高等职业教育课程”的铺垫；另一种是面向最基层、从事简单技能操作的未来从业者，他们作为“职业培训”的对象，其未来岗位是企业急需的经验层面的简单操作，没有必要进行“发生学”意义上的“高等职业教育课程”的铺垫，授之以直面简单“工作过程”的课程就可以了。

（3）“工作过程系统”不宜作为课程的“过程模式”

“工作过程系统”不宜作为高等职业教育课程的“过程模式”。高职院校学生“认知结构”的建构程序与高等职业“工作过程”的展开程序是不同的。要求“将每门课程都设计成一个完整的工作过程”，要求“每门课程的内容序化都以工作过程为参照”，亦即要求将“工作过程系统”作为课程的“过程模式”，其做法不仅违背了认知规律和学习过程规律，而且有“预成论”课程观之嫌。

（4）“工作过程系统”不宜作为课程的“目标模式”

在“工作过程系统课程”中，学生只扮演“工具理性”的角色，重“功利”而轻“人本”。不仅如此，将“工作过程系统”作为“目标模式”，让学生围绕“工作过程”旋转，还会导致主体的缺失。高等职业技术教育的“课程目标”应当与其“人才培养目标”相一致，即应依据专业的“人才培养目标”来确立“课程目标”。相对于“人才培养目标”，“工作过程”只能作为活动中介、桥梁和手段，而建构更充实、更具稳定性、兼顾“功利”与“人本”的“职业学力”才是根本。

（5）“工作过程系统”只有短期时效性

“工作流程”具有较强的个别性、相对性与可变性。在校期间以之为参照的“工作过程系统”，待学生毕业走向工作岗位的时候可能已经面目全非。届时，经历过该“工作过程系统”的“主体自我”中除了“结构相对固定”的“具有普适性的思维过程”，即“资讯、决策、计划、实施、检查、评价"六个步骤外再没有别的，即便加上"社会能力"和"方法能力"，其"职业学力结构"还是单薄了点。由于没有"纵向结构知识的系统铺垫"，学生的"职业认知"缺乏渐进性和系统性，可迁移性也很差；由于知识面过窄，学生的发展后劲不足；由于作为参照系的"工作过程系统"只有短期时效性，因此学生无法应对今后的职场变化。

（6）关于"工作过程导向课程"的研发团队

"工作过程导向课程"和作为其源头的"学习领域课程"，其研发团队仅限于教育界和企业界专家，该模式的"所长和所短"莫不与此相关。今天看来，如果此种研发能同时邀请其他领域的成员，特别是发生认识论、认知心理学和教育心理学等领域的专家介入，或者充分借鉴其优秀代表的相关理论，则情况会大不相同。

三、高等职业教育课程改革的未来取向

高等职业学历教育既不同于"高等职业成体"的"继续教育"，也不同于培养"简单技能操作者"的"职业培训"，影响其课程改革取向的因素要复杂得多。

1.区别两类"职业个体"

在高等职业教育课程改革的探索中，有必要区分两类"职业个体"，即"发生中的职业个体"与"职业成体"。前者是指高等职业学历教育的在校学生；后者是指企业现实工作岗位的高等从业人员。高等职业学历教育的对象不是"高等职业成体"，而是"发生中的高等职业个体"。

2.不是"预成的"，而是"渐成的"

"发生中的高等职业个体"在高等职业教育中不是"预成的"，而是"渐成的"。正如皮亚杰所说：人的认知结构既不是在客体中预先形成了的，也不是在主体中预先形成了的，每一个结构都是"'文化-心理'发生"的结果。[①]人的"技能结构"和"道德行为结构"也是如此。应当将"渐成论"的课程观作为高等职业教育课程研发的一个指导性理念。

3.关注"高等职业个体发生"机制

高等职业教育课程改革应关注"高等职业个体发生"机制。高等职业教育课程（包括职业公共课程、职业大类核心课程和专业课程）设计为之服务的"高等职业个体发生"，是一个以高中阶段的"基础学力结构"为原格局，通过"职业知识"、"职业能力"和"职业道德"等"职业学力"的全面建构，向"职业胜任力"目标发展的完整过程。在这个过程中，"发生中的高等职业个体"通过"高等职业课程"的"教学"、"训练"与"考核"，借助于"同化"、"调节"与"适应"等发生机制，以循环渐进的方式不断从较低水平的"职业学力"平衡状态过渡到较高水平的"职业学力"平衡状态，直至达到"职业胜任力"水平的平衡状态。

4.在"学科体系"与"工作体系"之间做"亦此亦彼"的选择

高等职业教育课程的组织结构既不应等同于单纯"学科导向课程"的"纵向并行结构"，因为它的"目标模式"不适合于"应用型职业需求"；也不应等同于单纯"工作过程导向课程"的"横向串行结构"，因为它的"过程模式"不适用于"发生中的高等职业个

---

① 皮亚杰J.发生认识论原理［M］.王宪钿，等，译.北京：商务印书馆，1981：16.

体"。另一方面，高等职业教育的课程结构既不能缺少"纵向结构"，因为无论是"渐成论"课程观的"发生学原则"，还是布鲁纳"学科结构"的"过程模式"[①]，都一致地指向它；也不能缺少"横向结构"，因为没有它，就无法融入"职业工作要素"。既然如此，高等职业教育课程改革的未来取向就不应当在"学科体系"与"工作体系"之间做"非此即彼"的选择。沿着"'学科—工作'体系"的方向，围绕以"健全职业人格"为整合框架的"'职业胜任力'建构"这个中心，将"多元整合型课程"作为"你中有我、我中有你"的课程来探索，将是更明智的选择。

5.课程组织应"以纵向为主、横向为辅"，收官课程可以例外

在高等职业教育专业课程体系中，前期和中期课程的组织结构应"以纵向为主、横向为辅"。之所以应"以纵向为主"，是因为以"发生中的"职业个体为对象的课程组织的"主导结构"应符合"发生学"原则，而符合"发生学"原则的课程结构即"纵向结构"；之所以应"以横向为辅"，是因为需要将上文提及的"职业工作要素"同步穿插到"主导结构"中。至于"收官课程可以例外"，是因为要将先前课程建构的诸多"职业学力"整合为"职业成体"的"职业胜任力"，需要以"工作过程系统"为"主导结构"的课程中介。

四、高等职业教育专业课程教材建设的新探索

1.将"健全职业人格导向课程"作为"合题"

一批对上述"历史回眸"、"逻辑反思"和"课程改革未来取向"持有同感的高等职业院校省级以上精品课程负责人，用他们最新奉献的教学用书，在专业课程教材建设方面进行了新探索。在这种探索中，传统的"学科导向课程"被当作"正题"，目前流行的"工作过程导向课程"被当作"反题"加以扬弃；"健全职业人格导向课程"被当作"合题"推到前台，与之相应的课程设计理念或模式被冠以"多元整合型一体化"。

2."'合题'探索"依据的基本共识

高等职业教育专业课程教材建设的这种"合题"探索基于以下共识：

（1）扬弃两种各有侧重的"导向"

"学科导向课程"指向的"职业知识体系"，偏重人类职业行动历史结晶中的"知识结构"，而轻其"业务结构"；"工作过程导向课程"指向的"职业行动体系"，偏重人类职业行动历史结晶中的"业务结构"，而轻其"知识结构"。"健全职业人格导向课程"应以某种方式扬弃并整合两者，借以传递可表达为人类职业行动最佳现实状态的全方位"职业胜任力'结构—建构'"信息。

（2）"教育过程"不同于"工作过程"

高等职业的"教育过程"是以高中阶段的"基础学力结构"为"原格局"的"发生中的高等职业个体"到"高等职业成体"的一系列有序的变化发展过程。就像生物个体的"发育过程"不同于其成体组织的"活动过程"一样，"发生中的高等职业个体"的"教育过程"也不同于高等职业成体的"工作过程"。将"高等职业成体"的"工作过程"作为高等职业教育课程的"过程模式"，让"发生中的高等职业个体"直接去做"高等职业成

① 布鲁纳 J S.教育过程［M］.邵瑞珍，译.上海：上海人民出版社，1973.

体"的事①，无异于将生物个体的"发育过程"混同于其成体组织的"活动过程"。

（3）"学习迁移"有赖于"纵向组织"

在变动不居的职场中，"高等职业成体"赖以应变的一个有效机制是"学习迁移"。"学习迁移"包括"认知结构的迁移"（陈述性知识的迁移）和"技能结构的迁移"（程序性知识的迁移）。"认知结构的迁移"依赖两个方面的基础：一是E.L.桑代克和C.H.贾德的研究所指向的"共同要素"和"经验类化"；二是J.S.布鲁纳和D.P.奥苏贝尔的研究所指向的"学科基本结构"和"个体的认知结构"。"技能结构的迁移"也依赖两个方面的基础：一是J.安德森的行动理论研究所指向的"产生式规则"；二是弗拉维尔的"认知策略迁移"研究所指向的"反省认知"②。

鉴于"产生式规则"的获得必须先经历一个"陈述性阶段"，而"反省认知过程"是在新的情境下使用"认知过程"的前提，可以说无论是"共同要素"和"经验类化"、"学科的基本结构"和"个体的认知结构"，还是"产生式规则"和"反省认知"，都指向"过程模式"所诉诸的"纵向组织"。这个"纵向组织"的建构，是"合题探索"中应予借鉴的"学科导向课程"的"强项"。

（4）"渐成论"课程观更为可取

高等职业教育课程理论中的"渐成论"课程观要比"预成论"课程观更可取。"渐成论"的课程观将职业教育课程教材视为类似于"生物基因链"（DNA）的人类职业行动的"文化觅母链"——一种用人类职业行动历史结晶中的"知识结构"、"业务结构"和"职业道德与企业伦理结构"等信息（类似于波普尔的"世界3"）编织起来的东西③，认为"教育过程"就是在必要的教学环境中，在教师的"诱导"下，借助种种教育技术与手段，通过教学活动，将设计在教材中的人类职业行动的"知识结构"、"业务结构"和"职业道德与企业伦理结构"等信息（其中包括可引起"突变"或"创新"的"文化觅母"）"转录"到学生的头脑（相当于"文化RNA"）中，并通过全方位的训练（特别是实训）与考核环节（相当于"中心法则"中的"翻译"机制），促成学生"职业胜任力"结构的发生。在这里，"文化觅母"是借用R.道金斯的表述④；"基因"、"转录"、"翻译"与"中心法则"等是借用分子生物学的术语；"职业胜任力"是指在真实的职业工作环境中，按照最新行业准则、规范、标准和要求，承担并胜任专业岗位群各种工作角色，并在跨行业的职业流动中具有可持续发展后劲的职业成体的"职业知识"、"职业能力"和"职业道德"的统一⑤。

（5）作为课程模式的"健全职业人格"

"健全职业人格导向"是整合"学科导向"和"工作导向"的课程模式，也是整合"职业学力"三种基本内涵——"职业知识"、"职业能力"和"职业道德"——的更具包容性的框架。

---

①　值得一提的是，当布鲁纳要求学生在"教学过程"中独立探索科学家"知识发现过程"的时候，他也不自觉地犯了同样的错误。他的"发现法"同他的著名假设——"任何学科的知识都可以某种形式有效地教给任何年龄的任何儿童"——一样，都有些走过了头。

②　E.L.Thomdike, 1903；C.H.Judd, 1908；J.S.Bruner, 1960；D.P.Ausubrl, 1968；J.Anderson, 1990；Flavell, 1976.

③　波普尔 K R.客观知识：一个进化论的研究 ［M］.舒炜光，等，译.上海：上海译文出版社，2005.

④　道金斯 R.自私的基因 ［M］.卢允中，等，译.长春：吉林人民出版社，1998.

⑤　McClelland, 1973；Richard Boyatzis, 1982；Nordhaug & Gronhaug, 1994；Lewis, 2002；Bueno & Tubbs, 2004；Ricciardi, 2005；Morrison, 2007.

在高等职业教育的课程体系中，"健全职业人格"既可作为"目标模式"，又可作为"过程模式"：作为"目标模式"，它指向既作为"职业分析"的出发点，又作为系列课程建构目标的"高等职业成体"的广义"职业胜任力"；作为"过程模式"，它着眼于高等职业教育对象的"职业胜任力结构发生"，要求课程内容（既包括 R.M.加涅称之为"智慧技能"、"认知策略"和"言语信息"的学习内容，也包括其称之为"态度"和"动作技能"的学习内容①）的序化要遵循"从抽象到具体"的发生学原则（马克思称之为"科学上正确的方法"②，将其运用于《资本论》的建构；J.皮亚杰称之为"由一个比较初级的结构过渡到不那么初级的（或较复杂的）结构"的原则，将其运用于发生认识论的建构③），要求在"发生过程"中随时关注"职业工作要素"的"同步渗透"或"横向穿插"。

（6）"职业胜任力"的建构

在"多元整合型一体化"的高等职业教育专业课程体系中，学生"职业胜任力"的建构应分三步走：第一，从该专业"高等职业成体"的"职业胜任力"分析入手，将相同的"职业胜任力要素"归类划分为不同的"职业学力领域"，以此为基础确定互相区别并呈梯度衔接的各门课程的"职业学力"建构任务；第二，在各门课程内，以各领域"高等职业知识的纵向铺垫"为经线，以"业务要素"的"同步链接"或"横向穿插"为纬线，依照"从抽象到具体的方法"，建构各侧面（或各层次）的"职业学力结构"；第三，将各门课程建构起来的各侧面（或层次）的"职业学力结构"，通过带有"岗位业务"和"综合业务"性质的后期课程，整合为可与企业岗位群现实"工作过程系统"相对接的最具体的"职业胜任力结构"。

为了有效应对全球新技术革命导致的行业内乃至跨行业的职业流动性，"职业学力"各基本内涵——无论是"职业知识"和"职业能力"，还是"职业道德"——的建构，都要坚持"整合论"原则，即兼顾"特殊的"（或专业的）、"通用的"（或行业大类的）和"核心的"（或跨行业的）三个层面，借以超越先前时代适应职业岗位相对稳定的"还原论"原则。

（7）"人才目标"的转型

高等职业教育的人才目标不应局限于"培养能够与'工作过程系统'对接的职业人"，而应定位于"培养具有'健全职业人格'④，既能适应又能扬弃'既定工作过程系统'的富有创造力和人文精神的'职业人'"。后者就业后，能够通过"继续教育"及其与"职业环境"的交互作用，使其现有水平的"职业胜任力结构"不断转化为更高水平的"职业胜任力结构"，从而永远不会陷于"主体缺失"的境地。

3.体现"基本共识"的教材特色

依据上述"基本共识"，全部由省级以上精品课程负责人主持编写，由东北财经大学出版社出版，从2010年起陆续推出，涵盖高职高专教育财经类各主要专业的"21世纪新概念教材：'多元整合型一体化'系列"具有如下特色：

① 加涅 R M.学习的条件和教学论［M］.皮连生，等，译.上海：华东师范大学出版社，1999.加涅 R M.教学设计原理［M］.皮连生，等，译.上海：华东师范大学出版社，1999.
② 马克思.政治经济学批判导言［M］.徐坚，译.北京：人民出版社，1972：103.
③ 皮亚杰J.发生认识论原理［M］.王宪钿，等，译.北京：商务印书馆，1981：15.
④ 欧美等国的学者较早地关注了"人格本位"（S.Freud，1895；E.Hemingway，1932；V.Satir，1964；J.Banmen，1981—1988）。日本于1986年将"人格的形成"作为"教育目的"（见日本临时教育审议会：《审议经过概要（之三）》）。在我国，1995年国家教委下发的《在大学生中加强人文素质教育的决定》和1999年《中共中央国务院关于深化教育改革全面推进素质教育的决定》，均着眼于人的全面发展，强调塑造健全人格的必要性。

（1）倡导先进的高等职业教育课程理念，依照"多元整合型—一体化"的代型模式设计专业教材。

（2）关注"工学结合型"教育所要求的"双证沟通"与"互补"。在把职业资格融入课程标准的同时，着眼于高等职业学历教育与职业培训的重要区别，强化了对学生"职业学力"特别是"学习迁移能力"和"可持续发展能力"的全方位训练，提出了建构以"职业知识"、"职业能力"和"职业道德"为基本内涵，以多维"整合论"的"健全职业人格"为最高整合框架的教材赋型机制的更高要求。

（3）兼顾专业课程教材的"纵"与"横"两个组织结构维度，依照"原理先行、实务跟进、案例同步、实训到位"和"从抽象到具体"的原则，循序渐进地展开教材内容。

（4）将兼顾特殊的、通用的与核心的"职业知识"、"职业能力"和"职业道德"规范与标准导入学生"职业胜任力"的实践操作，克服了传统实训架构中的"还原论"倾向和非标准化的主观随意性。

（5）教学、训练与考核环环相扣，并围绕"职业学力"三大基本内涵全面展开，超越了"知识本位"和"能力本位"的传统教材设计。

（6）突出贯穿全书的"问题思维"与"创新意识"，探索"创新型"高等职业教育的课程教材建设。

4.内容结构的统一布局

在内容结构上，"'多元整合型一体化'系列"的主教材实施了如下统一设计布局：

各章"学习目标"列示出"单元教学"与"基本训练"的目标体系，包括"理论目标"、"实务目标"、"案例目标"和"实训目标"四个子目标。

作为每章正文部分的"单元教学"，为章后"基本训练"提供了较为系统的知识铺垫和业务示范。其中，篇首"引例"提供了"学习情境"；"理论"、"实务"与"案例"等教学环节系统展开"专业陈述性知识"、"专业程序性知识"和"专业策略性知识"；"同步案例"、"职业道德与企业伦理"和"业务链接"等栏目，提供了"职业工作要素"的同步穿插，并带有示范与引导性质。

"本章概要"包括"内容提要与结构"、"主要概念和观念"和"重点实务和操作"。其中："内容提要与结构"是对"单元教学"内容的简短回顾；"主要概念和观念"和"重点实务和操作"列示了"单元教学"和"基本训练"中要求学生重点把握的专业知识与业务操作内容。

"基本训练"通过各类题型——包括"理论题"、"实务题"、"案例题"和"实训题"——的操练，复习与巩固"单元教学"的各种习得，并促进学生的"学习迁移"，借以强化学生的"职业知识"、"职业能力"和"职业道德"等"学力结构"的阶段性建构。

"单元考核"是对"单元教学"和"基本训练"成果的全面验收，旨在评估学生在"职业知识"、"职业能力"和"职业道德"的建构中达到的阶段性水平，并通过反馈进一步强化其阶段性建构。

"综合训练与考核"和"课业范例"带有教材"收官"性质，是各门课程中最接近"职业胜任力"的训练与考核。

结构决定功能。了解教材内容结构设计的布局，有助于发挥其相应的功能和作用，为充分理解和使用教材创造条件。

五、结束语

1.关注课程与教材建设模式转型，服务新时期高等职业教育人才培养

高等职业教育课程和教材建设的全部新探索，都是为新时期迫在眉睫的高等职业教育人才培养目标模式转型服务的。

改革开放三十多年来，我国高等职业教育人才培养目标模式经历了由计划经济时期"培养国家经济各部门需要的、具有通用型高等专业知识人才"，向"培养以制造业为主体的企业生产和经营管理需要的、具有高等专业知识与专业技能的应用型人才"的转型；高等职业教育课程和教学资源建设模式经历了由计划经济时期的"学科导向"向"工作导向"的转型。如今，我国高等职业教育人才培养目标、课程和教学资源建设模式正处于一种新的、更具全球化时代竞争意义的转型过程中。

在"后金融危机时期"，中国在应对世界范围重新抬头的贸易保护主义的同时，又面临"刘易斯转折点"（即人口红利逐渐消失），其对经济转型的要求比以往任何时候都迫切。与此相应，中国高职院校的人才培养目标需要从"培养能够与'世界工厂'既定工作岗位对接的高等应用型人才"，向"培养既能与'世界工厂'既定工作岗位对接，又能适应产业结构升级和工作岗位变换，并具有与'世界实验室'和'世界创新中心'工作岗位对接潜力的高等应用型人才"转型的能力。

高等职业教育课程与教学资源建设的转型应当与其人才培养目标模式的转型同步。

2.避免两种逆反倾向

在"转型"问题上，要避免两种逆反倾向，即回避"复杂性"和满足"既定模式"。

（1）关于回避"复杂性"

说到"复杂性"，人们很容易与相反的选择，即奥卡姆称之为"经济性剃刀原则"的"简单性原则"相对比。"简单性原则"是一种"还原论"思想方法，它有一个众所周知的说教，就是"不要把简单的事情搞复杂了"。说教者往往因为"把本来复杂的事情搞简单了"而事后汗颜。如果相关情境下"简单性原则"确实管用，谁会舍易求难呢？有个例子很说明问题：2010年足球世界杯比赛期间，一位电视台名嘴在导视西班牙队的头几场比赛时，面对西班牙队高超的整体战术配合，即兴说出了一句符合"简单性原则"的名言，即"他们把本来简单的足球踢得复杂了"。这位名嘴所讲的"复杂"，是指西班牙球队的整体战术配合。后来的事实表明，本次世界杯西班牙队夺了冠，他们赢就赢在了这个"复杂性"上。因为有这个"复杂性"，他们才会有出色的整体控球能力，即便是德国队威力强大的冲锋，也因为抵挡不了这个"复杂性"而败北。这个例子值得对"简单性原则"情有独钟的人们深思。

（2）关于满足"既定模式"

至于"既定模式"，如果指的是在"学科导向"和"工作导向"之间做"非此即彼"的选择，那就是一种片面性。倾心于此等"既定模式"的人通常只看到事情的积极方面，而忽视其消极方面。一位伟人说过："谁要是把抽象的思想生硬地应用于现实，就是破坏了现实。"在高等职业教育课程和教学资源建设上，现实事物是具有一定"复杂性"的整体。如果你在"理论的态度"中只看到其中某一个侧面，发表了某些抽象看法，这也许无关紧要；可是当你在"实践的态度"中将片面的认识"生硬地"应用于现实，致力于改造现实事物的全面性和具体性的时候，问题就严重了，在这种情况下，你在建构现存的同时

"生硬地"破坏了现实。

（3）历史教训

世界高等职业教育的历史表明：人们先是在"理论的态度"中认识到"人类职业行动"的"知识结晶"，在"实践的态度"中"生硬地"实施了"知识本位"教育；随后又在"理论的态度"中认识到"人类职业行动"的"业务结晶"，在"实践的态度"中"生硬地"实施了"能力本位"教育。两者都是在建构职业教育现存的同时破坏了职业教育现实：建构的是片面性，破坏的是全面性。这两种片面认识与做法都是在不自觉的情况下出现的，尚属情有可原。如果意识到两种片面性之后仍然执意而为，去重蹈历史覆辙，就说不过去了。

在全球化遍及一切领域的今天，各国都面临愈演愈烈的产品竞争、技术竞争、管理竞争、商业模式竞争、教育竞争和人才竞争，产品创新、技术创新、管理创新、商业模式创新、教育创新和人才培养模式创新势在必行，为之服务的高等职业教育课程和教学资源建设的模式转型是大势所趋。在这种情况下，有多少教育工作者还会心甘情愿地把"回避'复杂性'"和"满足'既定模式'"作为选项呢！

3.本项目参与者们的尝试

"前事不忘，后事之师。"参与"多元整合型一体化系列"项目的众多省级以上精品课程团队所尝试的，是面对高等职业教育现实的"复杂性"知难而进：在"理论的态度"中致力于克服片面性认识，在"实践的态度"中尽可能避免破坏现实的"生硬"做法。

列入本系列高职高专精品课程教材的作者们，出于"后精品课程时期"专业课程持续发展的内在需要，纷纷探索课程模式转型之路，将培养中国产业结构升级所需要的"'职业知识、职业能力和职业道德'兼备"，"'问题思维'和'革新创新'能力突出"的新型高等职业经济管理人才视为己任，其高度责任感和锐意进取的精神令我们钦佩！

早在20世纪末，东北财经大学出版社就在国内高校众多知名专业带头人的参与下，率先推出了涵盖财经类各专业的"21世纪新概念教材"。如果说在21世纪的头十年，"21世纪新概念教材"的"'换代型'系列"曾通过"用'反题'弥补'正题'之不足"，为培养适应"中国制造"之经济管理人才的高校课程建设服务，那么在21世纪的第二个十年，"21世纪新概念教材"的"'多元整合型'系列"将通过"用'合题'扬弃'正题'与'反题'"，为培养适应"中国创造"之经济管理人才的高校课程建设服务。

就未来十年的战略取向而言，一套好的高等职业教育专业教材应当既体现国内外先进的专业技术水平和教育教学理念，又适应中国经济转型所需要的"创新型高等职业人才培养"，从而将《国家中长期教育改革和发展规划纲要（2010—2020年）》提出的相关要求落到实处。本系列教材的作者们是否在此方面开了个好头，应留给专家、学者和广大师生去评判。

在高等职业教育课程教材建设的道路上，向前探索的开端总是不完善的，期待专家、学者和使用本系列教材的师生不吝赐教，以便通过修订不断改进，使之与我国的产业需求和课程改革发展始终保持同步。

许景行
于东北财经大学烛光园

第三版前言

在以互联网带动产业升级的新经济和新零售时代，国内市场经济形势不断变化，现代市场营销实践也蓬勃发展，企业在迅速变化的市场环境和日趋激烈的市场竞争中，依靠市场营销策划谋生存、求发展已成为摆脱同质化的低层次竞争的重要手段，因而市场营销策划在企业实践中得到了广泛的运用。同时，营销策划的专业人员在中国的需求量越来越大，高职高专多数毕业生的第一份工作都和企业的营销与管理有关。

营销策划走过了传统的点子时代、广告时代等片面发展的阶段，在今天的互联网时代，正在向响应的快速性、手段的综合性、实施的娱乐性等方面延伸和深化。市场营销策划是一门结合市场营销的新理论进行实际应用的综合性边缘学科，注重营销思维的实践与应用，并以培养营销思维、带动正确的营销实践行为为课程的发展方向。因此，必须不断结合市场对营销策划、从事营销和营销管理的人员的需要，对市场营销策划教材的内容、案例和相关课业范例等进行更新和补充。

基于以上设想，依据《国家中长期教育改革和发展规划纲要（2010—2020年）》中提出的"着力提高人才培养水平"、"坚持育人为本、德育为先"和"强化能力培养，创新人才培养模式"等要求，本书第三版对内容和结构进行了同步提升，不仅能够培养学生的信息搜集能力、分析判断能力、组织能力、创新能力、应变能力、口头表达能力、文字写作能力和心理承受能力，而且能够帮助学生发现问题、分析问题和解决问题。修订后的教材具有如下特色：

1.体现先进的高职教育教学理念。此次修订吸收和采纳了最新的研究成果和发展动态，力求使教材具有科学性、实用性与前瞻性。

2.突出高职高专的职业性、适用性、技能性、能力性。为了适应市场和就业职场人才需求的变化，使教学与市场要求同步，此次修订优化了各章"引例"、"同步思考"、"同步案例"、"业务链接"、"教学互动"和"职业道德与企业伦理"等功能性专栏，以及章后"案例分析"、"善恶研判"和"实训题"的设计，新增"自主学习"板块，以提高学生的职业能力和思维能力。

3.强调结构合理务实。为了实现高职教育课程目标与职业工作需求的对接、教学内容与职业岗位任务的对接、教学方式与职业工作过程的对接、效果评价与职业能力素质的对接，依据高职课改理论研究最新成果，进一步处理好"真实项目教学"、"互动式教学法"和"案例教学法"等教学方法的结合应用。

本书第三版由张晓、王丽丽担任主编，李为、黄志勇担任副主编。具体编写分工如下：张晓修订第4章与第7章，王丽丽修订第1章与第6章，李为修订第2章与第8章，黄志勇修订第3章、第5章、课业范例；全书由王丽丽总纂定稿。许景行教授审阅全稿，提出修改意见，撰写"总序"和书后附录。

感谢东北财经大学出版社相关编辑人员的辛勤工作，对引用、参考的相关资料、书籍的作者一并表示诚挚的谢意。

由于编者水平有限，书中难免存在疏漏与不足，恳请专家、学者批评指正。

编　者

2017年11月

第二版前言

随着现代市场营销实践的蓬勃发展，市场营销策划已成为企业在迅速变化的市场环境和日趋激烈的市场竞争中谋生存、求发展的管理利器，因而在企业实践中得到了广泛的运用。

市场营销策划作为市场营销专业的核心课，是一门新兴的综合性边缘学科，研究内容涉及面广，实践性与应用性很强。通过本课程的学习，学生不仅能够了解营销环境、熟悉市场营销策划的一般步骤与方法、掌握各种营销策略及其综合运用、树立现代市场营销策划观念、培养创新意识和实践能力，而且能够运用市场营销策划理论去发现问题、分析问题和解决问题。因此，市场营销策划教材必须通过市场营销策划领域最新的案例来跟上时代的变化，这些案例既包括成功的，也包括失败的。本书第二版收录了一些典型的当代市场营销策划案例，力图使每个案例都能测试学生用书中介绍的理论知识解决实际问题的能力。

基于以上认识以及为了适应不断变化的环境，修订版教材依据《国家中长期教育改革和发展规划纲要（2010—2020年）》中提出的"着力提高人才培养水平"、"坚持育人为本、德育为先"和"强化能力培养，创新人才培养模式"等要求，对教材设计进行了同步提升。修订后的教材具有如下特色：

1.体现先进的高职教育教学理念，紧跟市场营销策划研究的最新进展与成果，及时吸收教材使用过程中学生的反馈意见。

2.注重健全职业人格的培养，突出职业学力的提升。新时期的职场，既需要"职业认知"，也需要"职业能力"和"行为自律"，此次教材修订重构并优化了以"职业知识"、"职业能力"和"职业道德"为"三重本位"，以"健全职业人格"为最高整合框架的高等职业教育"职业学力"教材赋型机制，并且尽量处理好"职业学力"建构中的"专业性"、"通用性"与"核心性"三重内涵。

3.强调结构合理务实。依据高职课改理论研究最新成果，进一步处理好教材"纵向组织结构"与"横向组织结构"的关系，依照"原理先行、实务跟进、案例同步、实训到位"的原则，循序渐进地展开修订版教材内容，并适当增加"学导式教学法"、"互动式教学法"、"案例教学法"和"项目教学法"等教学方法的结合应用。

4.更新增添鲜活的素材。结合实务界发生的变化，我们优化了各章"引例"、"同步业务"、"同步实训"、"同步案例"、"教学互动"、"职业道德与企业伦理"等功能性专栏，以及章后"案例分析"、"同步思考"、"业务链接"、"教学互动"、"善恶研判"和"实训题"的设计，更新了部分相关资料。

为方便教学，本书第二版配有网络教学资源包，内含课程PPT、"参考答案与提示"和《学生考核手册》等，使用本教材的教师可登录东北财经大学出版社网站（www.dufep.

cn）下载和使用这些资源。

本书第二版由张晓、王丽丽担任主编并修订"编写提纲"，李为、黄志勇担任副主编。具体编写分工如下：张晓修订第4章与第7章，王丽丽修订第1章与第6章，李为修订第2章与第8章，黄志勇修订第3章与第5章，综合训练与考核和课业范例由王丽丽、李为共同完成；全书由王丽丽、张晓总纂定稿。许景行教授审阅全稿，提出修改意见，撰写"总序"和书后五个附录。

教材在修订过程中，得到了许景行教授的指导与审阅，在此深表谢意。同时，感谢东北财经大学出版社相关编辑人员的辛勤工作，对引用、参考的相关资料、书籍的作者一并表示诚挚的谢意。

由于编者水平有限，书中难免存在疏漏与不足，恳请专家、学者、同仁批评指正。

编　者

2014年5月

第一版前言

在后金融危机时期，伴随着中国经济转型和产业结构的升级，高等职业教育的人才培养目标需要从"培养'制造型人才'"向"培养'创造型人才'"转型，其课程设计需要从"专注与企业岗位对接的专业能力培养"，向"着眼企业发展，兼顾职业知识、职业能力和职业道德，突出'解决问题'和'革新创新'能力培养"的方向调整。

《市场营销策划——理论、实务、案例、实训》一书的推出，一方面旨在满足新时期我国高职高专教育教学改革对新型专业教材的需求，另一方面也出于"后国家级精品课程时期"的市场营销策划课程持续发展的内在需要。

本书"以就业为导向"，紧紧围绕"后金融危机时期"我国高职高专教育新型人才培养目标，依照"原理先行、实务跟进、案例同步、实训到位"的原则，全面展开市场营销策划课程的内涵。主要内容包括市场营销策划概论、市场营销策划流程，企业战略策划、目标市场战略策划、产品策划、价格策划、促销策划、分销渠道策划等，系统地阐述了市场营销策划的理论与实务。

本教材不拘泥于理论的空洞说教，由实例引出理论，力求做到理论与应用并重，材料与论点新颖，语言文字通俗易懂，注重内容的科学性、创新性、职业性和可操作性。其特色表现在以下三个方面：

1. 结构合理务实。遵循"原理先行、实务跟进、案例同步、实训到位"的原则，全面展现市场营销策划的内涵，注重"学习目标"、"教学内容"、"单元训练"和"单元考核"四者之间的内在统一。以"引例"导入本章情境；章内各教学环节展开实务；章末设有"内容提要与结构"、"主要概念和观念"、"重点实务和操作"和"单元训练"等，便于学生全面掌握教材内容。

2. 突出能力培养。各章"学习目标"依照四大教学环节分别设计，即理论目标、实务目标、案例目标、实训目标，全面培养学生的专业能力与职业核心能力，并且通过践行职业道德规范，促进学生健全职业人格的塑造。

3. 注重自我检测。在"单元训练"部分，包括"自测题"和"主观题"两部分内容，各自又分别包含理论题、实务题、案例题、实训题，以全面检验各项学习目标的掌握情况。自测题各题型皆为客观题，旨在巩固和强化学生对本章各教学环节知识要点的记忆和掌握。主观题旨在通过学生对本章各教学环节主要知识内容的简要复述、深入解析和实际运用，全面培养其职业胜任力。同时，实训考核注重"'活动过程'考核"与"'实训课业'考核"相结合，有助于学生进行学习情况的自我检测，树立职业方向感。

全书内容简明，设计新颖，案例丰富，训练多样，考核全面，功能齐全，融通俗性、可读性、应用性于一体，力求体现"教、学、做、评合一"和"以学生为主体，以教师为引导"的高职高专教育教学改革新思路。

　　为方便教学，本教材附有助学光盘（内含"'自测/考核'系统"）、《学生手册》（内含"自测题库"、"课业范例"与"参考答案与提示"）和网络教学资源包(内含PPT电子教学课件与《学生考核手册》)，登录东北财经大学出版社网站即可下载。

　　本教材编写以"总序"中阐明的"共识"为基础，内容结构设计遵循了"多元整合型一体化系列(II型)"所要求的统一布局。阅读"总序"，借以了解所述"共识"与内容结构布局，有助于更好地把握与使用这本教材。

　　本教材由张晓和王丽丽担任主编，具体分工如下：张晓编写第4、7章；王丽丽编写第1、6章；李为编写第2、8章；黄志勇编写第3、5章；全书图表由王丽丽校正；"总序"和书后的两个"附录"由许景行教授撰写。全书最后由张晓和王丽丽总纂定稿。

　　本书可作为高职高专院校市场营销专业及相关专业的新型全国通用教材，也可供企业在职人员培训使用。

　　本书在编写过程中，我们借鉴和参考了大量国内外的相关教材和资料，在此谨向所有相关作者表示诚挚的感谢。由于作者水平有限，编写时间仓促，书中不足之处在所难免，敬请读者朋友不吝赐教，以便再版时完善。

编　者
2011年5月

目　录

第1章
市场营销策划概论

学习目标

通过本章的学习，应该达到以下目标：

理论知识：学习和把握策划与市场营销策划的含义、市场营销策划的要素、市场营销策划的分类等陈述性知识，并能用其指导"市场营销策划概论"的相关认知活动。

实务知识：学习和把握市场营销策划的原则、市场营销策划的程序、市场营销策划文案的结构以及"业务链接"等程序性知识，并能用其规范"市场营销策划概论"的相关技能活动。

认知弹性：运用"市场营销策划概论"的理论与实务知识研究相关案例，对"引例"、"同步案例"和"饮料行业的精准诉求"等业务情境进行多元表征，培养和提高在特定情境中分析问题的能力；依照相关行业规范或标准，分析"职业道德与企业伦理1-1"和"备受关注的食品安全"等案例中企业或其从业人员行为的善恶，强化学生的职业道德素质。

自主学习：参加"自主学习-I"训练。在实施《自主学习计划》的基础上，通过阶段性学习和应用"附录一"的附表1中"自我学习"（初级）各技能点的"'知识准备'参照范围"所列知识，搜集、整理与综合"市场营销策划程序"前沿知识，讨论、撰写和交流《"市场营销策划程序"最新文献综述》，撰写《"自主学习-I"训练报告》等活动，体验"市场营销策划程序"中的"自我学习"（初级）及其迁移。

引例　红牛校园营销密码

背景与情境： 2015年8月，红牛联手全国10余所高校举办了"能量校园，手机换红牛"活动；9月，红牛玩转开学季。10月31日，"第三届红牛校园品牌经理新星大赛"在佛山拉开帷幕。红牛以事件营销和产品体验营销为载体，开展品牌活动，不断开创校园品牌营销的新方式。对红牛来讲，校园品牌经理新星大赛的基本目标是培育消费者，与消费者沟通，建立和强化红牛的品牌形象。近两年来，红牛一直持续在高校举行各种营销活动，并且产生了很大影响，校园品牌经理新星大赛的火爆就反映了红牛在营销上的持续创新与精耕细作。

资料来源　胡航. 红牛校园营销密码 [EB/OL]. [2016-06-16]. http://www.cmmo.cn/article-202473-1.html.

红牛的成功，一方面是其市场定位准确，以敢于挑战、追求个性自由为理念契合目标群体；另一方面是其牢牢把握了市场营销策划发展的新动向，通过事件营销和体验营销积极培育市场。红牛一切以消费者为核心，整合联动社会资源，将企业的市场行为延伸至消费者的社会生活，真真切切地让消费者体会到了企业传递的价值，通过组织校园营销活动把握住目标消费人群的心理需求，从而形成了巨大的社会影响力。本章将系统阐述市场营销策划的原则、分类、程序和市场营销策划文案的撰写。

1.1　市场营销策划概述

随着市场竞争的加剧，市场营销策划已成为市场营销管理的核心。

1.1.1　策划的历史与现状

策划是人类一种具有优势性的思维特质。它是针对未来和未来发展所做的决策，能够有效预测和指导未来工作的开展，并取得良好的成效。因此，策划既是科学决策的前提，也是实现预期目标、提高工作效率与效益的重要保证。

"策划"在中国具有悠久的历史，作为一种独立的行业或产业，它是知识经济时代的智慧之果和精神产品。策划者在古代被称为军师、策士、谋士，在现代则被称为企划设计师、策划师。

1）策划的历史

"策"字在古书中有的写成"筞"，有的写成"筴"。"策"字在《辞海》中有多种意思：一是指古代的一种马鞭子，这种马鞭子头上有尖刺；二是当动词用，意思是鞭打，如"策马""策动"等，就含有用鞭子打马的意思。三是指古代的一种文字载体，古代用竹片或木片记事著书，成编的叫"策"，如"简策"或"策书"；四是指古代科举考试的一种文体，如"策论"等，类似于现在的议论文；五是指计谋，如"决策""献策""下策""束手无策"等。

"划"字在字典中主要有四种含义：一是当动词用，意思是用尖锐的东西把别的东西分开或在表面上刻过去、擦过去，如"把玻璃划开""划火柴"等；二是指拨水前进；三是指合算，按利益情况计较相宜或不相宜，如"划得来""划不来"等；四是指设计、筹谋，如"计划""筹划""谋划"等。此外，在《辞海》中，"划"字还有"忽然"的意思。例如，杜甫在《苦雨奉寄陇西公兼呈王征士》一诗中曰："划见公子面，超然欢笑同。"

由上述可知，中国古代的"策"与"划"两个字已经有今天"策划"的内涵了。在中国古代，"策划"一词有"谋划""筹划""策略""计划""计策""对策"等意思，其集中体现在政治、军事和外交活动中，是为政治、军事和外交活动服务的。

古代策划家创造的许多策划案例都是围绕着巩固政权而进行的，如商鞅变法、吴起变法、王安石变法等。古代的变法既是一种观念更替的过程，也是一种权力更替的过程，风险很大，只有在事前进行周密的策划，才能提出具体的方案，并保证目标的实现。

"策划"一词，有人认为最早出现在《后汉书·隗嚣公孙述列传第三》中，"是以功名终申，策画复得"之句。其中，"策画"即"策划"，"策"主要指计谋，"画"与"划"相通互代，主要指设计、处置和安排。

然而，由于缺乏系统的总结和提炼，因此中国古代的策划思想没有形成科学的体系。在中国古代典籍中，如《尚书》《淮南子》《史记》《汉书》《资治通鉴》《太平广记》《二十四史》等，都有对策划人物、策划案例和策划思想的记载，但是这些内容并不独立成章。随着时间的变迁，策划的服务对象、运用原则已经大不相同，但究其本质还是相同的。

同步案例1-1

一字千金

背景与情境：古代著名政治家、思想家吕不韦，在担任秦国丞相之前，已是一位商业奇才。他出色的商业思维为他今后的政治生涯打下了基础。吕不韦官封秦相之初，朝廷官员大多不服气。吕不韦受孔子著《春秋》、孙武写《孙子兵法》的启示，命门下三千门客著《吕氏春秋》，将全文抄贴在咸阳城门上，并发布告曰："增损一字，赏予千金。"

问题："一字千金"蕴涵的投资与商业智慧是什么？

分析提示：商业运营的第一准则即"诚信"，吕不韦"一字千金"策划活动的目的既是树立诚信之典范，也是树立个人的权威。

2）策划的现状

一方面，策划作为一种行为，在中国已有两千多年的历史；另一方面，策划作为一个行业，是在中国改革开放以后才有的，时间非常短暂。

在我国，人们常常把策划与咨询相提并论。事实上，二者并不完全相同。世界著名的咨询机构，如美国兰德公司主要提供战略方面的咨询，美国麦肯锡公司主要提供管理方面的咨询，而具有中国特色的策划除了包括战略、管理层面以外，还要向营销策划、广告策划、公关策划、形象策划、品牌策划等多个层面延伸。因此与咨询相比，策划运用的行业更广，更具有中国特色。其中，市场营销策划是企业策划的一项主体工作，对于企业的业绩提升、形象定位具有十分重要的意义。

从客观上看，市场营销策划是中国改革开放后市场经济的产物。准确地讲，中国改革开放的领军人物——邓小平应是策划的开创者。市场营销策划在我国的发展经历了四个阶段，即萌芽阶段、形成阶段、传统发展阶段、多样化发展阶段，见表1-1。

表 1-1　　市场营销策划在我国的发展阶段

阶段	时间	背景	主要特点
萌芽阶段	20世纪70年代末至80年代末	1978年党的十一届三中全会以后，中国从传统的自然经济走向开放的市场经济	市场商品供不应求，市场营销策划以产品策划为主，不注重顾客的需求和愿望，没有意识到分销、促销等策划工作相互配合的重要性
形成阶段	20世纪90年代初至90年代末	1992年邓小平南巡讲话后，出现了一批"策划人"，这些人或者到企业开展培训，或者为企业出谋划策，依靠"点子"受到了企业的广泛关注	市场商品丰富，市场营销策划的重点转向促销策划，企业建立激励体制，鼓励销售，运用广告战、价格战来刺激消费者购买，但仍没有考虑消费者的意愿和满意度
传统发展阶段	2000年至2010年	改革开放20年以后，中国的经济逐步与世界接轨，企业纷纷设立自己的策划机构	经济发展带来了消费者需求上的转变，大众化商品不能得到消费者的认可，市场营销策划的重点转向了分析消费者的心理和行为特征，通过进行市场细分，运用市场营销组合策略，满足消费者的需求和愿望
多样化发展阶段	2010年以后	互联网时代，尤其是移动互联网时代，传统媒体的地位被削弱，市场营销策划的模式不断更新	互联网一度使电商成为主流，但是随着线上与线下资源的重构，市场营销策划呈现出了融合与多样化的特征。传统市场营销策划的模式已经成为"经典"，新媒体营销、娱乐营销、事件营销、体验营销等模式正剧烈地改变着市场营销策划的思维

1.1.2　策划及市场营销策划的含义

1）策划的含义

"策划"一词有广义与狭义之分。广义的策划是指策划的本性，即人们为达到某种目的，利用自己的智慧进行筹划或谋划的过程。

狭义的策划是指人们为了推动经济发展，为现代工商企业或组织机构进行谋划的一种获利性活动。狭义的策划有以下四个特征：第一，它需要达到的目标被锁定在经济领域内；第二，它的服务对象是工商企业或组织机构，即现代社会组织；第三，它的目的是使这些社会组织获得利益，也许是社会效益，也许是经济效益。

《企业管理百科全书》认为：策划是一种程序，它"在本质上是一种运用脑力的理性行为"。

日本策划家和田创认为：策划是通过实践活动获取更佳效果的智慧，它是一种智慧创造行为。

《策划学》主编陈放认为：策划是指运用人的智能，对未来所做的事情进行预测、分析，使之有效完成。

著名策划专家叶茂中认为：将适合的产品用合适的方法，在合适的时间和合适的地点卖给合适的消费者的一种技巧，就是策划。

策划是指为了实现特定的目标，针对存在的问题提出解决的对策，通过制订具体可行的方案，达到预期效果的一种综合性创新活动。策划最大的特点是通过创造性的思维整合、聚集资源，以扩大资源的占有、使用和效能为目的。

因此，策划人员必须具有前瞻性，要对未来一段时间内即将发生的事情做出判断，找出事物的主客观条件和因果关系，从而制定出可选择的对策，作为当前决策的依据，即策划是事先决定做什么、如何做、何时做、由谁来做的系统方案。

2）市场营销策划的含义

市场营销策划是策划的一个分支，我国港澳台地区称之为营销企划，日本称之为企划。**市场营销策划**是指企业为实现某一营销目标或解决营销活动中的问题，在对内外部环境进行全面分析的基础上，有效调动企业的各种资源，对一定时间内的营销活动进行创新策略设计的行为。它主要包括市场营销目标确定、市场机会分析、市场定位策划、市场营销战略及策略制定等内容。

简单地说，市场营销策划就是在市场营销活动中，为某一企业或某一商品或某一活动所做的策略谋划和设计。市场营销策划的内涵主要包括三个方面：其一，市场营销策划的对象可以是某一个企业整体，也可以是某一种商品或服务，还可以是一次活动；其二，市场营销策划需要设计和应用一系列计谋，并做出精心安排，以保证一系列计谋运用成功；其三，市场营销策划是对未来所做之事的创造性设计，它虽与规划、计划有相似之处，但并不相同，关键的区别点在于策划具有创新性，一般是先有策划，再有规划和计划。策划与计划的区别见表1-2。

表1-2　　　　　　　　　　　　　　策划与计划的区别

区别	内容	范围	作用	创新性	开放性	灵活性	挑战性
策划	做什么	无限制	掌握原则与方向	必须有	较大	较大	较大
计划	怎么做	有限制	处理程序与细节	不一定有	较小	较小	较小

3）市场营销策划的要素

（1）目标性

市场营销策划是为了解决企业的某一问题、达成某一目标而进行的活动，因此具有较强的方向性和目的性。

确定市场营销策划目标时应做到：第一，明确目标的焦点，使之明确化、具体化、数量化；第二，对长期目标进行分解，制定出阶段性的短期目标，并保持各阶段短期目标之间的持续性和协调性；第三，市场营销策划确定的目标对企业的管理人员和员工必须是有意义、有价值的，必须与他们的切身利益息息相关，这样才能取得他们的认可、支持和配合，充分调动他们的积极性。

（2）创意性

创意是指与众不同、新奇且富有魅力的构思和设想，市场营销策划的关键是创意，创意是市场营销策划的核心和灵魂。

在市场营销策划实践中，创意并不是高深莫测、难以捕捉的。市场营销策划人员的创意主要来自三个方面：一是营销策划经验的积累，只有长期积累有关事物的信息并重视对其中重要信息的加工，才会产生灵感、闪现火花和获得创意；二是思路开阔，能够充分发挥自己的想象力和创造力，立意具有一定的高度，并且视角独特；三是思维方式独特，能够出新、出奇。市场营销策划人员只有打破常规思维习惯、思维定式，采用逆向思维、立体思维、发散思维、交叉思维，才能取得市场营销策划的成功。

业务链接1-1

天府可乐的复兴

2016年年初，总经理钱黄在天府可乐品牌复出的新闻发布会上，用"复兴"二字来表达重新塑造天府可乐的决心。

第一步：定义健康可乐新品类。天府可乐将自己定义为健康可乐新品类，即天府可乐是植物饮料，含有中草药成分，有一定的保健作用。

第二步：精准定位品牌。天府可乐是健康可乐的代表，从而与传统可乐区别开来。

第三步：聚焦大单品，形成价盘优势。天府可乐注重陈列生动化，注重与消费者进行深度沟通，从而使产品的价格与价值形成关联，深化产品和品牌的价值。另外，天府可乐在产品包装上也有所变化，变得更加时尚、年轻。

第四步：做"大区域"样板市场。天府可乐将重庆作为样板市场启动，然后进军四川，迅速打开具有一定认知的重点市场，最后向全国市场进攻。

第五步：渠道——旺区旺点，终端驱动。首先，经销商不一定要大，要找能做市场、能配合厂家走出去开发市场的经销商；其次，采取以便利店、旺区、商业区小店为主，卖场为辅的策略，抢占一些商业旺区、便利店等终端资源。

第六步：传播、推广——塑造不一样的健康可乐形象。一方面，从自媒体开始传播，引发年轻人的关注，并且传播与产品功能挂钩，以支持"不一样的可乐"、健康可乐的诉求；另一方面，进行样板市场终端形象化包装，选取重点街道做成样板街和样板店，以实现传播落地和终端媒体化。

资料来源　蒋军. 天府可乐何以复兴？[J]. 销售与市场，2016（15）.

（3）可行性

市场营销策划不仅要有明确的目标、新颖的创意，还要具有可行性，使企业能够实施、易于实施。可行性体现在：第一，在企业现有资源（人、财、物等有形资源和信息、商誉、品牌等无形资源）与条件下可以实现；第二，考虑到外部环境的制约及与外部环境的冲突；第三，有具体的、清晰的行动方案，使策划的参与者能够懂得游戏规则、遵循游戏规则。

业务链接1-2

小天才电话手表的品类创新

步步高教育电子从1995年至今，一直专注于做中小学生的教育电子类产品，如步步高复读机、电子词典、点读机、家教机等。因为电子技术的更新特别快，所以步步高在每一个阶段都注重产品的创新。

在分析了家长怕丢孩子的心理后，2015年，步步高又推出了"电话手表"这个新品类。电话手表的核心功能非常简单，即打电话和定位，但最重要的还是产品质量，最终步步高"电话手表"取得了巨大的成功。

资料来源　金志江．小天才电话手表的品类创新［EB/OL］．［2017-04-18］．http://www.cmmo.cn/article-205281-1.html.

4）市场营销策划学科的研究对象

市场营销策划是一门综合性应用科学，其研究对象是市场营销策划过程中的市场进入障碍分析、营销资源的配置、营销创意、营销理念设计和制订市场营销策划方案等的基本方法、技巧及一般规律。

1.2　市场营销策划的分类、原则及程序

市场营销策划不仅是当代企业在迅速变化的市场环境和日趋激烈的市场竞争中求生存、求发展的管理利器，而且逐渐成为"我们这一代人的一种核心思维方式"。市场营销策划被视为竞争取胜的法宝和企业经营活动的高招，在社会经济生活的各个方面得到广泛应用。

1.2.1　市场营销策划的分类

1）按策划的对象划分

按策划对象的不同，市场营销策划可分为企业策划、商品策划和服务策划。

企业策划是指对企业整体所进行的策划，主要目的在于树立良好的企业形象。

商品策划是指对商品的开发和销售所进行的策划，主要目的在于推出新商品和扩大销路。

服务策划是指从更好地满足顾客需要的角度出发所进行的策划，主要目的在于提高信誉。

2）按企业开拓市场的过程划分

按企业开拓市场过程的不同，市场营销策划可分为市场选择策划、市场进入策划、市场渗透策划、市场扩展策划、市场对抗策划、市场防守策划、市场撤退策划。

3）按市场营销的过程划分

按市场营销过程的不同，市场营销策划可分为目标市场策划、产品策划、价格策划、促销策划、分销渠道策划等。

目标市场策划是指企业在完成市场细分、明确进入目标市场应考虑的因素后，选定目标市场、确定企业目标市场策略的活动。

产品策划是指企业的产品从开发、上市、销售到报废全过程的活动和方案。

价格策划是指企业产品在进入市场的过程中，如何利用价格因素争取目标市场，进而渗透甚至占领目标市场，以及为达到营销目标而制定相应的价格策略的一系列活动及方案。

促销策划是指将人员促销、广告促销、公共关系和营业推广等促销形式有机结合起来，最终形成一套完整的促销活动方案。

分销渠道策划是指企业的产品从生产地向销售地转移的过程中，所经历的路线和采用的方法的策划。

4）按市场营销的层次划分

按市场营销层次的不同，市场营销策划可分为市场营销战略策划、市场营销战术策划。

（1）市场营销战略策划

"战略"一词系军事术语，原指军事作战的谋略。将战略的思想运用于企业的经营管理中，便产生了"企业战略"。市场营销战略策划是指依据企业战略的要求与规范制定市场营销的目标，并通过市场营销目标实现支持和服务于企业战略的策划。市场营销战略策划是企业战略体系的核心，包括市场定位策划、目标市场策划、市场竞争策划等内容。

（2）市场营销战术策划

市场营销战术策划是指依据营销战术设计的思路，综合运用各种市场营销手段，进入和占领目标市场，从而实现企业战略意图的策划。与市场营销战略策划相比，市场营销战术策划是短期的、局部的、个别的、具体的，其内容包括产品策划、价格策划、渠道策划、促销策划。

本书采用的是第三种划分方法，即以市场营销的过程为标准，将全书分为目标市场策划、产品策划、价格策划、促销策划、分销渠道策划等章节。

教学互动1-1

互动问题：近年来，电商企业大行其道，如果此时恰值春节来临，那么大型零售百货公司应如何进行春节促销活动策划？

要求：

1）教师不直接提供上述问题的答案，而是引导学生结合本节教学内容就这些问题进行独立思考、自由发表见解，组织课堂讨论。

2）教师把握好讨论的节奏，对学生提出的具有代表性的见解进行点评。

1.2.2　市场营销策划的原则

1）创新原则

作为企业市场营销活动的核心工作，市场营销策划是一个创造性的思维活动过程，它不仅是一门科学，而且是一门精湛的艺术，需要策划人员有丰富的实践经验，并且对市场营销策划工作有深刻的感悟。如果策划人员采用"鹦鹉学舌"的方法，照搬、模仿、抄袭别人固有的模式，就无法实现真正意义上的策划。

《孙子兵法》中的"兵无常势，水无常形"道出了市场营销策划的真谛，即策划人员应运用创造性的思维，依据客观变化的条件来努力创新，不能抱残守缺、因循守旧。

市场营销策划必须做到语言新、表现手法新，给人以新颖的感觉。语言新，即要注意从生活中提炼警句、名言，使广告词既有幽默感又有哲理性，寓含人情味和新意；表现手法新，即要有新的艺术构思、格调和形式。

2）系统原则

市场营销策划是一个系统工程，其系统性具体表现为两点：一是市场营销策划工作是企业全部经营活动的一部分，市场营销策划工作的完成有赖于企业其他部门的支持和合作，并不是营销一个部门所能解决的，如产品质量、产品款式、货款收回等，需要生产部门、设计部门、财务部门的分工合作。二是进行市场营销策划时要系统分析诸多因素的影响，如宏观环境因素、竞争情况、消费需求、本企业产品及市场情况等，只有将这些因素中的有利一面最大限度地综合利用起来，才能为企业的市场营销策划服务。

坚持系统原则，就是要将市场营销策划作为一个整体来考察，强调市场营销策划活动的整体性、全局性和效益性，对整体与部分之间相互依赖、互相制约的关系进行综合分析，选择最优方案，充分发挥各要素简单相加不能实现的功能和作用，从而实现企业追求的目标。

3）人本原则

人本原则是指市场营销策划应以人力资源为本，通过发掘人的积极性和创造性，为企业策划工作提供动力与保障。其中，人力资源既包括企业内部的管理者与员工，也包括广大的消费者。

（1）调动与激发企业内部人员的积极性和创造性

在进行市场营销策划的过程中，企业应树立"以人为本"的理念，不能脱离员工孤立地设计市场营销策划活动，因为所有市场营销策划活动的落实，最终都要由员工的具体工作来体现。全体员工的积极参与，可以使市场营销策划工作中出现的各种问题得到有效、快速的解决。

（2）企业行为要与消费者的利益有机结合

企业的市场营销策划活动必须体现"以消费者为中心"的思想。市场营销策划活动不仅要为消费者服务，而且要让消费者满意，这样有助于企业培养忠诚的顾客群。

（3）企业发展要与社会发展相协调

企业的生存与发展不可能游离于社会环境之外，因此，企业的发展必须与社会的发展相一致，维护生态环境的平衡，保持社会的可持续发展，维护全人类的根本利益。

4）效益原则

效益原则是指在市场营销策划活动中，要以成本控制为核心，获取企业行为与策划行为两方面的经济效益与社会效益。

市场营销策划的终极目标是通过策划活动，取得良好的效益，包括经济效益和社会效益。企业开展市场营销策划活动，无论是要降低成本，还是要提高市场占有率，或者是要树立良好的企业形象，无一不是为了提高效益。

同步案例1-2

电影《疯狂动物城》的营销心计

背景与情境：迪士尼动画巨作《疯狂动物城》在中国市场上映首周就取得了1.5亿元的漂亮成绩，这是迪士尼动画在中国取得的最高首映票房。究竟这部名不见经传的动画片何以这般疯狂？

《疯狂动物城》的成功得益于背后的匠心制作。《疯狂动物城》的主创团队先是花了18个月的时间研究超过了60个种类动物的天性。在此之后，更是花了一年的时间去精心构思故事。整个设计团队的成员不仅有从非洲草原回来的动画师，有生态学专家、城市规划学专家，甚至还有研究残疾人法案的专家学者。整部电影由500人用了两年半的时间倾心制作，全程共耗时5年才最终奉上这部超水准的巨作！

在完成了高质量的制作后，《疯狂动物城》制作团队精心策划了一系列营销方案。2015年3月，距《疯狂动物城》上映前整整一年，迪士尼首先在官方推特上曝光了一张该影片的概念图，揭开了这个动物大都市的神秘面纱；同年6月，片方在全世界最大的视频网站YouTube上放出了一段在电影中出现的树懒"闪电"和兔朱迪、狐尼克在动物城车管所的爆笑片花。2015年下半年，迪士尼陆续放出多张概念图与电影海报，动物城的城市风光一览无余，同时曝光了各类动物生活在虚构大都会里的种种细节，影迷期待指数进一步飙升。

创新且成熟的社交媒体宣传成功地为电影做足了高频的吸粉传播，在电影正式上映前，专业人士观影后的烂番茄评分极高，从而带动了第一批迪士尼粉以及动画电影爱好者前来观影。

电影正式上映后，首周内依赖于第一批观众的良好口碑、有增无减且持续给力的媒体宣传、持续攀升的票房成绩，动物城的疯狂势头愈来愈强劲；随后，在微博、微信朋友圈等各大社交平台上的宣传，以及各类专业分析文章的出现、影视工业网的剧作与知乎的动画技术分析、影片内的彩蛋、致敬情怀等，最终成功营造了这个"现象级电影"的舆论趋势。

资料来源　杨留原. 疯狂动物城：疯狂背后的营销心计［J］. 销售与市场，2016（5）.

问题：《疯狂动物城》是如何从众多动画影片中脱颖而出的？

分析提示：任何一个产品要想实现可持续发展，形成知名品牌，必须坚持不懈地进行质量提升、产品创新和形式创新。《疯狂动物城》因其高质量的产品、恰当的营销手段、合理的营销主题等，最终从众多动画影片中脱颖而出。

1.2.3　市场营销策划的程序

市场营销策划包括以下十个步骤：

1）界定问题

企业在开展市场营销策划工作的过程中，往往会面临很多问题，因此企业必须首先对存在的诸多问题进行界定，把主要的且重要的问题凸显出来，最终确定企业必须马上解决的问题。

2）市场调研

市场调研是市场营销策划工作的基础。其目的在于了解企业的市场营销环境，从而为企业的市场营销策划工作提供真实、可靠的信息。市场调研既包括对企业外部环境的调研，也包括对企业内部环境的调研，调研内容主要有产品情况、竞争形势、分销情况、宏观环境等。

3）SWOT分析

一个好的市场营销策划必须在市场调研的基础上对市场、竞争对手、行业动态有一个较为客观的分析，主要包括机会与风险分析、优势与弱势分析等，即SWOT分析。SWOT分析是一次去粗取精、去伪存真的过程，是市场营销策划的前奏。

4）确定目标

企业要想将自己的产品卖出去，或者将自己的品牌打出去，必须有切实可行的目标，这个目标包括企业整体目标和市场营销目标。制定一个切合实际的目标是市场营销策划成功的关键。有的市场营销策划方案大有"浮夸之风"，目标定得过高，其结果也必然与实际相差千里；有的市场营销策划方案则显得过于保守，同样也会影响营销组合效力的发挥。

5）制定市场营销战略

企业必须围绕已确定的目标进行统筹安排，结合自身特点制定可行的市场营销战略。市场营销战略的内容包括目标市场战略、营销组合策略、营销预算等。

6）确定市场营销方案

将市场营销战略分解，将产品、价格、促销、渠道细分处理，将目标进度及人员分配规划好，这些都是确定市场营销方案的关键。市场营销活动要想顺利开展，企业必须制订一个统筹兼顾的行动方案，既要选择合适的产品上市时间，又要有各种促销活动的协调和照应，同时各个促销活动在时间和空间上也要做到相互搭配、错落有致。

7）预测效益

企业应编制一个类似利润表的辅助预算，在预算的收入部分列出预计的销售数量以及平均净价，在支出部分列出划分成细目的生产成本、储运成本及市场营销费用，收入与支出的差额就是预计的盈利。经企业领导审查同意之后，它就成为有关部门、有关环节安排采购、生产、人力及市场营销工作的依据。

8）设计控制和应急措施

在这一阶段，市场营销策划人员的任务是为经过效益预测感到满意的战略和行动方案设计有关的控制和应急措施。设计控制措施的目的是便于对方案的执行步骤、进度进行管理。典型的做法是把目标、任务和预算按月或季分开，使企业领导者及有关部门能够及时了解各个时期的销售实绩，找出未完成任务的部门，并要求其做出解释和提出改进意见。设计应急措施的目的是事先充分考虑到可能出现的各种困难，防患于未然。可以简要列举出最有可能发生的某些不利情况，说明有关部门及人员应当采取的对策。

9）撰写文案

这是指将市场营销策划的最终成果整理成书面材料，即市场营销策划文案，也叫企划案。市场营销策划文案包括现状或背景介绍、目标、战略、战术或行动方案、效益预测、控制和应急措施等内容，各部分内容的详略程度可根据具体要求确定。

10）实施总结

在市场营销策划文案实施过程中，企业必须做好组织、指挥、协调、控制工作，合理分配人力、物力、财力，及时总结，以便最终实现企业的预期目标

同步思考1-1

背景资料： A公司是一个做冷饮的小公司。近年来，公司的产品成本居高不下，品种杂乱且缺少拳头产品，没有健全的销售通路，因此公司陷入了经营困境。

问题： 在消费旺季即将到来之际，A公司的新品冰激凌如何转变颓势？请你就其营销策划提出建议。

理解要点： 根据调查统计，冰激凌产品的品种众多，各种口味和价格都有相应的消费群体，同时生产企业众多且规模不同。因此在对A公司的新品冰激凌进行营销策划时，首先要分析冰激凌产品的市场需求总量，从而大致预测产品能达到的总体销量；其次要分析

A公司所在地的产品销售情况；最后要分析不同类别冰激凌产品的市场需求情况，从而确定A公司应该打入哪个市场。

1.3 市场营销策划文案的撰写

成功的市场营销策划文案具有六大特点：第一，粗略过目就能了解策划文案的大致内容；第二，使用浅显易懂的语言，充分体现对方的利益和要求；第三，与同类市场营销策划文案相比，展现的内容有相当明显的差异性与优越性；第四，图文并茂，表现效果好；第五，全文条理清晰、逻辑分明，读者看完后能够按照营销策划文案的内容有计划、有步骤地执行下去；第六，能够充分体现企业的勃勃生机和基本特征。

1.3.1 市场营销策划文案的作用

（1）能够准确、完整地反映市场营销策划的内容；
（2）能够有效说服决策者做出决策；
（3）是执行和控制市场营销活动的依据。

1.3.2 市场营销策划文案的撰写原则及结构

1）市场营销策划文案的撰写原则

（1）逻辑思维原则

市场营销策划的目的在于顺利开展市场营销活动，解决企业市场营销过程中遇到的问题，因此应按照逻辑思维结构来撰写市场营销策划文案。

（2）简洁朴实原则

市场营销策划文案要做到语言简洁朴实、重点突出，使读者一目了然。

（3）可操作原则

市场营销策划文案要用于指导企业的市场营销活动，因此其可操作性非常重要。

（4）创意新颖原则

市场营销策划文案要做到创意新、内容新，创意新颖是市场营销策划文案的核心。

2）市场营销策划文案的结构

市场营销策划文案没有一成不变的格式，依据产品或营销活动的不同要求，文案的内容与编制格式可以有所变化。但是，从市场营销策划活动的一般规律来看，其中有些要素是共同的。市场营销策划文案的基本结构包括以下十项：

（1）封面。市场营销策划文案的封面应提供以下信息：文案的名称；被策划的客户；策划机构或策划人的名称；策划完成日期及本策划适用的时间段；编号。

（2）前言。前言是市场营销策划文案正式内容前的情况说明部分，内容应简明扼要，最多不要超过500字，让人一目了然。其内容主要包括接受委托的情况、本次策划的重要性及必要性、策划的概况（即策划的过程及可达到的目标）。

（3）目录。目录是市场营销策划文案的重要组成部分。读过目录后，读者可以了解文案的全貌，因此目录具有与标题相同的作用。

（4）概要提示。通过概要提示，读者可以理解策划内容的要点。概要提示也应简明扼要，篇幅不能过长，一般控制在1页以内。

（5）正文。正文是市场营销策划文案中最重要的部分，具体包括以下几方面的内容：

①说明市场营销策划的目的。这部分主要是对本次市场营销策划要实现的目标进行全面描述，它是本次市场营销策划活动的原因和动力。

②市场状况分析。市场状况分析的内容包括宏观环境分析、产品分析、竞争者分析、消费者分析。市场状况分析是在市场调研取得第一手资料的基础上进行的。

③市场机会分析。市场营销方案是对市场机会的把握和营销策略的运用，分析市场机会是营销策划的关键。只要找准了市场机会，策划就成功了一半。市场机会分析的内容主要包括：

A.营销现状分析，即对企业产品的营销现状进行具体分析，找出营销中存在的具体问题，并深入分析其原因；

B.机会点分析，即根据提出的问题，分析企业及产品在市场中的机会点，为制订营销方案做准备。

④确定市场营销方案。通过对营销中问题点和机会点的分析，提出具体的市场营销方案。市场营销方案的内容主要包括市场定位和4P组合策略两部分，即具体回答两个主要问题：一是本产品的市场定位是什么；二是本产品的4P组合策略具体是怎样的。

（6）预算。这是整个市场营销方案推进过程中的费用投入，包括营销过程中的总费用、阶段费用、项目费用等，其原则是以较少的投入获得最优的效果。用列表形式标出营销费用是常用的方法，其优点是醒目易读。

（7）进度表。把策划活动的全部过程拟成时间表，何日、何时要做什么都要标注清楚，并将其作为控制与检查市场营销活动的依据。进度表应尽量简化，在一张纸上拟出。

（8）人员分配及场地。此项内容应说明市场营销活动中，每个成员负责的具体事项、所需物品和场地落实情况。

（9）结束语。结束语应与前言相呼应，从而使市场营销策划文案有一个圆满的结束，不会使人感到太突然。

（10）附录。附录的作用在于证明策划的客观性。因此，凡是有助于读者理解策划内容、增强读者对策划内容信任的资料，都可以列入附录中，如消费者调查问卷的样本、座谈会照片等图文资料。附录也要标明顺序，以方便读者查找。

一份结构比较合理的市场营销策划文案，一般由九部分构成，如图1-1所示。

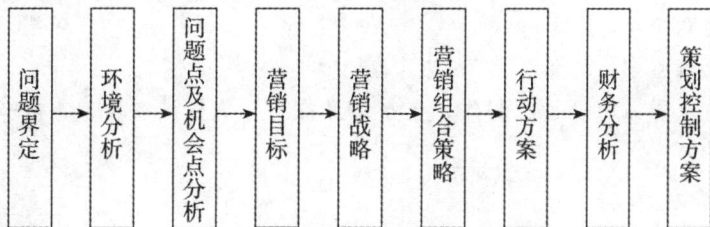

问题界定 → 环境分析 → 问题点及机会点分析 → 营销目标 → 营销战略 → 营销组合策略 → 行动方案 → 财务分析 → 策划控制方案

图1-1　市场营销策划文案的结构

业务链接1-3

房地产全案策划（框架）

1）区域市场动态分析

（1）分析项目所在地房地产市场总体供求现状。

（2）调查项目周边竞争楼盘，包括：项目概况、市场定位、销售价格、销售政策、广告宣传方式、主要媒体应用及投放频率、公关促销活动、其他特殊卖点和销售手段。

2）项目主卖点及物业强势、弱势分析与对策

3）目标客户群分析

（1）项目所在地人口总量及地块分布情况。

（2）项目所在地经济发展状况和项目所在地人口就业情况。

（3）项目所在地家庭情况分析，包括家庭成员结构、家庭收入情况、住房要求、生活习惯等。

（4）项目客户群定位。首先是目标市场定位，包括目标市场区域范围界定，市场调查资料汇总、研究，目标市场特征描述；其次是目标客户定位，包括目标客户细分、目标客户特征描述、目标客户资料。

4）价格定位及策略

（1）项目单方成本。

（2）项目利润目标。

（3）可类比项目市场价格。

（4）价格策略，包括定价方法、均价、付款方式和进度、优惠条款、楼层和方位差价，综合计价公式。

（5）价格分期策略，包括内部认购价格、入市价格、价格升幅周期、价格升幅比例、价格技术调整、价格变化市场反应及控制、项目价格与销售额配比表等。

5）入市时机规划

（1）宏观经济运行状况分析。

（2）项目所在地房地产相关法规和市场情况简明分析。

（3）入市时机的确定及安排。

6）广告策略

（1）广告总体策略及广告的阶段性划分。

（2）广告主题。

（3）广告创意表现。

（4）广告效果监控、评估、修正。

（5）入市前印刷品的设计、制作，包括购房价格、价格详细表、售楼书、宣传海报折页等。

7）媒介策略

（1）媒体总策略及媒体选择。

（2）软性新闻主题。

（3）媒介组合。

（4）投放频率及规模。

（5）费用估算。

8）推广费用计划

9）公关活动策划和现场包装

（1）现场包装。

（2）印刷品。

（3）媒介投放。

（4）公关活动。

1.3.3 市场营销策划文案的撰写技巧

市场营销策划文案和一般的报告文章有所不同，它对可信性、可操作性以及说服力的要求特别高，因此提高写作技巧就成为撰写市场营销策划文案追求的目标。

1）寻找一定的理论依据

要提高策划内容的可信性并使策划内容被读者接受，就必须为策划者的观点寻找理论依据。需要注意的是，理论依据要有对应关系，纯粹的理论堆砌不仅不能提高可信性，反而会给人脱离实际的感觉。

2）适当举例

在市场营销策划文案中加入适当的成功与失败的例子，既能起到调整结构的作用，又能增强说服力，可谓一举两得。需要指出的是，举例以多举成功的例子为宜，选择一些国外先进的经验与做法以印证自己的观点是非常有效的。

3）利用数字说明问题

市场营销策划文案是一份指导企业实践的文件，其可靠程度是决策者首先要考虑的。文案中的任何一个论点都要有依据，因此利用各种绝对数和相对数进行比较是绝对不可缺少的。同时，各种数字都应有出处，以证明其可靠性。

4）运用图表帮助理解

运用图表不仅有助于读者理解策划的内容，而且能提高页面的美观性。一方面，图表有强烈的直观效果，用图表进行比较分析、概括归纳、辅助说明等非常有效；另一方面，美观的图表设计能调节读者的情绪，有利于读者对策划文案的深刻理解。

5）合理安排版面

市场营销策划文案视觉效果的优劣在一定程度上影响着文案效果的发挥。安排版面时应考虑的内容包括字体、字号、字与字的空隙、行与行的间隔、插图和颜色等。合理安排版面可以使文案重点突出、层次分明、严谨而不失活泼。

6）注意细节，消灭差错

这一点对于市场营销策划文案来说十分重要，却往往被人忽视。如果一份文案中多处出现错字、别字，其专业性、权威性就会令人质疑。

职业道德与企业伦理1-1

国家新闻出版广电总局查处取缔低俗真人秀节目

背景与情境： 国家新闻出版广电总局发出通知，要求真人秀节目努力转型升级。对于缺少价值和意义的真人秀节目将加以抑制，防止把节目办成脱离现实、脱离群众的无聊游戏；要坚持以人民为中心的创作导向，关注普通群众，避免过度明星化。

当前，思考和谈论严肃话题越来越成为奢侈品，越来越多的人将闲暇时间用于真人秀节目和游戏，"只图一乐"成为多数人的文化产品消费方式。快乐有"积极的快乐"和"消极的快乐"这一分别，看哈姆雷特得到的快乐和看恶搞视频得到的快乐肯定是有区别的。以整人恶搞、明星出糗为主线的韩国真人秀模式近年来被大规模、跟风式地引进国内，加剧了这种肤浅的消费方式，不得不让人忧心。

资料来源　塔西佗. 广电总局查处取缔低俗真人秀　哪些节目看不到啦？[EB/OL]. [2015-07-23]. http://www.qianzhan.com/indynews/detail/150/150723-5bd6a3ce.html.

问题： 真人秀节目存在何种职业道德和企业伦理问题？国家新闻出版广电总局查处取缔低俗真人秀节目给营销策划带来了什么启示？

分析提示： 低俗真人秀节目只追求经济利益，以低俗的娱乐节目来换取收视率和关注，这明显违背了企业利益要以社会利益为前提的职业道德和企业伦理。国家新闻出版广电总局取缔低俗真人秀节目给营销策划带来的启示是，企业的营销策划工作只有符合社会利益，企业才能获得长远利益。娱乐营销正在成为营销的新形式，但是如果娱乐营销只能以低俗的娱乐方式来换取利益，那么这种利益是短期的和暂时的。企业只有以高雅的、幽默的、正能量的娱乐营销方式为手段，才能获得长远利益。

本章概要

□ 内容提要与结构

▲ 内容提要

● 市场营销策划是指企业为实现某一营销目标或解决营销活动中的问题，在对内外部环境进行全面分析的基础上，有效调动企业的各种资源，对一定时间内的营销活动进行创新策略设计的行为。它主要包括市场营销目标确定、市场机会分析、市场定位策划、市场营销战略及策略制定等内容，应具有目标性、创意性和可行性。

● 市场营销策划不仅是企业在竞争中求生存、求发展的管理利器，而且被视为竞争取胜的法宝，可按不同的分类具体实施，实施时应遵循创新原则、系统原则、人本原则和效益原则。

● 市场营销策划的程序包括十个步骤，即界定问题、市场调研、SWOT分析、确定目标、制定市场营销战略、确定市场营销方案、预测效益、设计控制和应急措施、撰写文案、实施总结。

● 市场营销策划文案的基本结构包括封面、前言、目录、概要提示、正文、预算、进度表、人员分配及场地、结束语、附录十个部分。

▲ 内容结构

本章内容结构如图1-2所示。

```
                          ┌──────────────────────────┐
            ┌────────────┤       策划的历史与现状        │
     ┌──市场营销策划概述──┤   └──────────────────────────┘
     │                    │   ┌──────────────────────────┐
     │                    └──┤    策划及市场营销策划的含义     │
     │                        └──────────────────────────┘
市                           ┌──────────────────────────┐
场                    ┌─────┤      市场营销策划的分类        │
营                    │      └──────────────────────────┘
销                    │      ┌──────────────────────────┐
策──市场营销策划的分类、原则及程序├─┤      市场营销策划的原则        │
划                    │      └──────────────────────────┘
概                    │      ┌──────────────────────────┐
论                    └─────┤      市场营销策划的程序        │
     │                        └──────────────────────────┘
     │                    ┌──────────────────────────┐
     │            ┌──────┤    市场营销策划文案的作用       │
     └──市场营销策划文案的撰写├─┤  └──────────────────────────┘
                    │      ┌──────────────────────────┐
                    ├─────┤ 市场营销策划文案的撰写原则及结构  │
                    │      └──────────────────────────┘
                    │      ┌──────────────────────────┐
                    └─────┤   市场营销策划文案的撰写技巧     │
                            └──────────────────────────┘
```

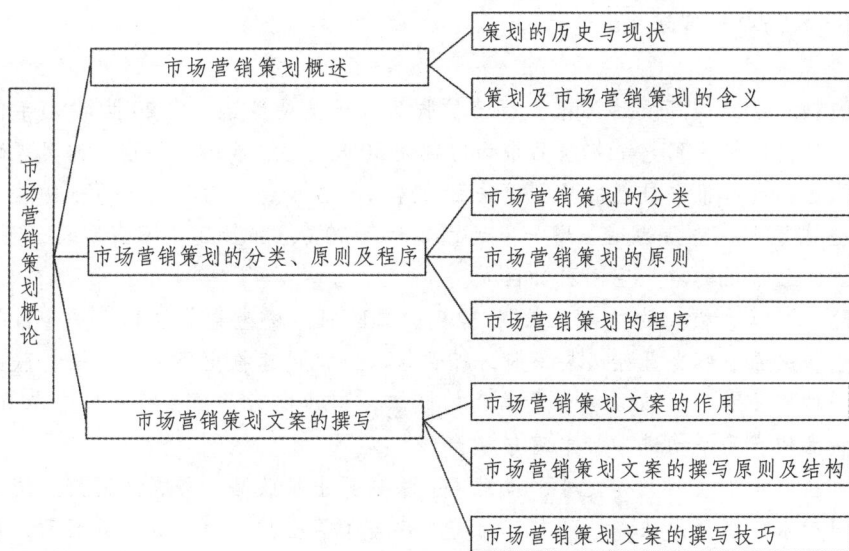

图 1-2 本章内容结构

□ 主要概念和观念

▲ 主要概念

策划　市场营销策划　人本原则　效益原则

▲ 主要观念

市场营销策划的程序　市场营销策划文案的结构　市场营销策划文案的撰写技巧

□ 重点实务和操作

▲ 重点实务

市场营销策划文案的结构

▲ 重点操作

市场营销策划概论知识应用

基本训练

□ 理论题

▲ 简答题

1）市场营销策划的要素有哪些？

2）按企业开拓市场的过程划分，市场营销策划可分为哪些类别？

3）市场营销策划文案的主要内容有哪些？

▲ 讨论题

1）什么是成功的市场营销策划？

2）企业的市场营销策划工作必须由专业的市场营销策划公司来做吗？

□ 实务题

▲ 规则复习

1）简述市场营销策划的原则。

2）简述市场营销策划的程序。

3）简述市场营销策划文案的结构。

▲ 业务解析

背景资料： 在欧美等发达国家，男士护肤品市场发展迅速，在 20 世纪 80 年代就已经形成规模，目前已经占到整个护肤品市场份额的 30%。妮维雅、欧莱雅、迪奥等跨国品牌看准这一机遇，大力推出自己的男士护肤品品牌来抢占市场。近年来，男士护肤品市场发展迅速，全球男士护肤品的销售增长率远远超过了 50%，并且还在不断增长。可以预计，未来男士护肤品市场的增长空间更加巨大。

面对这一诱惑力极大的"大蛋糕"，旁氏、碧欧泉、资生堂、倩碧、曼秀雷敦等一些传统的女士护肤品品牌也开始大展拳脚，抓住这一时机迅速推出了多款男士护肤品，并且突破了传统的男士护肤品仅仅关注于洁面的概念，相继推出了膏、霜等男士专用护肤品，使男士护肤品的产品结构进一步丰富与完善。

妮维雅在女士护肤品系列之外，推出了一系列男士护肤品，包括洗面奶、洁面乳、护肤乳液、须后水、剃须泡沫等，使其产品完全覆盖了男士护肤需求的方方面面，从而在男士护肤品市场占据了较大的市场份额。

资料来源　佚名. 男士护肤品市场现状分析［EB/OL］.［2015-12-17］. http://mt.sohu.com/20151217/n431660595.shtml.

问题： 在"背景资料"中任选一种跨国品牌，通过网上调研，分析该品牌男士化妆品的市场营销策划过程。

□ 案例题

▲ 案例分析

饮料行业的精准诉求

背景与情境： 2015 年 8 月，百事公司宣布与京东商城签署战略合作，在京东平台上正式向中国市场全面推出首款乳饮品——桂格高纤燕麦乳饮品。据悉，这是百事公司在美国以外首次优先通过电商平台发售新品。

在便利店的饮料货架上，统一的"小茗同学"和"小嘬"奶茶、百事的"维动力"、康师傅的"海晶柠檬"等饮料新品扎堆亮相。一时间，似乎各饮料企业都在积极推陈出新。然而不难发现，它们都有一个共同点——专注于细分市场。

消费者对饮料的消费诉求，已经从"方便""好喝""甜""解渴"等向"健康""养生""功能化"等转变，以一款面向大众市场的爆款打天下的时代早已过去了。

与任何其他产品一样，若要在饮料市场立足，精准地找到其产品利益的诉求点显得尤为重要。以卖得比较好的"小茗同学"为例，它的精准诉求便是清爽不苦涩的冷泡茶，它主要从口味上与以前的冰红茶等形成差异，针对的主要是年轻学生族群。"微食刻"则主要面向女性白领，包装以黄、橙、红为主色调，印有"醒""衡""清"三个主题，并分别对应 7~10 点、12~15 点、19~24 点三个消费时间，每款产品都由 7 种果蔬搭配而成，口号是"给一日三餐加点果蔬微餐，倡导健康饮食"。

资料来源　佚名. 细分市场下的饮料战：精准诉求［J］.［2015-08-27］. http://www.enet.com.cn/article/2015/0827/A20150827004011.html.

问题：

1）饮料市场是如何进行市场细分的？

2）饮料行业的精准诉求体现了市场营销策划的哪些原则？

分析要求：

1）形成性要求

（1）学生分析案例提出的问题，拟定《案例分析提纲》；小组讨论，形成《案例分析报告》；班级交流、相互点评和修改各小组的《案例分析报告》，教师对经过交流和修改的各小组的《案例分析报告》进行点评；在校园网的本课程平台上展出经过修改并附有"教师点评"的优秀《案例分析报告》，供学生借鉴。

（2）了解本教材"附录二"的附表2中"形成性考核"的"考核指标"与"考核内容"。

2）成果性要求

（1）课业要求：以经班级交流和教师点评的《案例分析报告》为最终成果。

（2）课业结构、格式与体例要求：参照本教材"课业范例"的范例综-1。

（3）了解本教材"附录二"的附表2中"课业考核"的"考核指标"与"考核内容"。

▲ 善恶研判

备受关注的食品安全

背景与情境： 2016年的"3·15"晚会曝光了一些食品安全事件，某餐饮外卖平台网站显示的多家实体店铺与订餐平台上的照片不相符。据调查，订餐平台上的菜品、店面光鲜亮丽，但实体店面却混乱狭小，餐厅的厨师甚至直接用牙咬开加工食材。此外，还有一大批线上商家没有营业执照、卫生许可证。

资料来源 佚名. 2016上半年十大食品安全事件，你关注了几个？［EB/OL］.［2016-11-25］. http：//mt.sohu.com/20161125/n474134820.shtml.

问题：

1）本案例中存在哪些道德伦理问题？

2）试对上述问题做出你的善恶研判。

3）通过网络或图书馆调研等途径搜集你做善恶研判所依据的行业规范。

研判要求：

1）形成性要求

（1）学生分析案例提出的问题，拟出《善恶研判提纲》；小组讨论，形成《善恶研判报告》；班级交流、相互点评和修改各小组的《善恶研判报告》，教师对经过交流和修改的各小组的《善恶研判报告》进行点评；在校园网的本课程平台上展出经过修改并附有"教师点评"的优秀《善恶研判报告》，供学生借鉴。

（2）了解本教材"附录二"的附表2中"形成性考核"的"考核指标"与"考核内容"。

2）成果性要求

（1）课业要求：以经过班级交流和教师点评的《善恶研判报告》为最终成果。

（2）课业结构、格式与体例要求：参照本教材"课业范例"的范例综-2。

（3）了解本教材"附录二"的附表2中"课业考核"的"考核指标"与"考核内容。"

□ 自主学习

自主学习-I

【训练目的】

见本章"学习目标"中的"自主学习"。

【教学方法】

采用"学导教学法"和"研究教学法"。

【训练要求】

1）以班级小组为单位组建学生训练团队。

2）各团队依照本教材"附录三"的附表3中"自我学习"（初级）的"基本要求"和各技能点的"参照规范与标准"，确定长期学习目标，制订《自主学习计划》。

3）各团队实施《自主学习计划》，系统体验对本教材"附录一"的附表1"领域"中"自我学习"（初级）各技能点的"'知识准备'参照范围"所列知识和"文献综述"撰写规范的自主学习。

4）各团队以自主学习获得的"学习原理"、"学习策略"与"学习方法"知识为指导，通过院资料室、校图书馆和互联网查阅和整理近三年以"市场营销策划程序"为主题的国内外学术文献资料。

5）各团队以整理后的以"市场营销策划程序"为主题的文献资料为基础，撰写《"市场营销策划程序"最新文献综述》。

6）总结上述各项体验，撰写作为"成果形式"的训练课业。

【成果形式】

训练课业：《"自主学习-I"训练报告》

课业要求：

1）内容包括：训练团队成员与分工；训练过程；训练总结（包括对各项操作的成功与不足的简要分析说明）；附件。

2）将《自主学习计划》和《"市场营销策划程序"最新文献综述》作为《"自主学习-I"训练报告》的附件。

3）《"市场营销策划程序"最新文献综述》应符合"文献综述"规范要求，做到事实清晰、论据充分、逻辑合理。

4）结构与体例参照本教材"课业范例"的"范例综-4"。

5）在校园网的本课程平台上展示班级优秀训练课业，并将其纳入本课程的教学资源库。

◖═ 单元考核 ═▶

考核要求："考核模式"、"考核目的"、"考核种类"、"考核方式、内容与成绩核定"及考核表等规范要求见本教材"网络教学资源包"中的《学生考核手册》。

第2章
市场调研策划

学习目标

通过本章的学习，应该达到以下目标：

理论知识：学习和把握市场调研策划的概念、作用、内容等陈述性知识，并能用其指导"市场调研策划"的相关认知活动。

实务知识：学习和把握市场调研的方法和流程、市场调研的实施与分析、市场调研报告撰写以及"业务链接"等程序性知识，并能用其规范"市场调研策划"的相关技能活动。

认知弹性：运用"市场调研策划"的理论与实务知识研究相关案例，对"引例"、"同步案例"和"我国股权众筹行业发展特点"等业务情境进行多元表征，培养和提高在特定情境中分析问题的能力；依照相关行业规范或标准，分析"职业道德与企业伦理2-1"和"一次失败的市场调研"等案例中企业或其从业人员行为的善恶，强化学生的职业道德素质。

实训操作：参加"'市场调研策划'知识应用"的实践训练。在了解和把握本实训所涉及"能力与道德领域"相关技能点的"规范与标准"的基础上，通过切实体验"'市场调研策划'知识应用"各实训任务的完成，系列技能操作的实施，相应《实训报告》的准备、撰写、讨论与交流等有质量、有效率的活动，培养"市场调研策划"的专业能力，强化相关选项的"职业核心能力"，并通过"认同级"践行相关选项的"职业道德"行为规范，促进健全职业人格的塑造。

引例　共享单车的市场分析

背景与情境：从2015年开始，资本突然青睐共享单车的几家公司，尤其是摩拜单车和ofo小黄车，它们身后各自站着中国市值最大的两个公司——腾讯和阿里巴巴，资本和这些巨头公司是如何看待这项业务的呢？

（1）市场机遇分析，从国内整体市场的角度说明市场机遇、产业发展趋势、产品生命周期、市场机会。

①现状：中国的共享单车市场尚处在初级阶段。2015年共享单车概念开始兴起，资本和巨头开始布局，2016年可定为共享单车发展的元年。

②发展趋势：除了原本定位在校园的共享单车开始在城市普及外，越来越多的共享单车创业团队斩获融资。

③市场规模：预计2017年市场规模将达到1.01亿元，较2016年翻一番。2017年以后共享单车市场的增速将继续提升。

（2）说明机会在哪里或该产品创造了什么市场机会？产品在性能上能够解决客户的什么需求或业务问题？

①低端颠覆：给出行提供一个更简单、低价或更方便的替代品，占领现有市场上配置高端产品的客户，共享单车很好地弥补了出租车以及专车出行价格高、自由单车出行停放不易且易被盗窃的缺点，以低成本、高便捷度解决了人们最后一公里的出行难题。

②响应政策：有效倡导了绿色出行的生活方式，可以缓解交通拥堵，减少环境污染。

（3）客户怎样通过该产品受益？客户有什么具体需求？

从用户规模上看，2016年共享单车用户预计在455.2万人，以在校大学生、年轻的上班族为主，并且主要在一、二线等人口密集城市集中。在学校、公交站、地铁站等附近投入共享单车，为用户提供了最快捷的"最后一公里"行程方案。由于使用方便，因此共享单车在城市内快速普及。

（4）该产品的盈利分析（预计产品的投入和产出）。

①大数据服务：形成交通出行大数据，有利于构建开放共享的交通大数据体系。

②广告投放：随着共享单车市场规模的扩大，广告投放会成为重要盈利点。

③增值服务：推出单车销售、单车定期出租，推广休闲运动等单车骑行文化，成立俱乐部。

④金融服务：利用押金和车费储值形成资金沉淀。

资料来源　佚名. 共享单车市场分析与产品包需求报告［EB/OL］.［2017-06-23］. https://wenku.baidu.com/view/f01918f4f9c75fbfc77da26925c52cc58bd69071.html? from=search.

这个案例说明，尽管很多企业的决策是出于创业者对市场的"感觉"，但是对市场开展调查研究仍是企业经营决策的前提，只有充分认识市场、了解市场需求，对市场做出科学的分析判断，决策才会具有针对性，企业才能兴旺发达。

本章将针对市场调研内容策划、市场调研流程和方法策划、市场调研组织实施和整理分析策划进行分析，以帮助读者了解企业应如何进行市场调研策划并顺利实施市场调研。

2.1　市场调研内容策划

2.1.1　市场调研策划的含义

市场调研是指发现和提出企业营销过程中存在的问题与需求，系统、客观地识别、搜集、分析和传播信息，从而提高市场营销决策的准确性并修正企业的营销活动偏差的过程。市场调研是市场营销活动的基础，其以科学的方法搜集市场资料，并运用统计分析的方法对所搜集的资料进行分析研究，从而发现市场机会，为企业管理者提供科学决策的依据。市场调研有广义与狭义之分，狭义的市场调研是指针对顾客行为所做的市场调研；广义的市场调研除了要对顾客行为进行调研之外，还要对市场营销过程的每一个阶段进行调研，现代企业的营销和经营活动都越来越重视建立市场营销信息系统。

市场营销信息系统是指有计划、有规则地搜集、分类、分析、评价与处理信息并有效提供有用信息，供企业营销决策者制定规划和策略的，由人员、机器和计算机程序构成的一种相互作用的有组织的系统。

一般来说，市场营销信息系统的构成如图 2-1 所示。

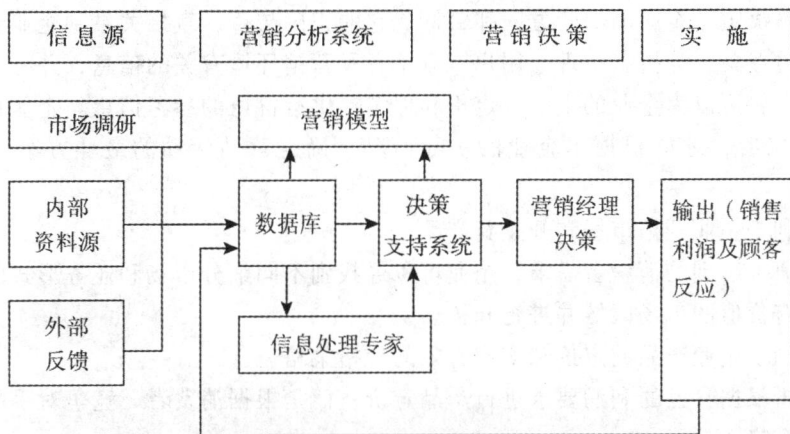

图 2-1　市场营销信息系统的构成

市场调研策划是指在市场调研运行之前，根据调研的目的，有的放矢地对调研工作的各个方面和整个过程进行全面考虑和计划，制订相应的实施方案和合理的工作程序。

市场调研策划的具体内容包括确定调研课题、调研内容、调研时间，选择恰当的调研方式、方法和进行经费预算等。

同步思考 2-1

问题：市场营销信息系统与市场调研是什么关系？

分析要点：两者的关系从图 2-1 中可以看出：市场调研可以看作市场营销信息系统的一个子系统或者重要组成部分，其作用是针对确定的市场营销问题搜集、分析和评价有关的信息资料，并对调研结果提出正式报告，供决策者有针对性地解决特定问题，以减少可能造成的决策失误。市场营销信息系统还包括在市场调研基础上的决策系统和实施后的信息反馈系统。

2.1.2　市场调研的功能和作用

1）市场调研的功能

（1）信息功能

市场调研的功能首先在于搜集企业经营所需的各方面的信息，建立企业决策所需的信息数据库。

（2）识别功能

通过对市场调研所搜集的各方面信息的分析，企业可以趋利避害，识别出有利于自身发展的市场机会。

（3）反馈与调节功能

企业在经营过程中通过市场调研，可以得到消费者的信息反馈，发现企业经营中存在的各种问题，如产品的缺陷、价格和渠道的问题等，便于企业及时做出正确的营销决策。

2）市场调研的作用

（1）有利于企业做出正确的经营决策

经营决策决定了企业的经营方向和目标。它的正确与否，直接关系到企业经营的成功与失败。通过搜集、分析、整理与用户、竞争者及营销环境有关的信息，并将这些信息及时汇集至企业，可以为企业的生产、定价和促销提供有价值的参考信息。企业只有在搜集到相关资料以后，才能根据本企业的实际情况，确定营销活动的最佳方案，做出最佳决策。

（2）有利于企业开拓市场和开发新产品

根据调研了解到的消费者需求，企业可以寻找到不同细分市场和业务形式的潜在目标用户，发现有价值的市场区域并进行开拓。

（3）有利于企业产品的定价和实施有效的价格策略

企业不再根据自己的利润要求进行产品定价，而是根据消费者、竞争对手的信息实施有效的价格策略。

（4）有利于企业选择有效的销售渠道并扩大销售范围

企业可以根据目标顾客的消费习惯、竞争者的渠道策略，选择既能顺利到达目标顾客又能提高渠道优势的分销方式。

（5）有利于企业改善经营管理

以事实和数据作为企业经营管理的依据，可以避免决策的盲目性，增加管理的科学性，提高管理效率。

（6）有利于企业打造核心竞争力

"人无我有，人有我优"的经营策略是企业应对市场竞争的有效方法。知己知彼，才能与竞争对手进行较量，而这同样需要借助市场调研。面对激烈的市场竞争，企业是采取以实力相拼的策略，还是采取避开竞争的策略，都要根据调研结果并结合企业实际做出决断，这样企业才能够在竞争中充分发挥自己的长处，打造自己的核心竞争力。

同步案例2-1

大学校园外卖热分析

背景与情境：现在的在校大学生大多是90后，出生在改革开放初见成效的时代，可以说都是享受着良好的物质生活长大的。由于大部分学生都是独生子女，因此父母在生活方面的照顾可谓无微不至。这些大学生来到学校后，吃食堂的饭菜难免不习惯，在经历了大学"蜜月期"后，更加不能接受一日三餐循环吃着没有变化的饭菜的事实。他们需要的不仅仅是可以充饥的食物，还是一种对生活的享受和追求。

有人戏称大学校园里有个"九三学社"（上午睡到9点，下午睡到3点），尤其是冬天，9点钟从暖烘烘的被窝里爬起来，食堂的师傅已下班。同时，大学生虽然在时间安排上比较自由，但是各种实践活动使其对就餐时间的弹性有较高的要求。

资料来源　郑立印．校园外卖前景分析［EB/OL］．［2016-06-08］．https://wenku.baidu.com/view/86826750d0d233d4b14e69ea.html.

问题：消费行为习惯对校园外卖未来的发展有什么影响？市场调研在其中起到的作用是什么？

分析提示：现在的大学生对饮食的需求日益多样化，就餐时间也更加灵活。校园外卖的经营者通过对大学生消费习惯的现实调查，捕捉到了这一变化，于是不失时机地推出了为大学生送货上门的服务项目。由此可见，市场调研为企业做出正确决策提供了依据。

2.1.3　市场调研的内容

1）市场营销环境调研

市场营销环境可以分为市场营销微观环境和市场营销宏观环境。

市场营销微观环境是指与企业的营销活动直接发生关系的企业性因素影响力，如市场、营销渠道、相关企业、竞争者等。

市场营销宏观环境是指对企业影响较大的社会性因素影响力，如人口、经济、社会文化、自然地理、科学技术、政治法律等。

其中，市场营销宏观环境调研的具体内容见表2-1。

表2-1　　　　　　市场营销宏观环境调研的具体内容

项目	内容
人口环境	人口总量、性别构成与比例、职业构成与比例、各年龄段人口数量与比例、各种文化程度人口数量与比例、各种收入水平人口数量与比例、家庭户数及户均人数
经济环境	GDP总量和人均GDP、产业构成和比例、主导产业类别和规模、居民人均年收入、社会商品零售总额及人均社会商品零售额、居民存款余额及人均存款余额
社会文化环境	社会风尚与社会风俗、生活方式与价值观念、消费传统与消费习惯、舆论影响与口碑影响、消费潮流与流行时尚等
自然地理环境	对地理气候等自然环境进行研究，从而发现地形地貌、天气气候等自然因素对消费行为的软影响，进而依据自然规律有意识、有成效地规划市场营销活动
科学技术环境	跟踪新科学、新技术、新发明、新材料、新工艺对产品研发和制造产生的影响，以及对产品市场生命周期产生的影响
政治法律环境	政治法律环境调研使得企业的市场营销行为符合政府的政策与法律规范，并获得政府政策与法律的支持，从而为企业的市场营销活动争取良好的政治环境

人口、购买力和购买欲望是构成市场的三个要素，即市场=人口+购买力+购买欲望。因此，从市场层面来看，人口环境、经济环境和社会文化环境是市场营销宏观环境中最重要的内容。

业务链接2-1

××市私家车需求与用户反馈调查方案

（1）提出问题。轿车经销商A在××市从事轿车经销多年，商誉较好，知名度较高，但近两年在××市新成立的几家轿车经销商对其经营形成了冲击，导致其销售量有所下降。为了应对市场竞争，轿车经销商A急需了解本市私家车的市场普及率和市场需求潜力，了解居民的购车动机和行为，了解现有用户有关轿车使用方面的多种信息，以便调整公司的市场营销策略。为此，我们做了以"××市私家车需求与用户反馈"为主题的市场调查。

（2）调查目的。获取私家车需求情况及现有用户有关轿车使用方面的多种信息，为轿车经销商A调整、完善市场营销策略提供信息支持。

（3）调查任务。准确、系统地搜集××市私家车的市场普及率和市场需求潜力、居民购买动机与行为、用户使用情况等方面的信息，以及轿车经销商A所在商圈的情况与竞争对手的经营情况，并进行分析研究，从中提炼出一些对调整经营结构和市场营销策略有价值的启示。

（4）调查对象。调查对象只包括本市东、西、南、北四区的居民家庭，不包括市辖县的居民家庭。其中，以市区内的每户居民家庭为调查单位。

（5）调查项目。

①被调查家庭的基本情况，包括户主的年龄、性别、文化程度、职业；家庭人口、就业人口、人均年收入、住房面积、车库面积等。

②居民家庭是否有轿车，如果有，则轿车的类型、品牌、价位、购入时间等情况如何。

③用户车况与使用测评，包括节油性能、加速性能、制动性能、座位及舒适度、外观造型、平稳性、车速、故障率、零配件供应、空调、内部装饰、售后服务等项目的满意度测评。

④私家车市场需求情况调查，包括购买愿望、购买时间、购买类型、购买品牌、价位、购买目的、选择因素、轿车信息获取等方面的测评。

⑤经销商所在商圈情况调查，包括本经销店顾客的地理分布、职业分布、收入阶层分布、文化程度分布、行业分布以及商圈构成要素等。

⑥竞争对手经营情况调查，包括竞争对手的数量、经营状况和经营策略等。

接下来要制定调查提纲和调查表，确定调查时间和调查期限、调查地点、调查方式和方法，最后对调查结果进行整理和分析。

以上就是一个完整的市场调查过程。

2）市场营销要素调研

市场营销要素调研的内容包括：产品调研、价格调研、分销渠道调研和促销调研等。

（1）产品调研

企业市场营销活动的最终目标是通过生产适销对路的产品来满足消费者的需求。产品调研的内容一般包括：对新产品的设计、开发和试验的调研；对现有产品改进的调研；对产品销售前景预测的调研；对产品售后服务的调研等。

（2）价格调研

产品定价策略是市场营销策略中最难确定的部分，它对企业产品的销售和企业的利润具有重要影响。价格调研的内容一般包括：市场供求情况及其变化趋势的调研；影响价格变化各种因素（如产品成本、市场状况）的调研；替代品价格的调研；新产品定价策略的调研等。

（3）分销渠道调研

分销渠道是指产品从生产者向消费者或用户转移的过程中经过的通道，是企业产品通向市场的生命线，是企业的巨大财富与无形资产。分销渠道调研的内容一般包括：选择中间商种类的调研；对影响分销渠道选择的各种因素的调研等。

（4）促销调研

促销是营销者与购买者之间的信息沟通与传递活动。促销的目的是激发消费者的购买欲望，影响和促成消费者的购买行为，扩大产品的销售，提高企业的经济效益。促销调研的内容一般包括：促销手段的调研；促销策略可行性的调研等。其中，促销手段的调研又包括广告促销调研、人员推广促销调研、营业推广促销调研和公共关系促销调研等。

3）消费者调研

（1）消费者需求量调研

①货币收入。消费者需求量的大小取决于其货币收入的多少。消费者只有拥有一定的货币收入，才可能挑选和购买自己所需的商品。货币收入主要来自以下几个方面：第一，劳动收入。劳动收入是消费者货币收入来源中最基本、最主要的部分，随着国家经济的发展及劳动生产率的进一步提高，这部分收入将呈不断上升的趋势。第二，从财政信贷系统获得的收入。第三，其他方面的收入，如股息收入、接受的遗产等。

②人口数量。人口数量是计算需求量时必须考虑的因素。人口数量多，对商品的需求量就大，尤其是日常食品和日用工业品，其需求量随着人口的增加必然增加。

（2）消费者结构调研

消费者结构调研的内容见表2-2。

表 2-2 　　　　　　　　　　　　　　消费者结构调研的内容

调研项目	调研内容
人口构成	性别、年龄、职业、文化程度、民族等方面的不同，使得消费者的需求具有很大的差异性
家庭规模	家庭规模就是家庭人口数。家庭人口数多，对商品的需求就大
收入增长状况	经济增长，收入水平也会随之相应提高。根据恩格尔定律，当收入增加时，用于购买食物的支出所占比重会逐渐下降
商品供应状况以及价格变化	商品供应状况指市场上商品的供应是否充足。当商品出于某种原因供应不足或限量供应时，消费者会将其消费投向转移；当商品价格提高到一定幅度以后，消费投向也会发生转移

（3）消费者行为调研

消费者行为具有不确定性，因此它是市场调研中较难把握的因素。消费者行为受多方面因素影响，如消费者心理、性格、宗教信仰、文化程度、消费习惯、个人偏好和周围环境等。这些因素都可以在一定程度上促成消费者的购买行为。消费者行为调研就是要了解这些主客观因素及其发展变化对消费者购买行为的影响。

①消费者心理调研。消费者心理调研的内容见表2-3。

表2-3　　　　　　　　　　　　消费者心理调研的内容

调研项目	调研内容
习俗心理	受所处地理环境、风俗习惯、宗教信仰、传统观念以及种族的影响而产生的心理
同步心理	在社会风气、潮流、时尚的影响下产生的赶时髦、跟潮流的心理
偏爱心理	受心理素质、文化程度、业余爱好、职业习惯和生活环境的影响而产生的对某种商品特殊偏爱的心理
经济心理	注重经济实惠、价廉物美、货价相等的心理
好奇心理	对新事物、新构想的求知心理及追求新颖、奇特的心理
便利心理	要求购买方便、迅速，服务周到、热情，商品易携带、维修和使用的心理
美观心理	要求商品美观、赏心悦目或能够产生舒适感的心理
求名心理	为保证商品的质量以及体现一定的社会地位而产生的挑选名牌、以商品品牌来决定购买的心理

②消费者购买行为调研。消费者购买行为调研的内容见表2-4。

表2-4　　　　　　　　　　　　消费者购买行为调研的内容

调研项目	调研内容
习惯型购买	根据以往形成的习惯或效仿他人的经验而决定购买，表现为长期惠顾于一种型号的商品或几家商场而不易受外界的干扰
理智型购买	根据自己的经验和学识判别商品，对商品进行认真的分析、比较和衡量后才做出购买决定，而且不愿意外人介入
感情型购买	在购买时因受感情因素的支配而容易受到某种宣传和广告的吸引，经常根据商品是否符合感官需要而决定是否购买
冲动型购买	消费者被商品的某一方面（商标、样式、价格等）强烈吸引，迅速做出购买决定，而不愿对商品进行反复比较
经济型购买	消费者多从经济方面考虑是否购买，对价格非常敏感
随意型购买	消费者缺乏购买经验，或随大流，或奉命购买，并且乐于听取别人的意见

4）竞争形势调研

企业应对竞争者的情况有一个全方位的了解，包括竞争者产品的市场占有率、竞争者采取的营销策略等。竞争形势调研的内容主要包括竞争格局调研、竞争策略和营销策略调研、主要竞争品牌的优劣势分析三个方面。

（1）竞争格局调研

首先，从总体上调研主要竞争品牌的市场规模和市场份额，这是竞争格局调研的基础。其次，分析市场的竞争结构，是完全竞争、垄断竞争、寡头垄断还是完全垄断，或者是某两种市场竞争结构的过渡状态等。最后，根据各主要竞争品牌的竞争实力、销售量和市场份额，确定各竞争品牌的市场地位和市场角色。例如，市场领导者是哪些品牌、市场挑战者是哪些品牌、市场追随者和市场补缺者是哪些品牌等，或者分析进入行业第一集团、第二集团、第三集团的品牌分别有哪些。

（2）竞争策略和营销策略调研

竞争格局调研反映的是市场竞争的结果，为了揭示竞争格局形成的原因，还需要对各主要竞争品牌的竞争策略和营销策略进行调研。

第一，主要竞争品牌的竞争策略调研。竞争策略是影响竞争格局形成的重要因素之一。按照迈克尔·波特的竞争理论，市场竞争策略的基本模式有规模领先、成本领先和专业化集中经营等。在市场竞争中，这些模式是普遍适用和有效的，但也存在一些非典型性的或创新性的竞争策略模式，需要在调研中发现、识别并揭示出来。

第二，主要竞争品牌的营销策略调研。主要竞争品牌营销策略调研的内容见表2-5。

表2-5 **主要竞争品牌营销策略调研的内容**

调研项目	调研内容
产品策略调研	产品线及产品项目组合，主销产品的市场定位、核心利益诉求与销售表现，产品质量与产品形象的市场评价
价格策略调研	价格策略的实施目的，主销产品的价格水平及市场接受程度，进攻产品的价格水平及市场攻击力度，市场价格稳定情况与价格秩序规范情况
渠道策略调研	分销模式与分销渠道结构，主流渠道的业态形式与销售业绩构成，重点客户的销售规模及所占比重，客户关系与客情维护情况，产品销售区域与渠道的规范程度，市场管理制度与执行力度
广告策略调研	广告传播主题与产品利益诉求点，广告传播的媒体形式与媒体重点，广告时间和广告频率的选择，广告费用，消费者对广告的接受度、认知度，广告产品的试用率
促销策略调研	促销活动的时间与频率，促销活动的主题与形式、促销活动的让利幅度与宣传力度，消费者对促销活动的接受度，实际销售提升效果
营销组织调研	营销组织结构形式与人力资源配置，销售部门的职责与权限，营销人员的薪资结构与薪资水平，营销团队的业绩考核与激励制度，营销团队的整体营销意识、营销能力与精神风貌等

（3）主要竞争品牌的优劣势分析

通过竞争格局调研、竞争策略和营销策略调研，同时结合各品牌的历史销售业绩、资金实力和融资能力、技术能力和研发水平、原材料供应及产业链整合能力、企业内部管理能力等，企业可以对主要竞争品牌的优劣势进行分析，从而为下一步制定企业的竞争策略及营销策略提供依据。在分析过程中，要做到客观公正、实事求是，既不要过分夸大和恐惧竞争对手的优势，也不要过于轻视竞争对手的劣势。

教学互动2-1

互动问题：

1）市场营销环境调研包括哪些内容？请举例说明。

2）请对欧式蛋糕进行市场营销环境分析。

要求： 同教学互动1-1的"要求"。

2.2　市场调研流程和方法策划

2.2.1　市场调研流程策划

1）确定市场调研目标

市场调研的目的在于帮助企业准确制定经营战略并做出营销决策。在进行市场调研之前，必须先针对企业面临的市场现状和亟待解决的问题，如产品销量、产品寿命、广告效果等，确定市场调研的目标。

2）确定所需信息资料

市场信息浩如烟海，企业在进行市场调研时必须根据已经确定的目标和范围搜集与之密切相关的资料，没有必要面面俱到。

3）确定资料搜集方法

搜集资料的方法极其多样，企业必须根据所需资料的性质选择合适的方法，如实验法、观察法、调查法等。

4）搜集现成资料

企业应该首先集中搜集与既定目标有关的现成资料，包括企业内部经营资料、各级政府统计数据、行业调查报告和学术研究成果。

5）设计调查方案

在尽可能充分占有现成资料的基础上，根据既定目标的要求，采用实地调查方法，以获取有针对性的市场情报。市场调查几乎都采用抽样调查方法，而抽样调查最核心的问题是抽样对象的选取和问卷的设计。如何抽样，必须视调查目的和对准确性的要求而定。问卷的设计更需要有的放矢，应完全依据需要了解的内容提出问题。

6）组织实地调查

首先，实地调查需要调研人员直接参与，因此调研人员的素质影响着调查结果的准确性，必须对调研人员进行适当的培训；其次，应该加强对调查活动的规划和监控，针对调查中出现的问题及时进行调整和补救。

7）进行观察试验

当调查结果不足以体现信息的广度和深度时，还需要组织有经验的市场调研人员对调查对象进行公开或秘密的跟踪观察，或者进行对比试验，以获得更具有针对性的信息。

8）统计分析结果

对获得的信息和资料进行统计分析，提出相应的建议和对策是市场调研的根本目的。市场调研人员必须以客观的态度和科学的方法进行统计分析，以获得高度概括性的市场动向指标，并对这些指标进行横向和纵向的比较、分析和预测，揭示市场发展的现状和趋势。

9）撰写调研报告

市场调研的最后阶段是根据比较、分析和预测的结果写出书面调研报告。调研报告一般分为专题报告和全面报告，主要阐明针对既定目标所获结果，以及建立在这种结果基础上的经营思路、可供选择的行动方案和今后进一步探索的重点。

需要特别注意的是，对调研结果进行统计、分析和预测后所获得的信息，要达到如下要求：

一是准确性。进行市场调研必须坚持科学的态度、求实的精神，要客观反映事实，认真鉴别信息的真实性和可信度，保证信息的根据充分、推理严谨、准确可靠。

二是及时性。任何市场信息、重要情报，都有极为严格的时间要求，所以市场调研必须适时提出、迅速实施、按时完成，及时利用所得信息。

三是针对性。市场信息多如牛毛，市场调研不应该也不可能处处张网，所以进行市场调研时应做到目的明确、有的放矢，以免劳民伤财、事倍功半。

同步思考2-2

共享单车竞争对手的强、弱势比较分析

背景资料：

（1）摩拜单车：车辆投放较多（10万辆），覆盖城市多，成立时间较早，知名度高，用户数量多，市场活跃度高；带GPS智能锁；起初着眼于一线城市中办公、生活集中的区域，然后逐渐向二、三线城市发展；摩拜单车覆盖城市为52个，城市数量行业第一，计划2017年覆盖全球100个城市。

（2）ofo小黄车：车辆投放最多（16万辆），覆盖城市较多，成立时间较早，知名度高，用户数量多，市场活跃度高；ofo小黄车已经从最初依托高校针对学生市场，发展为如今在一、二线城市广泛布局；ofo小黄车紧随摩拜单车之后，覆盖46个城市。

（3）其他品牌共享单车的覆盖城市则相对较少。

值得注意的是，在山东济南和泰安、四川德阳等地，ofo小黄车曾多次出现未经批准就将车辆投放至某城市当地市场，最终车辆被没收的情况，这在一定程度上反映了共享单车城市扩张面临的潜在风险。

问题：其他共享单车企业还有机会获得发展吗？

理解要点：从日均订单量来看，摩拜单车日均订单量超过2 000万单，ofo小黄车的日均订单量为1 000万单。此外，哈罗单车的日均订单量为320万单，小蓝单的车日均订单量为100万单，与第一名的差距颇为明显。从市场份额来看，摩拜单车的市场份额达到了56.56%，ofo小黄车位列第二为29.77%，永安行、由你单车等其他共享单车企业则瓜分了剩下13.67%的市场（基于日均订单量、用户规模、交易规模、车辆规模和地域规模等多方面的数据综合得出）。通过对市场规模和竞争情况进行有计划、有针对性的市场调研，企业可以做出是否进入市场的决策，避免因盲目进入市场而给企业带来损失。

资料来源 佚名. 共享单车市场分析与产品包需求报告［EB/OL］.［2017-06-23］. https://wenku. baidu.com/view/f01918f4f9c75fbfc77da26925c52cc58bd69071.html？ from=search.

2.2.2 市场调研方法策划

1）定性研究方法

定性研究方法是指通过发现问题、理解事件现象、分析人们的行为与观点以及回答提问来获取信息的研究方法。它是在一群精心挑选的小规模样本的基础上进行的市场研究，该研究不要求具有统计意义，但是凭借研究者的经验、敏感度以及相关技术，能够有效洞察日常生活中消费者的行为和动机，以及这些行为和动机给产品和服务带来的影响。

定性研究的具体方法主要有小组访谈法、深度访谈法、投射技术、联想法、角色扮演法和心理绘画法等。

2）定量研究方法

定量研究方法是指确定事物某方面量的规定性的科学研究方法，即将问题与现象用数量来表示，然后去分析、检验和解释，从而获得所需信息的研究方法。

定量研究的具体方法主要有询问法、观察法和试验法等。

询问法又称访问法，是指调查人员采用询问的方式向被调查者了解市场情况的一种方法，它是市场调查中最常用的、最基本的调查方法。按照问卷填写方式的不同，询问法可以分为面谈调查法、电话调查法、邮寄调查法、留置问卷调查法和日记调查法。

观察法是指调查人员凭借自己的感官和各种记录工具，深入调查现场，在被调查者未察觉的情况下，直接观察和记录被调查者的行为，以搜集市场信息的一种方法。

试验法是指调查人员从影响调查问题的众多因素中选出一个或几个影响因素，将它们置于一定条件下，然后对试验结果做出分析判断并进行决策的一种方法。

在进行市场调研时，人们通常会综合运用多种方法，因为这些方法各有利弊且适用范围不同。表2-6是几种主要市场调研方法的比较。

表2-6　　　　　　　　　　　　几种主要市场调研方法的比较

方法	优点	缺点	适用范围
观察法	能够直接获得所需资料，无须其他中间环节，因此获得的资料比较真实；具有及时性，能够捕捉到正在发生的现象；能够搜集到一些无法用语言表达的材料	受时间限制；受观察对象限制；受观察者水平的限制；观察者只能观察到表象，不能直接观察到事物的本质和人们的思维活动；不适合开展大面积调查	适用于较为表面且对精度要求不高的数据的调查
试验法	具有可控性，便于分析相关性；通过试验取得的数据比较客观，具有一定的可信度	费用较高；所需时间较长；无法对历史情况和未来变化趋势的影响进行分析	在需要论证两者之间的相关性及影响程度的情况下适用
询问法	既可以获得标准和非标准的资料，也可以获得有关体力和脑力劳动的资料	分析人员固有的观念会影响分析人员对分析结果的准确判断；被访问者可能不配合访问调查	主要起辅助作用，与其他方法配合使用
问卷调查法	能够突破时空的限制，在广泛的范围内，对众多调查对象同时进行调查；便于对调查结果进行定量研究；节省人力、时间和经费	只能获得书面的信息资料；调查缺乏弹性，难以深入；难以了解被调查者的态度及其真实性；无法对被调查者提供指导和说明；在从众心理的驱使下填写，难以保证信息的真实性；回复率和有效率低	在需要调查的目标群体规模大且调查项目较为固定的情况下适用

2.3 市场调研组织实施和整理分析策划

2.3.1 市场调研组织实施策划

在明确了市场调研问题、确定了市场调研目标和选定了市场调研方法后，就可以组织和实施市场调研活动了。

1）市场调研活动的组织

市场调研活动的组织主要是指市场调研团队的组织和市场调研人员的培训。

（1）市场调研团队的组织

市场调研团队既可以是外聘的专业调查公司，也可以从企业内部产生。市场调研团队的组织结构主要有：

①直线式。该结构适用于课题比较小、需要很少的调查人员、样本数量少、在较小范围内调查的项目。项目负责人首先要明确调查人员和督导员，组成一个调查团队；然后在咨询机构或咨询人员的协助下制订调查方案、确定日程、进行分组等；最后指挥不同小组的督导员展开调查。这样的组织结构既节省人员，效率也较高。

②职能式。一个项目负责人领导若干职能人员，分别负责所有调查小组的培训、质量检验或复核、经费使用等。各职能人员根据自己的职能，与各组督导员联络，对其提出一些要求，协助他们完成某个方面的全部或部分工作，并向项目负责人汇报。

③直线职能式。如果承担的项目是一个较大的课题，则需要在一个较大的范围内展开调查，调查小组的规模也会比较大，任务分配变得更加复杂，往往需要后勤、质量检验和复核部门的配合。项目负责人对各职能部门或职能组进行统一管理，也可以直接与督导员联系。每一个调查组都需要配备若干职能人员，职能人员根据自己的工作职能开展工作，如财务和后勤人员负责调查组的生活安排、居住旅行、设备采买、经费管理等事宜，他们向本组的督导员负责，督导员则向上一级职能部门或职能组反映情况。这样的设置和安排可以减轻项目负责人和督导员的工作量，便于分工和专业化管理，有利于提高市场调研的效率。

④矩阵式。企业的市场调研部门、独立的调查公司和学术性调查机构的组织结构多采用矩阵式。调查机构的日常工作由机构负责人统一指挥，工作内容包括市场开发、宣传推广等。调查项目一旦确定，就要召集调查人员，开展调查活动，有时可能有若干个调查项目同时开展。

（2）市场调研人员的培训

市场调研中最重要的因素就是实施调查的人，我们称之为调查员。

调查员的作用体现在以下方面：

①调查员是调查者与调查对象的中介。通过调查员，商家可以了解消费者的有关情况，并据此做出决策；消费者也可以通过调查员反映需求，从而获得更满意的消费体验。

②调查员是市场调研的直接实施者。调查员的工作与市场调研前、后两个阶段的工作均有紧密联系，前期的准备工作在市场调研实施过程中得以体现，后期的分析工作也是建立在调查员得来的信息基础之上的。

③优秀的调查员能够提高调查的可信度。一个优秀的调查员不仅能够通过和善的态度

及高超的调查技巧获得相关问卷信息，而且能够通过自身敏锐的观察力捕捉到隐含的信息。

优秀的调查员应具备以下素质：第一，良好的文字理解能力和交流沟通能力；第二，良好的职业道德水平；第三，优秀的品质及谦虚和善的态度。

调查员培训的内容包括：第一，基础培训，如职业道德教育、行为规范、调查技巧等；第二，项目培训，如行业背景介绍、问卷内容讲解、抽样方法说明及其他要求。

调查员培训的方式包括：讲课、模拟访问、督导访问（即督导员陪同调查员一起进行调查）等。

2）市场调研前的准备工作

市场调研前的准备工作包括：

①调研宣传活动，以扩大调研活动的影响，为调研活动顺利开展提供便利；

②了解被调查者的大致情况；

③准备必要的辅助工具；

④相关文件准备，如调查问卷、样本单位名录、调查中需要的卡片及相关表格等。

3）市场调研实施过程中的控制

（1）市场调研实施过程中的质量控制

质量控制包括督导和调查质量评估两个方面。督导一般包括现场督导和非现场督导；调查质量评估包括实施过程中的质量评估和数据分析之前对原始数据进行的质量评估。

（2）市场调研实施过程中的进度控制

进度控制包括时间管理与合理的进度安排两个方面。时间管理是要确保项目按照时间计划进行，判断是否可以加快项目进程；如果项目要延期，则必须及时与客户沟通。合理的进度安排是要确保市场调研有计划、按步骤、平稳地实施，既要综合考虑调查员的实际能力、被调查者所在地点的远近及其他相关因素，还要考虑督导员的检查工作是否能够同步进行。

业务链接2-2

共享单车人群分析报告

1）共享单车消费人群画像

（1）年轻用户更热衷新兴共享单车，市政单车受中老年人青睐

对比摩拜、永安行和ofo共享单车的用户可以发现，摩拜单车的男性用户更多；在年龄分布中，摩拜单车和ofo共享单车以年轻用户为主，永安行单车用户的年龄相对偏大。

（2）摩拜单车和ofo共享单车以一线城市用户为主

从共享单车用户的城市分布可以看出，新兴共享单车以一线城市用户为主，市政单车在二、三线城市渗透更深。

（3）使用的设备品牌以华为、三星等为主，摩拜单车用户使用的设备相对高端

共享单车用户使用的设备品牌以华为、三星和小米等为主。对比摩拜、永安行和ofo共享单车的用户可以发现，在摩拜单车的用户中，使用设备价位在4 000元及以上的用户占比达到12.9%。

2）共享单车人群偏好

（1）摩拜单车用户关注房产，ofo共享单车用户关注教育阅读

从共享单车用户关联的应用类型可以发现，摩拜单车用户较关注房产、出行、旅行等应用；永安行单车用户主要关注金融理财和新闻等应用；ofo共享单车用户更关注教育阅读、摄影和视频等应用。

（2）共享单车用户出行需求强烈

从共享单车用户对出行类应用的使用情况可以发现，滴滴出行、优步和易到用车等主要出行应用覆盖率均较高，可见共享单车用户的出行需求强烈。

资料来源 TalkingData.共享单车人群分析报告［EB/OL］.［2016-09-29］. http://www.useit.com.cn/thread-13474-1-1.html.

2.3.2 市场调研报告

市场调研报告的格式和内容并不唯一，但一般都包括以下几个部分：

（1）封面。封面包括调研题目、报告日期、委托方、调查方等。

（2）目录。如果调研报告的内容、页数较多，为了方便读者阅读，则应当以目录的形式列出报告的主要章节和附录，并注明标题、有关章节的页码。一般来说，目录的篇幅不宜超过1页。

（3）概要。概要主要阐述调研项目的基本情况，按照市场调研的程序简要说明选择原始资料的方法、得出的结论、提出的建议等。

（4）正文。正文是市场调研报告的主要部分。正文必须准确阐明全部有关论据，还应当说明可供决策者独立思考的全部调查结果和必要的市场信息，以及对这些情况和内容的分析、评论。

（5）结论和建议。结论和建议是撰写市场调研报告的主要目的，包括对正文内容的总结，以及解决某一具体问题可供选择的方案与建议。结论和建议与正文部分的论述要紧密对应，不可以提出无论据的结论。

（6）附件。附件是市场调研报告的正文没有提及但必须附加说明的部分，它是对报告正文的补充或更详尽的说明。

市场调研报告的写作格式、文字数量、图表和数据要协调、统一。

职业道德与企业伦理2-1

煞费心机的市场调研

背景与情境：日本企业界有一则流传甚广的故事：日本人对英国纺织面料在世界久享盛誉一直不服，却无从得知其中奥秘，于是便萌生一计——集中本国丝绸行业的部分专家进行烹调技能培训，然后将其派往英国，在最有名的纺织厂附近开设餐馆。纺织厂里的很多人前来就餐，日本人便千方百计搜集情报，结果还是一无所获。不久，餐馆宣布"破产"，因为很多"厨工"已同工厂的主管人员混熟，部分人已经进入这家纺织厂工作。一年后，这些人分批辞职回国，成功地把技术带回了日本，并改进为工艺更先进的纺织面料返销给英国。

资料来源 作者根据相关资料整理.

　　问题：你怎么看待这种市场调研？其中存在道德伦理问题吗？

　　分析提示：从市场调研的角度讲，这似乎是一个经典案例，既有明确的问题和目标，也有相关的程序与手段，结果似乎也很完美，但从严格意义上来说，这种行为似乎已经超越了市场调研的范围，有些商业间谍的意味了。君子爱信息，也应取之有道。

2.3.3　市场调研的整理分析策划

1）市场调研资料的整理

　　<u>市场调研资料的整理</u>是指根据市场调研的目的，对通过市场调研所得到的原始资料或次级资料进行科学的分类、分组、汇总和再加工，从而形成能够反映现象总体特征的条理化、系统化资料的工作过程。

　　（1）市场调研资料整理的原因

　　通过市场调研搜集到的资料是分散的、不集中的，是零碎的、不系统的，是反映个体而不是反映总体的，根据这样的资料无法对总体进行分析，也无法对总体做出准确判断和得出有用的结论。通过市场调研资料整理，企业可以得到集中的、系统的、反映总体的资料。

　　（2）市场调研资料整理的意义

　　市场调研资料整理是对市场调研工作质量的全面检查和进一步深化，是对市场调研资料进行科学分析的开始，是积累市场调研资料的需要。

　　（3）市场调研资料整理的标准

　　①合格，即整理后的资料必须符合调研目的，是有效的资料。

　　②真实，即整理后的资料必须是实实在在发生过的客观事实，而非弄虚作假、主观杜撰出来的。

　　③可靠，即整理后的资料必须具有可信度。**可信度**是指调研结果的一致性和稳定性。无论是由同一调查者多次重复调查，还是由其他调查者复测，其结果都应大体相同。

　　④准确，即整理后的资料必须内容准确，数字资料更应如此。

　　⑤完整，即整理后的资料必须完整全面，以便反映客观事实的全貌。完整包括以下三个方面：时间范围上的完整；空间范围上的完整；调研内容上的完整。

　　⑥可比，即整理后的资料必须具有可比性。

　　⑦系统，即整理后的资料应尽可能条理化、系统化，让人一目了然。

2）市场调研策划方案的可行性分析和总体评价

　　市场调研策划方案成文后，还需要对其质量进行评估，主要从可行性分析和总体评价两个方面进行。

　　（1）市场调研策划方案的可行性分析

　　市场调研策划方案的可行性分析可以采用以下方法：

　　①经验判断法，是指组织一些有丰富市场调查经验或者相关领域的专家，对初步设计的市场调研策划方案进行评估，以确定该方案是否具备科学性和可行性。

　　②逻辑分析法，是指从正常的逻辑层面对市场调研策划方案进行把关，考察其是否符合逻辑和常理。

　　③试点调查法，是指选择部分调查单位进行试验性调查，对市场调研策划方案进行实

地检验，以确定市场调研策划方案的可行性。试点调查可以理解为实战前的演习，可以在方案大规模推广应用之前及时了解调研工作哪些是合理的，哪些是薄弱环节。

（2）市场调研策划方案的总体评价

市场调研策划方案的总体评价涉及三个方面的内容：一是调研方案是否体现调研目的；二是调研方案是否具有可操作性；三是调研方案是否科学和完整。

本章概要

□ 内容提要与结构

▲ 内容提要

● 市场调研是市场营销活动的基础，其以科学的方法搜集市场资料，并运用统计分析的方法对所搜集的资料进行分析研究，从而发现市场机会，为企业管理者提供了科学决策的依据。

● 为了保证市场调研工作的顺利进行，必须按照市场调研的流程，做好各项准备工作，明确问题、找准目标，选择合适的调研项目，使用正确的方法，并在调研结果出来后进一步反馈和甄别，形成逻辑严密、资料翔实的市场调研报告。

● 市场调研资料的整理是指根据市场调研的目的，对通过市场调研所得到的原始资料或次级资料进行科学的分类、分组、汇总和再加工，从而形成能够反映现象总体特征的条理化、系统化资料的工作过程。市场调研策划方案成文后，还需要对其质量进行评估，主要从可行性分析和总体评价两个方面进行。

▲ 内容结构

本章内容结构如图 2-2 所示。

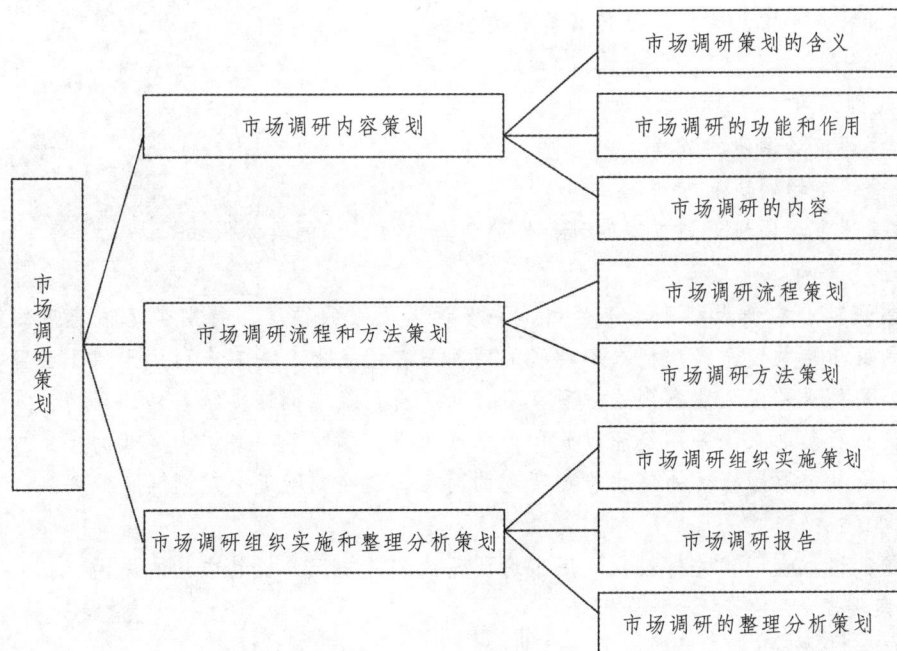

图 2-2　本章内容结构

□ 主要概念和观念

▲ 主要概念

市场调研　市场营销信息系统　市场调研策划　定性研究方法　定量研究方法　市场调研资料的整理

▲ 主要观念

市场调研的内容　市场调研的功能和作用　市场调研的方法　市场调研的流程　市场调研的方法　市场调研的组织实施　市场调研策划方案的评价

□ 重点实务和操作

▲ 重点实务

市场调研流程策划　市场调研方法策划

▲ 重点操作

市场调研策划知识应用

━ 基本训练 ━▶

□ 理论题

▲ 简答题

1）市场调研的内容是什么？

2）市场调研报告的主要内容是什么？

3）市场调研的作用有哪些？

▲ 讨论题

1）市场调研中最关键的内容是什么？

2）市场调研团队的组织结构有哪些类型？

□ 实务题

▲ 规则复习

1）简述市场调研的流程。

2）简述市场调研的方法。

3）简述市场调研策划方案的可行性分析与总体评价的具体做法。

▲ 业务解析

背景资料：在澳大利亚昆士兰州，许多远道而来的顾客，特别是生怕忘事的家庭主妇，在到商店购物前总喜欢把准备购买的商品写在纸条上，买完东西后则随手丢弃。一家大百货公司的采购经理注意到这一现象后，除了自己经常捡这类纸条外，还悄悄发动其他管理人员也行动起来。采购经理以此作为重要依据，编制了一套扩大经营的独家方案，结果许多妇女从前要跑很远的路才能购买到的商品，现在到附近分店同样也能买到，这家店的生意也日益兴隆。

问题：请你查阅相关材料，运用市场调研的相关知识分析其成功的原因。

□ 案例题

▲ 案例分析

我国股权众筹行业发展特点

背景与情境：党的十八大五中全会强调，实现"十三五"时期发展目标，破解发展难题，厚植发展优势，必须牢固树立并切实贯彻创新、协调、绿色、开放、共享的发展理念。

1）创新发展靠"四众"支撑

"五大发展理念"中最重要的就是创新发展，而创新发展中最重要的就是大众创业、万众创新。这靠什么支撑，五中全会说得很明确，就是"四众"（众创、众包、众服、众筹），核心就是众筹。商业银行、保险公司、传统股权市场等已经不足以直接、快速、高效地服务于双创，在当前中国经济下行压力非常大的情况下，打造一个新的以"四众"为核心的与新三板和创业板等相结合的新金融体系具有重要意义。我们可以以此来拉动科技创新，服务中小企业，服务创新企业，促使传统企业转型升级。

国家在一步步提升"四众"尤其是众筹的地位，一步步把它从一个非金融的模式提升为甚至比正规金融体系还重要的新金融模式。供给侧改革实际上是新的供血机制，"四众"尤其是众筹，就是新的供血机制中最重要的部分之一。

2）股权众筹发展日益规范

2015年，国家相继颁布了《中华人民共和国证券法（修订草案）》《关于促进互联网金融健康发展的指导意见》等一系列文件，对行业起到了积极的作用。

股权众筹已经成为互联网巨头的核心战略。2015年，各大互联网公司都把发展股权众筹作为其"互联网+金融"战略的核心。中国互联网金融崛起于阿里系的"余额宝"，但在2015年，"蚂蚁金服"也战略入股了著名的36氪，以为其股权众筹发展战略铺路。股权众筹极有可能成为未来"蚂蚁金融帝国"的核心。其他互联网金融巨头，如京东、平安、苏宁、360、乐视等也开始涉入股权众筹平台。互联网金融新的战场不在互联网货币基金，也不在P2P，恰恰就在股权众筹。

3）"国家队"介入股权众筹领域

由中证资本市场发展监测中心搭建的众筹平台——中证众筹，自2015年1月28日上线以来一直低调运行。中证众筹作为平台中的平台，能够真正实现地方股交所互联互通，能够帮助更多孵化器、创业园，实际上可以打通四板、连接五板，其未来意义是超过新三板的。

4）地方政府积极推进

作为改革开放前沿的广东省和地处祖国腹地的贵州省在地方上站在了股权众筹发展的前沿。广州市金融服务办公室积极进行股权众筹试点的探索；贵阳市的经济目前虽比不上沿海城市，但其积极发展"互联网+"战略，打造了具有历史意义的贵阳众筹金融交易所，还举办了世界众筹大会，引起了国内外的广泛关注，得到了国家的肯定。

5）众筹生态圈模式崛起

众筹生态圈的一个典型模式是媒体+孵化器+众筹平台。36氪从科技类媒体公司到孵化器，再到做股权众筹的发展路径，体现出了一个非常科学、合理的众筹生态圈。

6）券商开始涉足股权众筹

传统券商涉足股权众筹有两种模式：第一种是自己设立股权众筹平台；第二种是券商和其他地方股权交易中心合作搭建股权众筹平台。第二种模式的代表是中信证券，其已经与山东青岛地区的四板市场——青岛蓝海股权交易中心开展合作，并设立了中信蓝海众筹平台涉足股权众筹业务。

7）股权众筹模式推陈出新

股权众筹在中国发展的过程中诞生了很多具有创新性的发展模式，截止到2015年，具有典型意义的模式有以下六种：

第一种是前面已经论述过的具有平台中的平台意义的中证众筹平台；第二种是传统投资机构与互联网的结合，是股权众筹与传统PE（私募股权投资）和VC（风险投资）的深度连接，主要包括天使汇、合伙圈等平台；第三种是具有草根性质的、全民参与的股权众筹，主要包括大家投等平台；第四种是连接身边店铺的股权众筹，主要包括人人投等平台；第五种是和新三板直接连接的股权众筹，以深圳的众筹帮为代表；第六种是对接区域性股权交易市场的股权众筹。

8）跨境众筹开始出现

中国目前已有一家股权众筹平台完成了境内资本对国外众筹项目的融资操作，澳大利亚一家支付企业得到了中国境内投资者2 000万元人民币的股权融资，用于扩大技术团队。这是中国作为世界第二大经济体和众筹发展主力的必然结果，中国可以借助股权众筹更好地实现走出去和引进来战略。

9）伪众筹泛滥

当然，2015年股权众筹的发展也存在一些负面因素。互联网和金融科技结合的复杂性，以及股权众筹概念的模糊性，导致各类伪众筹泛滥。

资料来源　中投顾问产业与政策研究中心. 2016—2020年中国股权众筹行业市场深度调研及投资前景预测报告［EB/OL］.［2017-10-30］. https://wenku.baidu.com/view/a7fb4b8b25c52cc58ad6be6c.html? from=search.

问题：

1）众筹行业发展的特点是什么？

2）这样的市场调研报告对市场和企业有什么意义？

3）请分析这种市场调研的好处和弊端。

分析要求： 同第1章本题型的"分析要求"。

▲ 善恶研判

一次失败的市场调研

背景与情境： 北华饮业是最早准备在中国开辟茶饮料市场的企业之一，而中国的茶文化认为，冷茶、隔夜茶甚至放在不合适器皿里的茶都是不能喝的，于是企业求助于市场调研公司，试图找到解决问题的办法。市场调研公司询问人们："既是冷茶，也是隔夜茶，并且放在塑料瓶里，你会喝吗？"消费者回答："谁会喝那玩意儿。"然而，"康师傅"与"统一"没有相信这次调研结果，率先占据了"绿茶""冰红茶"等茶饮料市场，令北华饮业后悔莫及。

问题：

1）本案例中存在哪些道德伦理问题？

2）试对上述问题做出你的善恶研判。

3）通过网上或图书馆调研等途径搜集你做善恶研判所依据的行业规范。

研判要求： 同第1章本题型的"研判要求"。

□ 实训题

"市场调研策划"知识应用

【实训目标】

见本章"章名页"之"学习目标"中的"实训操练"。

【实训内容】

专业能力训练：其"领域"、"技能点"、"名称"及其"参照规范与标准"见表2-7。

表 2-7　　　　　专业能力训练领域、技能点、名称及其参照规范与标准

领域	技能点	名称	参照规范与标准
"市场调研策划"知识应用	技能点1	"'市场调研内容策划'知识应用"技能	1）能全面理解和把握"市场调研内容策划"的相关知识。 2）能从"市场调研内容策划"的特定视角理解并应用相应知识，有质量、有效率地进行以下操作： （1）分析企业"市场调研内容策划"的如下业务运作现状，即其成功、不足及尚待解决的各种问题： ①充分考虑并尽可能实现市场调研的价值，使其为企业经营中存在的各种问题提供决策信息； ②充分发挥市场调研的作用，使其为企业承担搜集和传播信息、发现市场机会、调节企业战略和营销组合，取得竞争优势的任务； ③对企业经营所处的内外部环境、竞争对手和消费者进行充分的调查分析，准确发现企业现存问题。 （2）就其不足和存在的问题，提出优化建议和解决方案
	技能点2	"'市场调研流程和方法策划'知识应用"技能	1）能全面理解和把握"市场调研流程和方法策划"的相关知识。 2）能从"市场调研流程和方法策划"的特定视角理解并应用相应知识，有质量、有效率地进行以下操作： （1）分析企业"市场调研流程和方法策划"的如下业务运作现状，即其成功、不足及尚待解决的各种问题： ①依照相关原则与程序进行运作； ②确定市场调研的问题和目标，系统分析、适当选择和依照相关程序设计调研方案； ③合理采用定性研究或者定量研究的方法。 （2）就其不足和存在的问题，提出优化建议和解决方案
	技能点3	"'市场调研组织实施和整理分析策划'知识应用"技能	1）能全面理解和把握"市场调研组织实施和整理分析策划"的相关知识。 2）能从"市场调研组织实施和整理分析策划"的特定视角理解并应用相应知识，有质量、有效率地进行以下操作： （1）分析企业"市场调研组织实施和整理分析策划"的如下业务运作现状，即其成功、不足及尚待解决的各种问题： ①采取适当方法确定市场调研的组织形式，完成市场调研的实施和控制； ②依照相关程序进行市场调研后，规范撰写市场调研报告； ③对调研资料进行整理分析，做出合理的市场预测。 （2）就其不足和存在的问题，提出优化建议和解决方案

职业核心能力和职业道德训练：其内容、种类、等级与选项见表2-8；各选项操作的"参照规范与标准"见本教材"附录三"的附表3和"附录四"的附表4。

表2-8　　　　职业核心能力和职业道德训练的内容、种类、等级与选项表

内容	职业核心能力							职业道德						
种类	自我学习	信息处理	数字应用	与人交流	与人合作	解决问题	革新创新	职业观念	职业情感	职业理想	职业态度	职业良心	职业作风	职业守则
等级	中级	中级	中级	中级	中级	中级	中级	认同级	认同级	认同级	认同级	认同级	认同级	认同级
选项		√		√	√	√	√	√			√	√	√	√

【实训任务】

1）对"市场调研策划"专业能力的各技能点，依照其"参照规范与标准"，实施应用相关知识的基本训练。

2）对"职业核心能力"选项，依照其"参照规范与标准"，实施应用相关知识的"中级"强化训练。

3）对"职业道德"选项，依照其"参照规范与标准"，实施"认同级"相关训练。

【组织形式】

1）以小组为单位组成营销策划团队。

2）各营销策划团队结合实训任务进行适当的角色分工，确保组织合理和每位成员的积极参与。

【指导准备】

知识准备：

1）"市场调研策划"的理论与实务知识。

2）本教材"附录一"的附表1中，与本章"职业核心能力"选项各技能点相关的"'知识准备'参照范围"所列知识。

3）本教材"附录三"的附表3中涉及本章"职业核心能力"选项，以及"附录四"的附表4中涉及"职业道德"选项的"参照规范与标准"知识。

操作指导：

1）教师向学生阐明"实训目的"、"实训任务"和"知识准备"。

2）教师就"知识准备"中的第（2）、（3）项，对学生进行培训。

3）教师指导学生制订《实训方案》。

4）教师指导学生撰写相关《实训报告》。

【情境设计】

将学生组成若干营销策划团队，分别选择一家已开展市场调研策划业务的企业（或校专业教育实训基地），结合课业题目，从"'市场调研策划'知识应用"的视角，对该企业（或校专业教育实训基地）市场调研策划运作现状进行调查研究，分析其成功经验与不足，在此基础上为其量身定制"基于'市场调研策划'知识应用"的《××企业营销策划优化方案》，通过系统体验各项相关操作，完成本次实训的各项任务，撰写《"市场调研策划"知识应用实训报告》。

【实训时间】

本章课堂教学内容结束后的双休日和课余时间，为期一周。

【实训步骤】

1）将学生组成若干营销策划团队，每个团队确定 1 人为队长，结合项目需要进行角色分工。

2）各团队根据"实训任务"、"情境设计"和课业题目，讨论和制订本次《实训方案》。

3）各团队实施《实训方案》，应用"市场调研策划"知识，系统体验如下操作：

（1）分别选择一家已开展市场调研策划业务的企业（或校专业教育实训基地），从"市场调研策划"的特定视角，就表 2-7 各技能点列示的诸多业务运作现状进行调查、研究与评估，分析其成功、不足及尚待解决的问题。

（2）依照"技能点 1"的"参照规范与标准"，从"'市场调研内容策划'知识应用"的特定视角，就该企业营销策划运作中存在的不足，提出优化建议或解决方案。

（3）依照"技能点 2"的"参照规范与标准"，从"'市场调研流程和方法策划'知识应用"的特定视角，就该企业营销策划运作中存在的不足，提出优化建议或解决方案。

（4）依照"技能点 3"的"参照规范与标准"，从"'市场调研组织实施和整理分析策划'知识应用"的特定视角，就该企业营销策划运作中存在的不足，提出优化建议或解决方案。

4）各团队总结（1）～（4）项操作体验，撰写"基于'市场调研策划'知识应用"的《××企业市场营销调研策划优化方案》。

5）在"'市场调研策划'知识应用"的"专业能力"基本训练中，依照表 2-8 中相关训练选项的"参照规范与标准"，融入"职业核心能力"的"中级"强化训练和"职业道德"的"认同级"相关训练。

6）各团队综合以上阶段性成果，撰写《"市场调研策划"知识应用实训报告》。其内容包括：实训组成员与分工；实训过程；实训总结（包括对专业能力训练、职业核心能力训练和职业道德训练的分析说明）；附件（即阶段性成果全文）。

7）在班级讨论、交流和修订各团队的《"市场调研策划"知识应用实训报告》，使其各具特色。

【成果形式】

实训课业：《"市场调研策划"知识应用实训报告》。

课业要求：

1）"实训课业"的结构与体例参照本教材"课业范例"中的范例综-3。

2）将《××企业市场营销调研策划优化方案》以"附件"形式附于《"市场调研策划"知识应用实训报告》之后。

3）在校园网的本课程平台上展示经过教师点评的班级优秀《"市场调研策划"知识应用实训报告》，并将其纳入本课程的教学资源库。

⸺ 单元考核 ⸺

考核要求：同第 1 章"单元考核"的"考核要求"。

第3章
企业战略策划

学习目标

　　通过本章的学习，应该达到以下目标：

理论知识：学习和把握战略的概念、特点，企业营销战略的概念、影响因素，企业使命与企业愿景的含义和作用，并能用其指导"企业战略策划"的相关认知活动。

实务知识：学习和把握营销任务与营销战略目标、企业经营的基本战略，以及"业务链接"等程序性知识，并能用其规范"企业战略策划"的相关技能活动。

认知弹性：运用"企业战略策划"的理论与实务知识研究相关案例，对"引例"、同步案例"和"在线医疗产业链"等业务情境进行多元表征，培养和提高在特定情境中分析问题的能力；依照相关行业规范或标准，分析"职业道德与企业伦理3-1"和"在企业战略中弘扬传统文化"等案例中企业或其从业人员行为的善恶，强化学生的职业道德素质。

自主学习：参加"自主学习-II"训练。在实施《自主学习计划》的基础上，通过阶段性学习和应用"附录一"的附表1中"自我学习"（中级）各技能点的"'知识准备'参照范围"所列知识，搜集、整理与综合"企业经营战略"前沿知识，讨论、撰写和交流《"企业经营战略"最新文献综述》，撰写《"自主学习-II"训练报告》等活动，体验"企业经营战略"中的"自我学习"（中级）及其迁移。

引例　恒大集团的多元化发展战略

背景与情境： 恒大地产 2016 年 5 月 17 日发布公告，建议将公司名称由"恒大地产集团有限公司"变更为"中国恒大集团"，此次建议更名体现了其管理层继续坚持多元化发展战略的意图。集团目前的业务包括房地产开发、金融、互联网、健康、文化旅游等。近年来，房地产行业增速放缓，促使传统地产企业纷纷加快多元化转型。除了在养老、旅游等细分市场"深耕细作"，还向房地产的上下游产业延伸，包括向上游布局金融业、参股银行，向下游介入物业服务、社区经济等。此外，还有一些房企跳出房地产行业跨界发展。

恒大是房地产企业多元化跨界转型的典型代表。公开资料显示，在房地产业务之外，恒大近几年已涉足矿泉水、乳业、牧业、粮油、美容整形、影视娱乐等多个领域。2016年 3 月，恒大高层在 2015 年业绩发布会上宣布，2015 年恒大地产在继续夯实房地产主业的同时，完成了金融、互联网、健康、文化旅游的多元化产业布局。

资料来源　佚名. 恒大建议更名背后多元化战略布局凸显［EB/OL］.［2016-05-18］. http：//mt.sohu.com/20160518/n450190901.shtml.

面对经营环境的变化，恒大及时调整了其经营战略。围绕其经营战略，恒大产生了独特的企业愿景、产品市场范围、成长方向和企业价值体系等内容。本章将系统阐述企业战略策划、企业使命与愿景、企业经营基本战略。

3.1　企业战略策划概述

企业战略是企业为了实现其长期的、全局性的经营目标，有效利用企业内部资源，使企业适应外部条件，指导整个企业运作的总筹划及总方针，亦即对企业全局的谋划。企业战略策划关乎企业的长远发展和全局利益，是企业经营活动的行动纲领。

3.1.1　战略的含义与特点

"战略"一词是军事术语，来源于希腊语"strategos"（意为"将军"）和演变出的"stragia"（意为"战役""谋略"），均指指挥军队的艺术和科学。我国古代兵书中早就提过"战略"一词，是指针对战争形势做出的全局谋划。三国时期著名的政治家、军事家、战略家诸葛亮对"战略"有一段精辟的论述，即"不谋万世者，不足谋一时；不谋全局者，不足谋一域"，并通过对当时错综复杂的政治、经济、军事形势的分析，确立了"三分天下"的战略思想，这一战略思想也是刘备的立国之本。时至今日，"战略"一词被广泛应用于政治、军事、经济、商业和管理等各种领域中。

加拿大麦吉尔大学教授明茨伯格借鉴市场营销学 4P 组合的提法，提出了企业战略 5Ps 观，即战略是一种计划（plan）、计策（ploy）、模式（pattern）、定位（position）、观念（perspective）。因此，战略不是为了解决当前的问题，而是要引导组织走向更美好的未来。

战略是指为了实现企业的使命，获得可持续的竞争优势，从而根据企业所处外部环境并结合企业内部资源，对企业的未来发展目标和实现途径所做的一种长远性谋划。

企业战略具有全局性、适应性、长远性、竞争性、风险性等特点。

1）全局性

企业战略必须根据企业总体发展的需要而制定，它所追求的是企业的总体效果，指导的是企业的总体活动。企业战略管理不是强调企业某一事业部或某一职能部门的重要性，而是通过制定企业的使命、目标和战略来协调企业各部门的工作，这就决定了企业战略具有全局性。

2）适应性

运营环境对企业的战略决策非常重要，政治、经济、社会文化、技术环境的变化都会对企业战略产生影响。例如，经济危机影响了人们的购买力，企业需要根据人们的偏好、习惯改变服务方式，而这也将对企业战略产生影响。

3）长远性

企业战略是对企业未来经营目标的描述，这就决定了企业战略既要兼顾短期利益，又要着眼于长期发展，并谋划了实现远景目标的发展轨迹及宏观管理的措施、对策。围绕企业的远景目标，企业战略必须经历一个持续、长远的奋斗过程。企业战略虽然可以根据市场变化进行必要的调整，但一般来说不能朝令夕改，要具有长期的稳定性。

4）竞争性

竞争是市场经济中不可回避的现实，也正是因为有了竞争，才确立了"战略"在经营管理中的主导地位。面对竞争，企业需要进行内外环境分析，明确自身的资源优势，通过设计恰当的经营模式，形成特色经营，从而增强企业的战斗力，推动企业的长远、健康发展。

5）风险性

企业战略的竞争性决定了企业战略的风险性。企业战略是对企业未来经营目标的描述，而未来经营的不确定性使得企业战略的制定充满了挑战和风险。如果企业能够深入做好市场调研，准确预测行业发展趋势，设立客观的远景目标，保证各战略阶段人、财、物等资源调配得当，制定的战略就能引导企业健康、快速发展；反之，仅凭个人的主观判断，设立的目标过于理想或对行业发展趋势的预测不准确，制定的战略就会产生偏差，甚至给企业带来破产的风险。

3.1.2 营销战略的内容与影响因素

企业作为市场的重要组成部分，在持续经营的过程中，既要通过盈利来不断发展，还要满足顾客和社会的需要，促进社会福利的增加。这就要求企业结合内、外部环境，制定合理的营销战略，并在经营过程中有效贯彻实施，这样才能在激烈的市场竞争中立于不败之地。

1）企业营销战略的含义

企业营销战略是企业经营战略的具体化，是企业经营战略在市场营销方面的展开，在整个企业经营战略中处于核心地位。

企业营销战略是指企业为实现经营目标而制定的有关营销要素、营销组织、人力资源以及市场布局等方面的系统规划。营销战略的核心是把消费者的需求转化为企业的盈利机会。如何实现这一转化，则需要企业设定正确的营销目标，制定正确的营销战略，并通过营销管理来实现营销战略目标。

2）企业营销战略的影响因素

影响企业营销战略的因素很多，本章把影响企业取得竞争优势的因素作为分析重点，同时借鉴波特的五力模型，把企业营销战略的影响因素分为消费者、供应商、直接竞争对手、潜在竞争者和行业替代品的供应者五类。

（1）消费者

消费者的偏好会影响企业的产品和促销等营销战略的实施，尤其是随着网络传播力量的增强，消费者在与企业的竞争中取得了明显优势。企业只有认真研究消费者的议价能力和偏好，才能制定出合理、可行的营销战略。

（2）供应商

企业不是孤立存在的，它只是产业链中的一个环节，离不开与其他企业的合作，其中与供应商的合作尤为重要。选择合理的供应商，有助于企业的成本控制、渠道建设以及产品的提供。

（3）直接竞争对手

在大部分行业中，各企业之间的利益是紧密联系在一起的，各企业的营销战略目标都是使自己的企业获得竞争优势。所以，企业营销战略在实施过程中必然会产生冲突与对抗，这些冲突与对抗构成了现有企业之间的竞争。

（4）潜在竞争者

潜在竞争者会给行业带来新的生产能力、新的资源，它们希望在已被现有企业瓜分完毕的市场中赢得一席之地。因此，潜在竞争者可能会在原材料和市场份额方面与现有企业产生竞争，最终导致行业中现有企业的盈利水平降低，严重的话还有可能危及现有企业的生存。潜在竞争者是否进入该行业取决于两个因素，即进入该行业的障碍大小和现有企业对潜在竞争者进入的反应。

（5）行业替代品的供应者

两个处于同行业或不同行业中的企业，可能会由于它们所生产的产品互为替代品，从而在它们之间产生竞争行为。这种源自替代品的竞争，会以各种形式影响行业中现有企业的营销战略。

3.1.3 制定营销战略的流程

企业营销战略策划是一个过程，企业营销战略的实施和管理不是静态的、一次性的，而是一种循环的、往复性的动态过程。通常来说，营销战略的实施可以分成 7 个阶段。

（1）分析营销环境与用户

一个企业如果不了解其所处的营销环境，不掌握用户的实际需求，是很难生存下去的。深入、细致地分析营销环境与用户是制定营销战略的基础，后面工作的开展均要以通过营销环境与用户分析得出的结论作为前提。

（2）分析竞争对手

分析竞争对手的目的是了解谁是现有的、直接的竞争对手，谁是将来有可能加入的潜在竞争对手，可能对本企业产品或服务构成威胁的替代品是什么。

（3）分析企业资源

企业资源包括企业自身资源和市场资源。企业自身资源包括人力资源、财务资源、产品资源和开发资源；市场资源包括品牌资源、客户资源、机会资源。分析企业资源是为了更加明确企业的竞争优势和发展方向。

（4）明确企业使命和愿景

企业一旦掌握了市场和用户需求，了解了竞争状况，做好了营销资源分析，就很容易明确自身的市场定位。也就是说，企业存在的价值是什么，企业的长远目标和发展方向是什么，从而形成企业使命和愿景。

（5）描述未来理想业务

在充分考虑了市场环境、用户需求、竞争对手和营销资源的条件下，企业应当从最理想的角度来探讨目标客户最希望获得的产品或服务是什么样的。这就需要把企业未来的理想业务清晰地描述出来，把企业未来要达成的目标清晰化，把建立竞争优势的路径设计好，把商业模式想透彻。

（6）制订营销战略实施计划

营销战略实施计划是一种事先的安排，用于指导企业实现其营销战略目标。营销战略实施计划的内容包括：准确估算每项营销活动的成本；对各部门的任务进行有效、合理的分配；针对可能出现的突发情况制定预案等。

（7）实施、反馈和调整营销战略

营销战略重在实施，但是在实施企业营销战略的同时，还要定期对营销战略的执行情况进行反馈，以便做好应对。此外，营销战略的实施是一个过程，在这种动态过程中及时调整不恰当的部分也很重要。俗话说："计划没有变化快。"在激烈的市场竞争中，企业只有根据环境的变化合理调整战略规划，才能立于不败之地。

同步案例3-1

vivo的国际化战略

背景与情境： 在成为NBA合作伙伴后，vivo又与国际足球联合会（FIFA）达成了为期6年的FIFA世界杯全球赞助合作，贯穿两届比赛。vivo希望通过长达6年的赞助合作，借助FIFA世界杯在全球的影响力，将vivo品牌带到一个全新的高度。届时，vivo标志将出现在FIFA世界杯比赛的场边广告牌、门票、新闻发布会背景板以及其他相关重要场合。除此之外，FIFA还为vivo提供了特定的赞助权益，包括每场比赛热身时由特邀摄影师使用vivo手机进行拍摄等。

最近几年，国内手机市场增长率逐渐下降，很多手机品牌开始发力国外市场。自2014年起，vivo把目标用户从国内市场放大至国际市场，先后进军南亚、东南亚等海外国家，以本地化的产品策略快速打入市场，受到了当地用户的喜爱。vivo在研发投入上不断加大力度，成立了横跨中美两国的七大研发中心；同时，以体育营销为踏板，精准切入消费者人群，使vivo品牌在全球市场的知名度逐年快速提高。2015年，vivo总冠名赞助印度板球超级联赛（IPL），为vivo品牌在印度市场及英联邦国家的拓展发挥了巨大的作用。

随着技术、研发能力和品牌影响力的不断提升，vivo品牌快速成长，并试图突破更高的天花板。此次成为FIFA世界杯全球赞助商，或许是vivo进军更为广阔的国际市场的一个信号，也是vivo发力体育营销的真正意图。

资料来源　申晴. NBA+FIFA! vivo借体育营销步入国际化快车道［EB/OL］.［2017-06-01］. http://www.cww.net.cn/article? id=407356.

问题：影响 vivo 国际化战略的因素有哪些？vivo 国际化战略的推出经历了哪些过程？

分析提示：影响 vivo 国际化战略的因素包括外部环境及竞争对手。该战略经历了分析营销环境与用户、分析竞争对手、分析企业资源、明确企业使命和愿景、描述未来理想业务、制订营销战略实施计划，以及实施、反馈和调整营销战略等步骤。

3.2　企业使命与愿景

企业经营的成功得益于有效的战略管理。例如，海尔集团的全球化战略有效地促进了集团业务的发展。在研究企业的战略管理时，首先应当明确企业使命、企业愿景和企业目标等概念。

3.2.1　企业使命的含义

企业的存在和发展，都是为了完成企业使命。**企业使命**是指企业在社会经济发展过程中应担当的角色和责任。它反映了企业的根本性质和存在的理由，说明了企业的经营领域、经营思想，为企业目标的确立与战略的制定提供了依据。

业务链接3-1

北京首创股份有限公司的企业使命

北京首创股份有限公司致力于成为世界级水务环境综合服务商，公司产业由传统市政供水和污水处理业务逐步发展为涉及水源、再生水、海水淡化、水环境综合治理、污泥处理与处置、固废及资源化等全产业链的环境产业，并由城市环境治理逐步延伸至农村污水和环卫领域。

北京首创股份有限公司以"守护碧水蓝天、创建长青基业"为使命，在提高经济效益的同时，注重社会效益并勇于承担社会责任，为员工的个人发展创造最佳条件，为社会创造清洁、和谐的环境，为股东创造最大价值。

3.2.2　使命与愿景描述

1）企业愿景的含义

企业使命是一种根本的、最有价值的、崇高的责任和任务，即回答企业"做什么"和"为什么做"两个问题。企业使命是对企业的经营范围、市场目标等问题的概括描述，它比企业愿景更具体地表明了企业的性质和发展方向。

企业愿景是对企业的前景和发展方向所做的高度概括的描述，这种描述能够从情感上激起员工的热情。企业愿景是企业统一成员思想和行动的有力武器。

2）企业愿景的作用

（1）提升企业的存在价值

传统观念认为，企业的存在价值在于它是实现人类社会幸福的手段与工具，是在促进全社会幸福和寻找新的财富来源的过程中创造出来的。近年来，企业价值观经历了全球化和信息时代的变革，企业愿景的含义和范围也随之扩大；即在以往企业活动的基础上，增加了与全球自然环境共生和对国际社会的责任和贡献等内容。

（2）协调利害关系者

在制定企业愿景时，企业必须界定利害关系者的类型及其利益诉求。如果利害关系者的利益诉求不能在企业愿景中得到尊重和体现，就无法使他们对企业的主张和做法产生认同，企业也无法找到能够对他们施加有效影响的方式。

（3）整合个人愿景

现代社会的员工，特别是知识型员工，都非常注重个人的职业生涯规划，都会描述自己的个人愿景。要使企业员工自觉、积极地投入到企业活动中，就必须用企业愿景来整合员工的个人愿景。

（4）应对企业危机

明确的企业愿景是在动态竞争的条件下，企业应对危机的必要条件和准则。只有将企业愿景作为危机处理的基准，才能保证企业的长远利益。

（5）引导企业资源投入的方向

企业愿景既是企业有能力实现的梦想，也是全体员工共同的梦想。企业愿景能够描绘出企业将来的形态，引导企业资源投入的方向。

3）企业愿景的制定

企业愿景要明确，要适应市场环境，要有激励性，要与企业实际相符合，避免太宽或太窄。一些世界著名企业的愿景描述非常值得我们借鉴，见表3-1。

表3-1 企业愿景描述示例

企业	愿景描述
麦当劳	控制全球食品服务业
腾讯公司	成为最受尊敬的互联网企业
中国移动	成为卓越品质的创造者
华为公司	丰富人们的沟通和生活
迪士尼公司	成为全球的超级娱乐公司
联想公司	未来的联想应该是高科技的联想、服务的联想、国际化的联想

业务链接3-2

中国工艺集团的企业愿景和企业使命

中国工艺集团的企业愿景：成为世界一流的综合性工艺美术文化产业集团。

"成为世界一流的综合性工艺美术文化产业集团"之愿景，是中国工艺集团期望看到的、愿意为之努力的，并且通过努力可以一步步实现的未来图景。它回答了"我们将走向哪里"的问题，意味着中国工艺集团立足、深耕于民族工艺美术文化行业，保持国内领先地位，有效整合行业资源，寻求并创造新的发展机会，以国际化的视野和行为模式完成振兴民族工艺美术文化产业的使命和责任，融入世界发展的大格局，代表中国跻身世界一流综合性工艺美术文化产业集团的发展目标。

中国工艺集团的企业使命：弘扬传播中国工艺美术文化，与世界共享艺术之美。

"弘扬传播中国工艺美术文化，与世界共享艺术之美"之使命，是中国工艺集团终极责任的集中体现。它回答了中国工艺集团"为何存在、为谁存在"的问题。中华文化是中国的名片，工艺美术文化是中华文化的重要组成部分，弘扬传播中国工艺美术文化，与世界共享中华文化艺术之美，彰显中国工艺集团的责任意识、担当意识，是中国工艺集团始终不渝的坚定信念，是对实现"国家利益高于一切"誓言的庄严承诺。

资料来源 佚名. 企业愿景和企业使命［EB／OL］.［2017-10-31］. http：//www.cnacgc.com/T_ContentPage/index.aspx? nodeid=43.

3.2.3 营销战略目标

1）营销战略目标的含义

营销战略目标是指在一定时期内企业营销活动希望达到的目的。营销战略目标规划就是企业以市场为导向，以营销理论为指导，分析营销环境，对企业未来要达到的总体经营水平进行规划的过程。营销战略目标指明了企业未来营销发展的方向，营销战略目标必须与企业的战略目标相一致。

企业营销战略目标可能不止一个，其中既有经济目标又有非经济目标，既有主要目标又有从属目标。它们之间相互联系，形成了一个目标体系，反映了企业的营销活动所追求的价值，为企业各个方面的活动提供了基本方向。企业营销战略目标能够使企业在一定时期、一定范围内适应环境趋势，能够使企业的营销活动保持连续性和稳定性。

2）营销任务与营销战略目标

营销战略目标需要企业完成"5W1H"的营销任务（见表3-2）。"5W1H"是在管理工作中对目标计划进行科学分析的一种思维方法，即针对要解决的问题从原因、对象、地点、时间、人员和方法六个方面提出一系列询问，并寻求解决问题的答案。

表3-2 企业营销任务描述

	任务分解	内 容
5W1H	what	销售什么
	who	销售给谁
	where	在哪销售
	when	何时销售
	why	为什么这么做
	how	如何满足其需求

企业营销战略目标通常用贡献目标、市场目标、竞争目标和发展目标进行描述（见表3-3），也可以用投资收益率、销售额、绝对市场占有率、销售增长率等进行描述（见表3-4）。

3）营销战略目标的具体化

营销战略目标是在分析营销现状，并预测未来的机会和威胁的基础上确定的，一般包括财务目标和营销目标两类。其中，财务目标由利润额、销售额、投资收益率等指标组成；营销目标由销售额、市场占有率、分销网覆盖面、价格水平等指标组成。

表 3-3   企业营销目标描述 Ⅰ

目　标	内　容
贡献目标	提供给市场的产品状况（数量、质量），节约资源状况，保护环境，利税
市场目标	原有市场渗透，新市场开发，市场占有率提高，销售额增长，客户忠诚度提高
竞争目标	行业地位的巩固或提升
发展目标	企业销售资源扩充，产能扩大，经营方向和形式的发展

表 3-4   企业营销目标描述 Ⅱ

目　标	内　容
投资收益率	一定时期企业实现利润总额与企业投入资本总额的比率，是衡量企业获利能力的指标
销售额	反映了企业的销售规模，可用数量或金额来表示
绝对市场占有率	企业某产品在一定时间内的销售量（或销售额）占同类产品市场销售总量（或销售总额）的比重，是反映企业竞争能力的指标
销售增长率	产品销售增长额与基期产品销售总额的比率，是反映企业产品成长性的指标
利润率	全部预付资本的增值程度
分销网覆盖面	销售网络到达目标市场的程度
价格水平	相对价格以及价格和产品形象的适应程度

为了有效进行目标管理，企业制定的营销战略目标必须具备四个重要特征：第一，营销战略目标必须可测量，并尽可能用数量表示。第二，营销战略目标应当具有可行性。目标应该在分析机会和威胁的基础上形成，不是凭主观意愿设定的，但设定的目标可具有一定的挑战性。第三，营销战略目标应当具有时效性。大多数营销战略目标都有一个具体的时间限制，如某企业的年度目标是增加销售额 2 000 万元。第四，营销战略目标体系应当具有协调性。企业的营销战略目标往往不止一个，它们共同形成了一个目标体系。目标体系中的多重目标之间应当具有很好的协调关系，要考虑短期利润与长期增长、现有市场渗透与新市场开发、高增长与低风险之间的协调。

同步思考3-1

惠普有七大目标，即培养忠诚的客户、获得合理的利润、取得行业领导地位、持续增长、员工获得发展、团队领导力提升和具有社会责任感。这些目标如同齿轮一样紧紧咬合在一起，牵一发而动全局。

问题：请问企业的经营目标是唯一的吗？

分析提示：企业的经营目标可能不止一个，惠普公司的七大目标中，既有经济目标又有非经济目标，既有主要目标又有从属目标。它们之间相互联系，形成了一个目标体系。

3.3　企业经营基本战略

企业的市场地位以及所处的环境决定了不同的企业应当采用不同的营销战略。企业经营的基本战略主要有一体化与多元化战略、成本领先战略、差异化战略和集中化战略。

3.3.1　一体化与多元化战略

1）一体化战略

一体化战略是指企业充分利用自己在产品、技术、市场方面的优势，根据物资流动的方向，使企业不断向深度和广度发展的一种经营战略。一体化战略研究的是企业如何确定其经营范围，主要解决与企业当前活动有关的竞争性、上下游生产活动的问题。

（1）纵向一体化

纵向一体化也称为垂直一体化，是指生产或经营过程相互衔接、紧密联系的企业之间实现联合。纵向一体化按照物质流动的方向又可以分为前向一体化和后向一体化。其中，前向一体化是指企业与用户企业之间的联合，后向一体化是指企业与供应企业之间的联合。

（2）横向一体化

横向一体化也称为水平一体化，是指与处于相同行业、生产同类产品或工艺相近的企业实现联合。其实质是资本在同一产业和部门内的集中，目的是扩大规模、降低产品成本、巩固市场地位。

（3）混合一体化

混合一体化是指处于不同产业部门、不同市场且相互之间没有特别的生产技术联系的企业之间的联合。混合一体化包括三种形态：一是产品扩张型，即与生产和经营相关产品的企业联合；二是市场扩张型，即一个企业为了扩大经营范围，而与其他地区生产同类产品的企业进行联合；三是毫无关联型，即生产和经营彼此之间毫无联系的产品或服务的若干企业之间的联合。

同步案例3-2

吉利收购沃尔沃后的影响

背景与情境： 7 年前，吉利以 18 亿美元收购了沃尔沃汽车的全部实物资产和无形资产，也就是 100% 的股份，在大多数人看来，这有点儿蛇吞大象的意思。不过 7 年的时间，沃尔沃的全球销量从 33.48 万辆增长到了 53.43 万辆，利润也大幅增长。收购沃尔沃之后，对吉利有什么好处呢？吉利没有用沃尔沃的平台，没有用沃尔沃的发动机以及那些特有的安全技术，吉利和沃尔沃还是两个独立轨道运营的兄弟品牌。知识产权限制条款让沃尔沃不能给吉利输出特有的部分技术，但是沃尔沃和吉利可以联合开发啊。

从吉利博越开始，沃尔沃的技术已经开始渗透进吉利汽车。比如，吉利博越的 1.8T 发动机，与沃尔沃发动机的重合度达 50%，ACC 自适应巡航、近距离雷达探测等技术也是沃尔沃提供的。未来沃尔沃还会有更多的技术反哺吉利汽车。

资料来源　佚名. 吉利收购沃尔沃 7 年后终派上大用场，国产车看它了［EB/OL］.［2017-02-16］. http://www.sohu.com/a/126448841_345253.

问题： 吉利收购沃尔沃，体现了吉利的何种战略？

分析提示： 沃尔沃具有销售网络、品牌、技术等资源，这些资源在汽车生产经营的产业链中占有重要位置。吉利收购沃尔沃后，可以有效整合产业链，是明显的一体化战略。

2）多元化战略

多元化战略是指企业尽量增加产品大类和品种，跨行业生产经营多种多样的产品或业务，从而扩大企业的生产经营范围和市场范围，充分发挥企业特长，充分利用企业的各种资源，提高经营效益，保证企业的长期生存与发展的一种经营战略。

企业能否成功运用多元化战略，达到分散风险、提高投资收益率的目的，关键看企业能否准确分析外部环境和正确评价内部条件。

业务链接3-3

顺丰转型实现多元化

成立于2010年的顺丰速运甘肃区公司业绩不菲，逐步将业务范围覆盖至甘肃省14个市（州）、84个区（县），每年的业务量都以同比100%的速度递增。

顺丰目前的经营范围主要由速运、物流、仓配、商业四大板块组成，形成了一条完整的供应链体系。自2013年集团开始转型，甘肃区公司的布局也在固有的供应链基础上发展为顺丰优选、嘿客门店等业务。得益于快递、冷链、仓储、品质管控等先天优势，拓展为线上线下一体化的电子商务业务，向客户展示了网络时代的高效服务，甘肃区公司逐步从单一的快递企业转型为向客户提供"顺丰服务"的多元化布局。

资料来源　刘蔚霞. 顺丰转型实现多元化 [EB/OL]. [2015-09-03]. http://news.china.com.cn/live/2015-09/03/content_34157003.htm.

3.3.2　成本领先战略

成本领先战略是指企业在某一行业领域使产品成本低于竞争对手而取得领先地位的一种经营战略。实行成本领先战略需要一整套具体政策，企业应努力降低经营成本，严密控制成本开支和间接费用，追求研究开发、服务、销售、广告及其他部门的成本最小化。为达到此目的，企业必须在成本控制上下功夫。为了同竞争对手抗衡，企业在质量、服务及其他方面的管理也不容忽视，但成本领先是贯穿整个经营战略的主题。

实施成本领先战略的关键在于，在满足顾客认为至关重要的产品特征和服务的前提下，实现相对于竞争对手的可持续性成本优势。实施成本领先战略的企业必须找出成本优势的持续性来源，并且应防止竞争对手模仿本企业的成本优势。

3.3.3　差异化战略

差异化战略是指企业提供区别于竞争对手的、在其行业范围内具有独特性的产品或服务的一种经营战略。这种战略的核心是取得某种对顾客有价值的独特性，也就是说，采用这一战略的企业必须在购买者认为最有价值的某些方面做得高于其他企业。

企业寻求差异化的手段很多，这种差异化可以体现为具有高质量的产品、优质的服务、创新的设计、技术性专长或者别出心裁的商标形象。实施差异化战略的关键是一定要有别于竞争对手，并且要使溢价收益超过因形成差异化而付出的成本，这样才能获得超额利润。

企业在采用差异化战略时，应当通过差异化将自己与竞争对手区分开，明确差异化的对象，即与谁在进行差异化；在明确差异化对象的基础上，选择差异化的内容，即以什么为基础进行差异化，可以从产品、服务、设计、技术、商标形象等方面进行选择。

3.3.4　集中化战略

1）集中化战略的含义

集中化战略是指企业将目标集中在某一个特定的顾客群、某产品系列的一个细分区或某一特定地区市场，通过为这个小市场的购买者提供比竞争对手更好、更有效率的服务来建立竞争优势的一种战略。

企业既可以通过差异化战略服务于某一细分市场，也可以通过成本领先战略实现这个目标。因此，集中化战略具体有两种形式：一种是成本集中化战略，即在细分市场中寻求低成本优势；另一种是差异集中化战略，即在细分市场中寻求差异化优势。

教学互动3-1

互动问题：

新成立的食品公司，面对集中化战略和多元化战略，采用哪一种战略更为恰当？如果经过一定时期的发展，公司取得了良好的经营业绩，但是发展速度减缓，这时又该采用哪种战略呢？

要求：同教学互动1-1的"要求"。

2）集中化战略的实施

实施集中化战略，首先要检验该战略所需要的企业基础和市场基础。

从企业基础来看，成功实施集中化战略的关键是要比竞争对手更好、更有效地服务于某个小市场的购买者，因此企业应具备两个条件：第一，服务小市场的成本比竞争对手低；第二，能够给小市场的购买者提供他们认为更好的东西，即企业拥有有效服务该市场的资源和能力。

从市场基础来看，实施集中化战略的市场应符合三个条件：第一，需求独特并且专业化，导致业内竞争者根本不能提供服务或服务得很差；第二，有一定的规模，可以盈利，并且具有较好的成长潜力；第三，未被其他竞争对手关注，或者不是业内主要竞争对手成功的关键。

职业道德与企业伦理3-1

大众汽车公司美国造假事件

背景与情境：2015年9月18日，美国环境保护署指控德国大众汽车公司在所产车内安装非法软件，故意影响美国汽车尾气排放检测，部分车辆的实际污染物排放量最高可至法定标准的40倍，违反了美国《清洁空气法》。大众随后承认造假，其蓄意欺骗美国政府多年，其违规行为可能导致高达180亿美元的罚款。德国大众汽车公司9月22日发表声明说，该公司此次造假事件涉及的柴油汽车数量可能达到1 100万辆，公司将向公众通报调查进展，并已拨款65亿欧元应对此次事件。德国的"老字号"汽车生产商——大众汽车公司成了"造假门"的主角。

资料来源　佚名. 大众美国造假事件 [EB/OL]. [2015-10-10]. http://wiki.mbalib.com/wiki/%E5%A4%A7%E4%BC%97%E7%BE%8E%E5%9B%BD%E9%80%A0%E5%81%87%E4%BA%8B%E4%BB%B6.

问题：大众汽车公司存在何种职业道德和企业伦理问题？你认为该公司应当如何更好

地实现盈利?

分析提示:大众汽车公司的战略目标中只有盈利目标,而抛弃了社会责任目标。采用降低产品质量、控制产品成本的手段实现盈利,违背了用户利益至上的职业道德,导致企业的战略目标和社会利益相背离。因此,大众汽车公司的发展战略中,既要有经济目标,又要有非经济目标,在实现战略目标的过程中,要紧紧把握社会利益与公司发展的一致性,可以采用差异化战略,通过提供满足消费者需求的、多样化的产品来更好地实现盈利。

➡ 本章概要 ➡

□ 内容提要与结构

▲ 内容提要

● 企业营销战略是指企业为实现经营目标而制定的有关营销要素、营销组织、人力资源以及市场布局等方面的系统规划。企业营销战略的影响因素包括消费者、供应商、直接竞争对手、潜在竞争者和行业替代品的供应者五类。

● 企业营销战略的实施包括分析营销环境与用户、分析竞争对手、分析企业资源、明确企业使命和愿景、描述未来理想业务、制订营销战略实施计划,以及实施、反馈和调整营销战略等步骤。

● 企业使命是指企业在社会经济发展过程中应担当的角色和责任。它反映了企业的根本性质和存在的理由,说明了企业的经营领域、经营思想,为企业目标的确立与战略的制定提供了依据。企业愿景是对企业的前景和发展方向所做的高度概括的描述,这种描述能够从情感上激起员工的热情。企业愿景是企业统一成员思想和行动的有力武器。

● 企业经营的基本战略主要有一体化与多元化战略、成本领先战略、差异化战略和集中化战略。

▲ 内容结构

本章内容结构如图3-1所示。

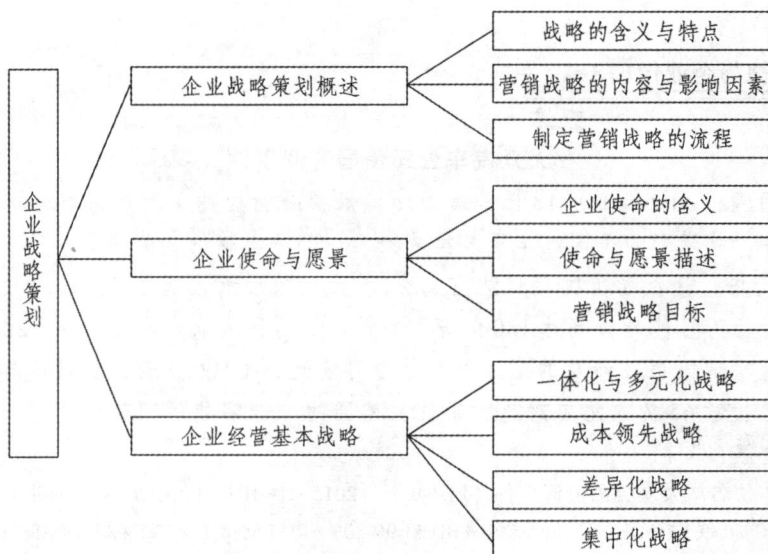

图3-1　本章内容结构

□ 主要概念和观念

▲ 主要概念

战略　企业营销战略　企业愿景　营销战略目标　一体化战略　多元化战略　成本领先战略　差异化战略　集中化战略

▲ 主要观念

企业战略策划　企业愿景和企业使命　企业经营基本战略

□ 重点实务和操作

▲ 重点实务

企业使命和企业愿景的制定　企业经营基本战略的选择

▲ 重点操作

企业战略策划知识应用

═══ 基本训练 ═══►►

□ 理论题

▲ 简答题

1) 什么是企业营销战略?

2) 什么是企业使命和企业愿景?

3) 简述企业战略的特征。

▲ 讨论题

1) 企业使命和企业愿景的差别是什么?

2) 一体化战略包含哪几种模式?

□ 实务题

▲ 规则复习

1) 简述企业营销战略实施的流程。

2) 简述制定企业愿景和企业使命的方法。

3) 简述企业经营基本战略的适用条件。

▲ 业务解析

背景资料: 某豆奶企业的产品曾经非常畅销,甚至是 80 后和 90 后童年的标配饮品。然而,经历了 1997 年金融危机后,该豆奶企业的管理层有了危机感。他们清醒地意识到,豆奶市场的"天花板"随时都可能摸得到,如果仅仅依靠这一单品打天下,很难再次抵御突如其来的冲击,开发另一个主营业务已迫在眉睫。

2001 年,该豆奶企业开始大张旗鼓地进军乳业,投资 1.6 亿元成立乳业有限公司,又投资 4 000 多万元建立了两个可容纳上千头奶牛的奶牛场,还收购了西北地区规模最大的奶牛场,这个奶牛场最多可容纳上万头奶牛。如此大规模的投入导致投资成本居高不下,加上蒙牛和伊利暗中高速扩张,乳业很快产能过剩,投入产出严重失衡。

2006 年下半年,该豆奶企业宣布进军酒业。尽管开始有所盈利,但是随着白酒行业竞争的加剧,该豆奶企业在白酒领域也没有取得成功。

资料来源　作者根据相关资料整理.

问题: 请结合企业战略的基本知识分析该案例?

□ 案例题

▲ 案例分析

在线医疗产业链

背景与情境： 在线医疗产业链可分为在线医疗服务和医药电商两大板块。在线医疗服务板块按照就医流程可分为健康保健、在线挂号、在线问诊、在线支付、院外康复以及医生助手等部分，这些部分对应了就医流程的相应环节。医药电商板块按照模式不同可分为B2B、B2C、第三方平台及医药O2O等环节。从整体来看，在线医疗行业各细分领域日渐完善，行业"拼图"结束，产业链基本成形。

2009年中国在线医疗行业市场规模为1.6亿元，2014年市场规模为108.8亿元，市场规模呈指数增长态势，市场发展迅速。

资料来源　佚名. 艾瑞：在线医疗产业链基本成形　市场规模将超170亿元［EB/OL］.［2015-09-10］. http：//finance.ifeng.com/a/20150910/13965608_0.shtml.

问题：

1）分析在线医疗产业链的整合情况。

2）在线医疗产业链的整合体现了何种企业经营战略？

分析要求： 同第1章本题型的"分析要求"。

▲ 善恶研判

在企业战略中弘扬传统文化

背景与情境： 君乐宝开啡尔酸奶是近两年常温高端酸奶领域最具成长性的产品，它能够满足不同季节、不同人群对酸奶产品的需求，特别适合冬天给不愿冷食的父母补充营养。开啡尔酸奶是国内首款由8种益生菌构成的常温酸奶，富含3.0g优质乳蛋白，不添加防腐剂，奶香浓郁，柔滑醇厚，可在常温下存储150天，在寒冷的冬日也可随时畅饮。产品自上市以来，已先后摘得SIAL（国际食品和饮料展览会）国际创新大奖、妇儿博览会优秀产品等多项大奖。

君乐宝开啡尔酸奶从冠名《中国成语大会》，弘扬中国传统文化，到独家赞助中国首部关注儿童性格养成的动画片《小小鲁班》，关爱儿童健康成长，再到成为《旋风孝子》第一合作伙伴，全国知名乳业品牌君乐宝始终在品牌传播中延续着传统的尊老爱幼传统与爱的温情，这种温情与君乐宝"至诚、至善、至爱"的企业理念极其吻合，将君乐宝的创"心"营销阐释得淋漓尽致。随着老龄人口的增加，君乐宝再度出击，借助《旋风孝子》的强势登陆与代言人黄晓明的号召力，倡导回归家庭关爱。开啡尔倡导：陪伴就是对父母最好的爱。

资料来源　李娜. 君乐宝在下一盘好棋［EB/OL］.［2016-03-17］. http：//www.cmmo.cn/article-201381-1.html.

问题：

1）本案例中有哪些可取之处？

2）试结合本案例思考企业战略如何体现善恶研判。

3）通过网络或图书馆调研等途径搜集你做善恶研判所依据的行业规范。

研判要求： 同第1章本题型的"研判要求"。

□ 自主学习

自主学习-II

【训练目的】

见本章"学习目标"中的"自主学习"。

【教学方法】

采用"学导教学法"和"研究教学法"。

【训练要求】

1）以班级小组为单位组建训练团队。

2）各团队依照本教材"附录三"的附表3中"自我学习"（中级）的"基本要求"和各技能点的"参照规范与标准"，确定长期学习目标，制订《自主学习计划》。

3）各团队实施《自主学习计划》，系统体验对本教材"附录一"的附表1"领域"中"自我学习"（中级）各技能点的"'知识准备'参照范围"所列知识和"文献综述"撰写规范的自主学习。

4）各团队以自主学习获得的"学习原理"、"学习策略"与"学习方法"知识为指导，通过院资料室、校图书馆和互联网查阅和整理近三年以"企业经营战略"为主题的国内外学术文献资料。

5）各团队以整理后的以"企业经营战略"为主题的文献资料为基础，撰写《"企业经营战略"最新文献综述》。

6）总结上述各项体验，撰写作为"成果形式"的训练课业。

【成果形式】

训练课业：《"自主学习-II"训练报告》

课业要求：

1）内容包括：训练团队成员与分工；训练过程；训练总结（包括对各项操作的成功与不足的简要分析说明）；附件。

2）将《自主学习计划》和《"企业经营战略"最新文献综述》作为《"自主学习-II"训练报告》的附件。

3）《"企业经营战略"最新文献综述》应符合"文献综述"规范要求，做到事实清晰、论据充分、逻辑合理。

4）结构与体例参照本教材"课业范例"的"范例综-4"。

5）在校园网的本课程平台上展示班级优秀训练课业，并将其纳入本课程的教学资源库。

⟩单元考核⟩

考核要求：同第1章"单元考核"的"考核要求"。

第4章
市场细分与定位策划

学习目标

通过本章的学习，应该达到以下目标：

理论知识：学习和把握市场细分的概念、作用、标准（因素）与有效标志等陈述性知识，并能用其指导"市场细分与定位策划"的相关认知活动。

实务知识：学习和把握市场细分的程序与方法、目标市场选择策略、市场定位方法以及"业务链接"等程序性知识，并能用其规范"市场细分与定位策划"的相关技能活动。

认知弹性：运用"市场细分与定位策划"的理论与实务知识研究相关案例，对"引例"、"同步案例"和"老年市场是否需要市场细分？"等业务情境进行多元表征，培养和提高在特定情境中分析问题的能力；依照相关行业规范或标准，分析"职业道德与企业伦理4-1"和"不道德营销的危害"等案例中企业或其从业人员行为的善恶，强化学生的职业道德素质。

实训操练：参加"'市场细分与定位策划'知识应用"的实践训练。在了解和把握本实训所及"能力与道德领域"相关"技能点"的"规范和标准"的基础上，通过切实体验"'市场细分与定位策划'知识应用"各实训任务的完成，系列技能操作的实施，相应《实训报告》的准备、撰写、讨论与交流等有质量、有效率的活动，培养"市场细分与定位策划"的专业能力，强化相关选项的职业核心能力，并通过"认同级"践行相关选项的"职业道德"行为规范，促进健全职业人格的塑造。

引例　从"情侣苹果"谈目标市场定位营销

背景与情境： 元旦，某高校俱乐部前，一老妇叫卖两筐大苹果，因为天寒，问者寥寥。一位教授见此情形，上前与老妇商量几句，然后买来节日编花用的红彩带，与老妇一起将苹果两两扎好，接着高喊道："情侣苹果！两元一对儿！"经过的情侣们甚觉新鲜，用红彩带扎在一起的一对儿苹果看起来很有情趣，买者甚众。不一会儿，两筐苹果全部卖光。老妇收益颇丰，感激不尽。

问题： 教授使用的营销策略是什么？这一案例给我们哪些启示？

资料来源　作者根据相关资料整理.

一般来说，人们对某种产品的具体需求并不完全相同，甚至差别很大。比如，现在人们对商品房的需求量是很大的，但是这些商品房的需求者对房子的需求完全相同吗？显然不是。有的人需要大些的，有的人认为小些的就行；有的人需要豪华型的，有的人只需要经济型的；有的人希望客厅大些，有的人觉得卧室大点好；有的人需要封闭阳台，有的人感觉封闭阳台不透气。总之，人们的具体需求是有差异的。所以，即使是规模巨大的企业，也不可能满足全部消费者的需求，只能针对部分消费者的需求予以满足。要做到这一点，就必须进行市场细分策划。

4.1　市场细分策划

营销大师科特勒曾说过："现代战略营销的中心可定义为STP市场营销，即市场细分（segmentation）、目标市场（targeting）和市场定位（positioning）。"企业的一切营销战略都必须从市场细分出发，没有市场细分，企业在经营时就如同盲人摸象、大海捞针，根本无法锁定自己的目标市场，就无法在市场竞争中明确自己的定位，也就无法规划和塑造差异化的品牌形象并赋予品牌独特的核心价值。

4.1.1　市场细分的含义及作用

1）市场细分的含义

市场细分是指营销者通过市场调研，根据消费者的欲望与需求、购买行为与购买习惯等方面的差异，把消费者整体划分为具有相似性的若干个不同的购买群体——子市场，从中发现自己的目标市场的过程。

市场细分概念的提出，适应了市场营销观念已逐渐成为企业经营指导思想的社会主流，即消费者的需求已成为企业营销活动的出发点。然而，随着商品经济的发展，消费者的需求日益表现出多样性，为满足不同消费者的需求，在激烈的市场竞争中获胜，企业必须进行市场细分。

2）市场细分的作用

具体来说，市场细分的作用如下：

（1）有利于发掘市场机会，开拓新市场

通过市场细分，企业可以掌握不同细分市场中消费者的需求，发现各细分市场中消费者需求的满足程度；同时，分析和比较不同细分市场中竞争者的营销状况，针对未满足的需求展开竞争，寻找有利的市场营销时机，开拓新市场。

（2）有利于集中人力、物力投入目标市场

市场细分对于竞争力差的企业来说作用更大，因为这些企业的资源有限，在整体市场上缺乏较强的竞争能力，通过市场细分，这些企业可以选择符合自身能力要求的目标市场，从而集中有限的资源取得局部市场上的相对优势。

（3）有利于调整市场营销策略

在市场细分的基础上，企业选择不同的目标市场，并制定不同的营销策略，可以满足不同目标市场中消费者的需求，有针对性地了解各细分市场需求的变化，迅速而准确地反馈市场的信息，从而使企业具有灵活的应变能力。

（4）有利于分配市场营销预算

通过市场细分，企业可以了解不同细分市场中消费者对市场营销措施反应的差异，以及对产品的需求状况，据此可以将企业的营销预算在不同的细分市场中进行分配。这样可以避免企业资源的浪费，将企业资源用于适当的地方。一般来说，企业应当将主要精力和费用分配到潜在的、最有利的细分市场中，以便提高营销效益。

同步案例4-1

新一代住房"空中城市森林花园"来临，建筑业或迎风口

背景与情境：住房走到今天，已经历了三代：第一代是茅草房；第二代是砖瓦房；第三代是电梯房。

如果有一种全新的建筑方法，能将别墅、北京胡同街巷以及四合院都整合在一起，搬到空中，建成一座座空中城市，使住房既可实现别墅和四合院的全部功能，又可建在城市中心任何地方，那该多好啊！

这便是第四代住房——"庭院房"，又称"空中城市森林花园"！第四代住房的主要特征是：每层都有公共院落，每户都有私人小院及一块几十平方米的土地，可种花种菜、遛狗养鸟，可将车开到每层楼上的住户门口，建筑外墙长满植物，人与自然和谐共生。

资料来源　佚名. 新一代住房"空中城市森林花园"来临，建筑业或迎风口［EB/OL］.［2017-02-19］. http://www.deyi.com/thread-10386810-1-1.html.

问题：面对人们对居住环境要求的提高及房地产行业竞争严峻的现实，房地产行业应如何进行市场细分？

分析提示：房地产行业应避开价格战，分析市场需求，细分开拓市场。当产品出现滞销时，不要轻言市场已无潜力，应对市场重新进行细分，寻找新的目标市场。

4.1.2　市场细分的标准

消费者需求和购买行为的差异性，是市场细分的主要依据。市场营销要分析的市场，可归纳为消费者市场和组织市场两大类，而组织市场又由生产者市场（产业市场）、中间商市场和政府市场构成。这里我们主要分析消费者市场和生产者市场细分的标准。

1）消费者市场细分的标准

消费者市场上的需求千差万别，影响因素也错综复杂。对消费者市场的细分没有一个固定的模式，各行业、各企业都可以根据自己的特点，采用适宜的标准进行市场细分，以求得最佳的市场机会。常用的几个具有代表性的市场细分标准主要有：地理因素、人口因

素、心理因素、行为因素等，每个细分标准中又包含了一系列的细分变量。

（1）地理因素

地理因素包括地理位置、地形、气候、人口密度、生产力布局、交通运输和通信条件等。按照地理位置细分市场称为地理细分，由于地理位置的不同，消费者会形成不同的消费习惯和偏好，市场潜力和营销费用也会因地理位置的不同而有所不同。例如，在我国东南沿海地区，某些海产品被视为上等佳肴，我国内陆的许多消费者则觉得味道平常。又如，由于居住环境的差异，城市消费者与农村消费者在室内装饰用品的需求上也大相径庭。

（2）人口因素

人口因素包括消费者的性别、年龄、收入、职业、受教育程度、家庭生命周期、宗教信仰、民族、社会阶层等。比如，只有收入水平很高的消费者才可能成为高档服装、名贵化妆品、高级珠宝等的经常买主。人口因素的有关统计数据相对容易取得，因此企业常将它作为市场细分的重要依据。

①性别。由于生理上的差别，男性与女性在产品需求与偏好上有很大不同，如在服饰、生活必需品等方面均存在差别。又如，美国的一些汽车制造商，过去一直设计男性汽车，随着越来越多的女性参加工作并需要拥有自己的汽车，这些汽车制造商通过分析市场机会，设计出了符合女性消费特点的汽车。

②年龄。不同年龄消费者的需求特点不同。例如，青年人对服饰的需求与老年人对服饰的需求存在较大差异。青年人需要鲜艳、时髦的服饰，老年人则需要庄重的服饰。

③收入。高收入消费者与低收入消费者在产品选择、休闲时间安排、社会交际与交往等方面都有所不同。例如，同是外出旅游，在交通工具以及食宿地点的选择上，高收入消费者与低收入消费者会有很大不同。正因为收入是引起需求差异的一个直接且重要的因素，所以在诸如服装、化妆品、旅游服务等领域根据消费者的收入来细分市场相当普遍。

④职业与受教育程度。职业与受教育程度不同，消费者的需求也会存在较大差异。例如，自行车运动员偏好专业赛车，学生则喜欢轻型、美观的自行车。

⑤家庭生命周期。一个家庭，按年龄、婚姻和子女状况的不同，可分为七个阶段：单身阶段、新婚阶段、满巢阶段Ⅰ、满巢阶段Ⅱ、满巢阶段Ⅲ、空巢阶段、孤独阶段。在生命周期的不同阶段，家庭购买力、家庭成员对商品的兴趣和偏好会有很大差别。

（3）心理因素

所谓心理细分，是指按照消费者的社会阶层、生活方式、个性等心理因素来细分消费者市场。

①社会阶层。社会阶层是指在某一社会中具有相对同质性和持久性的群体。处于同一阶层的成员具有相似的价值观、兴趣爱好和行为方式，不同阶层的成员则在上述方面存在很大的差异。显然，识别不同阶层的消费者所具有的不同特点，将为很多产品的市场细分提供重要依据。

②生活方式。生活方式是指一个人的活动形式与行为特征。企业可以用以下三个尺度来测量消费者的生活方式：一是活动（activities），如消费者的工作、业余消遣、休假、购物、体育、交友等活动；二是兴趣（interests），如消费者对家庭、服装的流行式样、食品、娱乐等的兴趣；三是意见（opinions），如消费者对社会、政治、经济、产品、文化教

育、环境保护等问题的意见。由于上述三个尺度英文单词的首字母分别为A、I、O，因此又可称为"AIO"尺度。例如，一些服装生产企业为"简朴的妇女""时髦的妇女""有男子气的妇女"分别设计不同的服装，就是按照消费者的生活方式细分的结果。生活方式是影响消费者的欲望和需求的一个重要因素。在现代市场营销实践中，已经有越来越多的企业按照消费者的不同生活方式来细分市场。

③个性。个性是指一个人比较稳定的心理倾向与心理特征。在营销实践中，一些企业试图通过广告宣传，赋予其产品以与某些消费者的个性相似的"品牌个性"，从而塑造品牌形象。例如，对于香烟、啤酒、保险等产品，按消费者的个性细分市场比较有效。

（4）行为因素

所谓行为细分，是指企业按照消费者追求的利益、使用者的情况、消费者对某种产品的使用率、消费者对品牌的忠诚程度和消费者对产品的态度等行为变量来细分消费者市场。

①消费者追求的利益。消费者往往因为追求不同的利益而购买不同的产品，所以企业可以按照消费者购买商品时所追求利益的不同来细分市场。

②使用者的情况。许多市场都可以按照使用者的情况，如非使用者、以前曾经使用者、潜在使用者、初次使用者和经常使用者等来细分。

③消费者对某种产品的使用率。许多市场都可以按照消费者对某种产品的使用率，如少量使用、中量使用、大量使用等来细分，这种细分战略又被称为数量细分。

④消费者对品牌的忠诚程度。企业还可以按照消费者对品牌的忠诚程度来细分消费者市场。

⑤消费者对产品的态度。企业还可以按照消费者对产品的态度来细分消费者市场。消费者对某企业产品的态度主要有五种：热爱、肯定、不感兴趣、否定和敌对。企业对于持不同态度的消费者群体，也应酌情分别采取不同的市场营销措施。

2）产业市场细分的标准

消费者市场细分的对象是个人，产业市场细分的对象则是生产者（或用户）。在产业市场上，用户的需求受个人心理因素的影响较少，基本上属于理智型购买，从而形成了细分市场的特殊标准。这些标准主要有用户要求、用户规模和用户地点等。

（1）用户要求

用户要求包括用户购买产品的用途、追求的利益等。这是细分生产者市场最通用的标准。用户进行购买是出于生产的需要或销售的需要，由于不同的用户采购同种产品的使用目的往往互不相同，因此必定会对产品的规格、型号、品质、功能、价格等方面提出不同的要求。例如，电子元件通常有军用、民用两类用户，军用买主最重视的是产品的质量、可靠性，价格不是主要考虑因素；民用制造企业不但要求产品质量好，还要求提供多种规格的产品；民用修理企业对产品的要求除了质量保证外，还要求价格适宜。

企业应根据用户要求的不同来细分产业市场，把要求大体相同的用户集合成群，并相应地运用不同的市场营销组合方案。

（2）用户规模

用户规模包括用户的购买力及用户企业的大小。用户规模也是细分产业市场的一个重要变量，因为在产业市场中，大量用户、中量用户、少量用户的区别比消费者市场更为明显。一般来说，对于大客户，通常由企业的业务经理亲自负责联系，直接供应产品；对于中小客户，则由推销人员负责联系，产品通过批发商或零售商间接供应。

（3）用户地点

用户地点包括地区、交通、气候、同类企业集中程度等变量。一般来说，与消费者市场相比，产业市场的用户地点更为集中，这是因为一个国家或地区的工业布局通常都是根据自然资源、交通条件、气候、历史传统和社会环境等因素长期形成的。

企业按照用户地点的不同来细分市场，把主要目标放在用户集中的地区，不仅方便联系，有利于快速取得信息，而且可以有效规划运输路线，节省运输费用，更加充分地利用销售力量，降低推销成本。

对于任何一个企业来讲，无论是细分消费者市场还是产业市场，都不可能仅仅依据一个因素。在实际市场营销活动中，用于细分市场的依据往往是上述各类因素中一连串具体变量的组合。其原因是，消费者或用户的需求不会只受一个因素的影响，而是多因素综合影响的结果。此外，市场细分的标准也不是一成不变的。对于同一种产品，随着时间的推移或市场的变化，消费者或用户购买商品所追求的利益也会发生变化，因此市场细分的变量也要适时调整。

在市场细分理论中，依据消费者对商品的同质需求和异质需求，可以把市场分为同质市场和异质市场。**同质市场**是指消费者对商品的需求大致相同的市场。如果某些商品的市场具有较大的同质性，则企业无须进行市场细分。**异质市场**是指市场群之间的差异大，但各市场群内部的差异趋小的市场。由于市场因素的多元化，因此大多数商品的市场都属于异质市场。市场细分实际上也是一个将异质市场分成若干个同质市场的过程。

4.1.3 市场细分的有效标志和程序

1）市场细分的有效标志

实施市场细分可以采用多种方法，但并不是所有的市场细分都是有效的或有用的。企业可用下列几条标准来判断细分出的市场是否有效：

（1）可测量性

这是指细分后的市场，必须可以测量出其购买力和规模的大小。要做到这一点，必须使所确定的市场细分的标准清楚、明确、容易辨认，这样才能在一个细分市场中找到真正相似的消费行为。

（2）可进入性

这是指企业有能力进入所选定的细分市场。这种"进入"包括三个方面：一是企业具有进入这些细分市场的资源条件和竞争能力；二是企业能够把产品信息传递到该市场的众多消费者那里；三是产品能够经过一定的销售渠道抵达该市场。

（3）盈利性

这是指企业选定的细分市场应当具有一定的规模，足以使企业有利可图。如果规模过小，不能达到企业预期的目标利润，就不值得企业追求。

应当指出，市场细分并不是对所有企业都有效。这是因为市场细分使差异化产品增多，加上小规模生产、多种推销方式，会使产品的生产成本和推销费用都有所增加，这样可能使市场细分所增加的投入超过市场细分所带来的收益。因此，企业应当把握住市场细分的层次，确保在细分后的市场上能够取得良好的经济效益。

2）市场细分的程序

市场细分的程序一般包括以下七个步骤：

（1）正确选择市场范围

企业在确定经营目标之后，还必须确定市场经营范围，这是市场细分的基础。为此，企业必须开展深入细致的调查研究，分析市场消费需求的动向，从而做出相应的决策。企业在选择市场范围时，应注意这一范围不宜过大，也不应过于狭窄，应考虑到自己所拥有的资源和能力。

（2）根据市场细分的标准和方法，列出市场范围内所有顾客的全部需求

这是市场细分的依据。为此，企业应对市场上刚开始出现或将要出现的消费需求进行尽可能全面且详细的罗列和归类，以便针对消费需求的差异性，决定采用何种细分市场的标准。

（3）分析可能存在的细分市场，进行初步细分

企业应通过分析不同消费者的需求，找出各类消费者及其需求的具体内容，并分析消费者需求类型的地区分布、人口特征、购买行为等方面的情况，加上营销决策者的营销经验，从而做出估计和判断，对市场进行初步细分。

（4）确定细分市场时应考虑的因素，并对初步细分的市场加以筛选

首先，企业应分析哪些需求因素是重要的，并将其与企业的实际条件进行比较。然后，删除那些对各个细分市场来说无关紧要的因素，以及企业无条件开拓的市场。例如，价廉物美可能对所有消费者都很重要，但这类共同的因素对市场细分来说并不重要。又如，对于畅销的紧俏产品，如果企业不能及时投产，则也不足取。最后，筛选出最能发挥企业优势的细分市场。

（5）为细分市场定名

企业应根据各个细分市场消费者的主要特征，采用形象化的方法为各个细分市场确定名称。

（6）分析市场营销机会

这主要是分析总的市场和每个子市场的竞争情况，确定总的市场或每个子市场的营销组合方案，并根据市场调研和对需求潜力的估计，确定总的市场或每个子市场的营销费用，以估计潜在的利润额，作为最后选定目标市场和制定营销策略的依据。

（7）制定市场营销策略

企业应根据市场细分的结果制定市场营销策略。这里要区分两种情况：①如果细分市场后，发现市场情况不理想，则企业可能放弃这一市场；②如果细分市场后，发现市场营销机会多，需求和潜在利润额令人满意，则企业可依据市场细分的结果制定不同的市场营销策略。

业务链接4-1

"市场细分表"的设计步骤与分析程序

企业应根据市场细分理论以及市场细分的标准、原则和方法，结合具体市场或有关项目资料设计"市场细分表"。

（1）"市场细分表"的设计步骤

"市场细分表"的设计步骤如下：

①确定整体市场的范围。根据项目开发的需要及所进入市场的情况，确定整体市场的范围。

②确定市场细分的标准。根据具体项目的要求，选择一定的标准来设计"市场细分表"。一般来说，消费者市场细分的标准有：区域、性别、年龄、职业、收入、使用情况、品牌偏好等。

③制作"市场细分表"。根据确定的市场细分标准制作表格，填入有关数据和市场资料。将确定的市场细分标准填入表格第一行。标准的填入要注意排列次序，一般来说应依次排列为：区域、性别、年龄、职业、收入、使用情况、品牌偏好等。根据具体资料，完成细分表格的资料填入，表示各细分市场的具体情况。

（2）"市场细分表"的分析程序

"市场细分表"的分析程序如下：

①在"市场细分表"上展示出由整体市场划分出的若干个细分市场。

②依据"市场细分表"上显示的细分市场进行初步选择，对初选的细分市场进行标号命名。

③根据市场需求状况和企业营销实力，选择企业准备进入的细分市场，并分析选择的理由。对初选细分市场的分析可以从市场规模、市场成长性、盈利性、风险性等方面着手。

④细分市场的数量和范围一般根据企业的营销目标与营销实力来确定，中小企业选择的细分市场数量不宜太多、范围不宜太大。

资料来源　作者根据相关资料整理.

4.2　目标市场选择策划

市场细分的目的在于有效选择并进入目标市场。**目标市场**是指企业决定要进入的特定的市场，也就是企业拟投其所好、为之服务的顾客群（这个顾客群有颇为相似的需要）。**目标市场选择**是指企业根据一定的要求和标准，从已有的几个目标市场中选择某个或某几个目标市场，作为可行的经营目标的决策过程。

4.2.1　评估细分市场

每个企业服务的只是市场上的部分顾客，找到最有吸引力并能为之提供最有效服务的特定顾客，能够产生事半功倍的效果。目标市场是企业决定作为自己服务对象的有关市场（顾客群），它可以是某个细分市场或若干个细分市场的集合，也可以是整个市场。

目标市场应具有可测量性、可进入性、盈利性等特点，这与市场细分的有效标志一致。参照这一标准进行比较，然后选择符合企业目标、资源和能力的目标市场。重点考虑以下内容：企业规模的大小，是否有足够的购买力以实现预期销售额，是否与企业的实力相匹配；市场的成长潜力如何，市场有无尚待满足的需求、充分的发展空间；企业的竞争优势和市场地位如何。

4.2.2　选择目标市场的模式

企业通过对有关细分市场的评估，会发现一个或几个值得进入的细分市场。这时，企业需要进行选择，即决定进入哪一个或哪几个细分市场。目标市场的模式主要有以下几种：

1）市场集中化

市场集中化是一种最简单的模式，即企业只选取一个细分市场，生产一类产品，供应单一的顾客群，进行集中营销。例如，童星服装公司只生产儿童服装等。企业选择市场集中化模式，可以更加了解本细分市场的需要，从而在该细分市场树立特定的声誉，稳固市场地位，获得规模经济效益。市场集中化模式如图4-1所示。

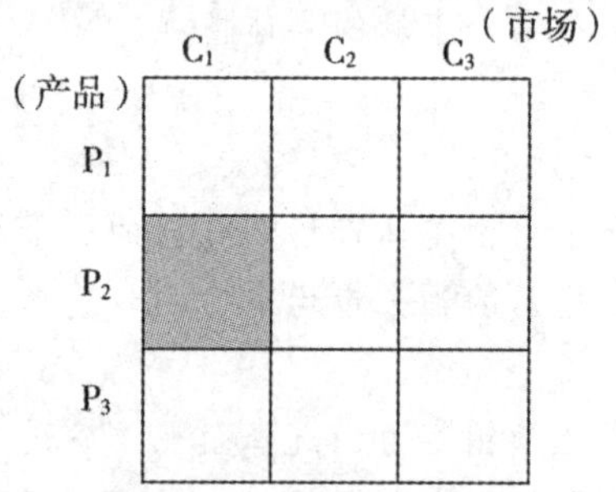

图4-1　市场集中化模式

2）选择专业化

选择专业化是指企业同时选择若干个细分市场作为企业的目标市场，其中每个细分市场在客观上都有吸引力，符合企业的目标，且各个细分市场之间的联系较少，每个细分市场都有可能盈利。与市场集中化模式相比，选择专业化模式更有利于分散企业的风险，即使某个细分市场失去了吸引力，企业仍可继续在其他细分市场获取利润。选择专业化模式如图4-2所示。

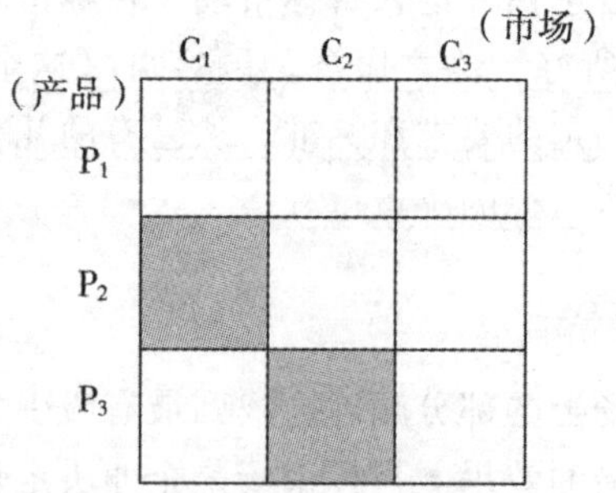

图4-2　选择专业化模式

3）产品专业化

产品专业化是指企业只生产一种产品，并向所有顾客销售这种产品。例如，饮水器生产企业只生产饮水器，同时向家庭、机关、学校、银行、餐厅等各类用户销售。产品专业化模式的优点是：企业专注于某一种或某一类产品的生产，有利于形成生产和技术上的优势，并在该领域树立品牌形象。其局限性是：当该领域被一种全新的技术与产品所代替时，产品的销售量有大幅度下降的风险。产品专业化模式如图4-3所示。

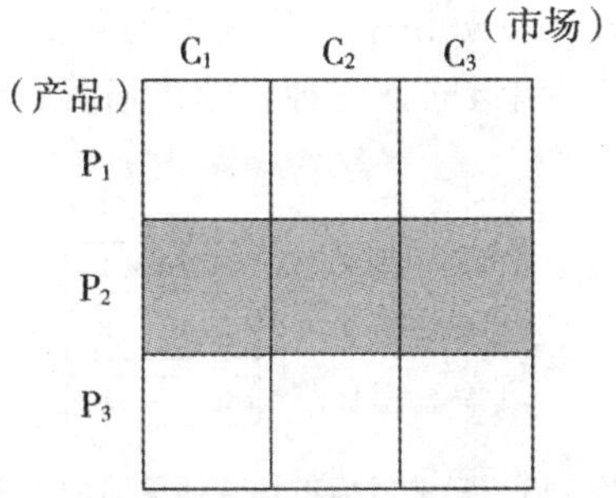

图 4-3 产品专业化模式

4）市场专业化

市场专业化是指企业专门经营满足某一顾客群体需要的各种产品。例如，某企业专门向政府机构提供所有办公设备，包括电脑、传真机、复印机和打印机等，并成为这类客户所需各种新产品的销售代理商。然而，如果政府部门突然削减经费，该企业就会产生危机。市场专业化模式如图4-4所示。

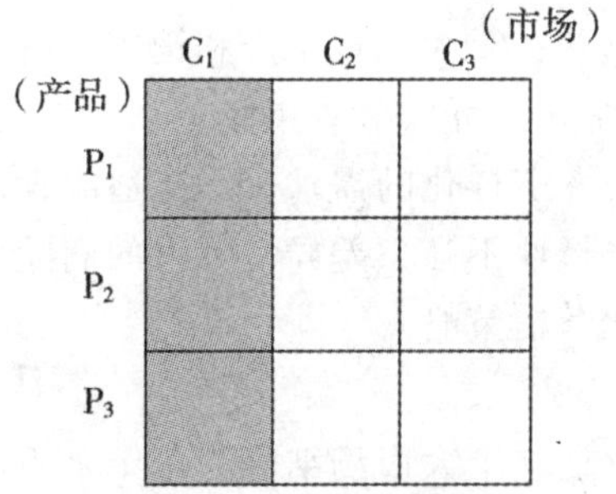

图 4-4 市场专业化模式

5）市场全面化

市场全面化是指企业生产各种产品以满足所有顾客群体的需求。事实上，这是实力雄厚的大公司选择的模式。例如，丰田汽车公司生产各种类型的汽车，并在全球汽车市场开展营销。市场全面化模式如图4-5所示。

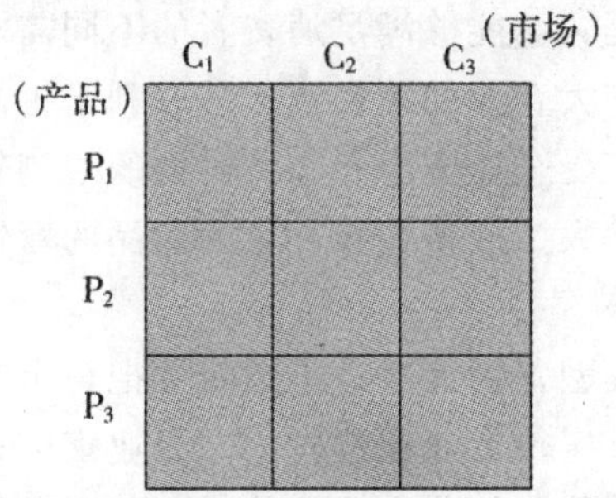

图 4-5 市场全面化模式

4.2.3 选择目标市场营销策略

1）目标市场营销策略

目标市场营销策略是指企业针对客观存在的不同消费者群体，根据不同商品或劳务的特点，采取的市场营销组合策略。企业选择的目标市场不同，提供的商品或劳务就不同，采用的市场营销策略也不一样。一般说来，目标市场营销策略有三种：无差异性营销策略、差异性营销策略和集中性营销策略。三种目标市场营销策略的差别如图4-6所示。

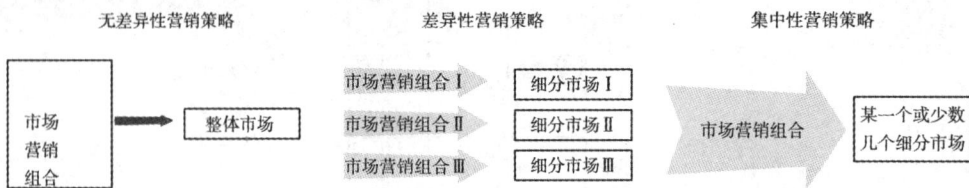

图4-6　三种目标市场营销策略的差别

（1）无差异性营销策略

无差异性营销策略是指企业着眼于消费者需求的同质性，把整个市场看成一个大市场，同等看待市场的各个部分，推出一种商品，采用一种价格，使用相同的分销渠道，应用相同的广告设计和广告宣传，以占领总体市场的策略。其指导思想是：市场上所有消费者对某一商品的需求是基本相同的，企业大批量生产、销售，就能满足消费者的需求，获得较多的销售额，因此把总体市场作为企业的目标市场。

无差异性营销策略的优点是：①大批量生产和销售，有利于企业降低成本，取得规模效益；②不需要对市场进行细分，可以节省市场调研和宣传的费用，有利于提高利润水平。其缺点是：难以满足消费者多样化的需求，不能适应瞬息万变的市场形势，应变能力差。因此，一般说来，生产选择性不强、差异性不大的商品，或者供不应求的商品，或者具有专利权的商品，宜采用此营销策略。

（2）差异性营销策略

差异性营销策略是指企业把整个大市场细分为若干个不同的子市场，依据每个子市场在需求上的差异性，有针对性地分别组织经销商品和制定营销策略，即根据不同的商品制定不同的价格，采用不同的分销渠道，应用多种广告设计和广告宣传方式，以满足不同顾客需求的策略。其指导思想是：消费者对商品的需求是多种多样的，企业经营差异性商品，能够满足消费者的各种需求，从而提高企业的竞争能力，占领较多的市场，因此选择较多的细分市场作为企业的目标市场。

差异性营销策略的优点是：①能够满足消费者的不同需求；②有利于提高产品的竞争力及市场占有率；③有利于扩大企业的销售额；④有利于提高企业的信誉。其缺点是：销售费用和各种营销成本较高，受企业资源和经济实力的限制较大。因此，差异性营销策略适用于选择性较强、需求弹性大、规格等级复杂的商品的营销。

（3）集中性营销策略

集中性营销策略也称密集型营销策略，是指企业把整个市场细分后，选择一个或少数几个细分市场作为目标市场，实行专业化经营，即企业集中力量向一个或少数几个细分市场推出商品，占领一个或少数几个细分市场的策略。其指导思想是：与其在较多的细分市场上都占有较低的市场份额，不如在较少的细分市场上获得较高的市场占有率，因此只选择一个或少数几个细分市场作为企业的目标市场。

集中性营销策略的优点是：①可以准确了解消费者的不同需求，有针对性地采取营销策略；②可以节约营销费用，从而提高企业的投资利润率。其缺点是：风险较大，容易受到竞争的冲击。因为目标市场比较狭窄，所以一旦竞争者的实力超过自己，消费者的偏好发生转移或市场情况突然发生变化，企业便有可能陷入困境。因此，集中性营销策略经常被资源有限的中小企业所采用，因为它们所追求的不是在较大市场上占有较低的份额，而是在细分市场上占有较高的份额。

2）市场细分、目标市场和目标市场选择的关系

任何企业在面对市场竞争时，都应在细分市场的基础上发现可能的目标市场并对其进行选择。首先，对企业来说，并非所有细分市场和可能的目标市场都是企业所愿意进入并且能够进入的。其次，无论一个企业的规模多大、实力多强，都无法满足买主的所有需求。由于资源的限制，企业不可能有足够的人力、财力、物力来满足整体市场的所有需求。因此，为了保证企业的营销效率，避免企业资源的浪费，必须把企业的营销活动局限在一定的市场范围内；否则，势必会分散企业的力量，达不到预期的营销目标。鉴于上述原因，企业必须在市场细分的基础上，根据自身的资源优势，权衡利弊，选择合适的目标市场。

市场细分、目标市场和目标市场选择是三个既有区别又有密切联系的概念，如图4-7所示。

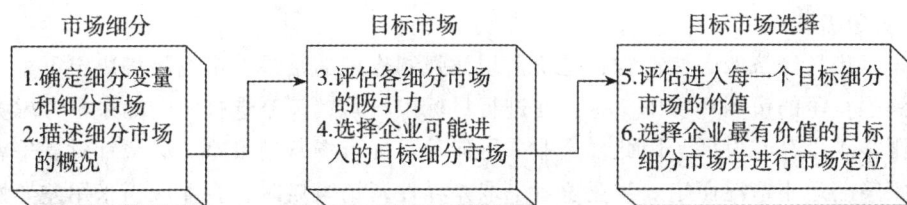

图4-7　市场细分、目标市场和目标市场选择的关系

教学互动4-1

背景与情境：同是宝洁公司的洗发产品，海飞丝产品的功效在于去除头皮屑，飘柔产品的功效在于令秀发柔顺，而潘婷产品的功效在于深度修复受损发质。

互动问题：针对上述所列宝洁公司的三款产品，其目标市场营销策略有什么不同？为什么？

要求：同"教学互动1-1"的要求。

4.2.4　选择目标市场营销策略时应考虑的因素

前述三种目标市场营销策略各有利弊，在营销实践中，企业究竟应选择何种目标市场营销策略，主要取决于企业所经营的产品、市场状况及企业自身的条件。具体来说，需要考虑以下因素：

1）企业资源

如果企业的资源条件好，经济实力和营销能力强，则可以采取差异性营销策略。如果企业的资源有限，无力把整体市场或几个市场作为自己的经营范围，则应该考虑选择集中性营销策略，从而在细分市场上取得优势地位。

2）产品特点

如果产品在品质上差异性较小，同时消费者也不加以严格区别或过多挑剔，则可以采取无差异性营销策略。相反，对于服装等品质上差异较大的商品，宜采用差异性营销策略或集中性营销策略。

3）产品生命周期

一般来说，产品从进入市场到退出市场要经过四个阶段，对于处于不同阶段的产品，企业应采取不同的营销策略。当产品刚进入市场时，由于竞争者较少，企业主要是探测市场需求和潜在顾客，因此这时宜采用无差异性营销策略或集中性营销策略；当产品进入饱和阶段或衰退阶段时，企业应注重保存原有市场，延长产品的生命周期，集中力量对付竞争者，因此这时宜采用集中性营销策略。

4）市场特点

市场特点是指各细分市场之间的区别程度。当市场上消费者的需求比较接近、偏好大致相似、对市场营销策略的刺激反应大致相同、对营销方式的要求无多大差别时，企业可采用无差异性营销策略。当市场上消费者需求的同质性较小，并且明显对同一产品在花色、品种、规格、价格、服务方式等方面有不同的要求时，企业宜采用差异性营销策略或集中性营销策略。

5）竞争者状况

竞争是市场经济的必然产物，是价值规律强制作用的结果。市场经济决定了企业普遍存在于激烈竞争的市场环境中。企业在进行目标市场营销策略选择时，如果不考虑竞争者状况，则很难生存与发展。因此，企业采用何种目标市场营销策略，必须针对竞争者的实力和营销策略运用情况而定。当竞争者采取差异性营销策略时，企业应当采用差异性营销策略或集中性营销策略进行应对。若竞争者力量较弱，则企业可采用无差异性营销策略或差异性营销策略进行应对。

企业在选择目标市场营销策略时，应综合考虑上述因素，权衡利弊后方可做出选择。此外，目标市场营销策略应保持相对稳定，但当市场形势或企业实力发生重大变化时，则应及时转换。

4.3　市场定位策划

4.3.1　市场定位的概念

所谓**市场定位**，是指企业决定把自己放在目标市场的什么位置上。市场定位不能随心所欲，企业必须首先对竞争者所处的市场位置、消费者的实际需求和本企业经营产品的特点做出正确的评估，然后才能找到适合自己的市场位置。

科学而准确的市场定位是建立在对竞争者所经营的产品具有何种特色、消费者对该产品各种属性的重视程度等进行全面分析的基础上的。因此，企业在进行市场定位时，应掌握以下信息：①目标市场上的竞争者提供何种产品给消费者？②消费者到底需要什么？③目标市场上的潜在消费者是谁？这样，企业根据所掌握的信息，结合本企业的条件，在目标消费者心中为本企业的产品打造一定的特色、赋予一定的形象，就可以建立一种竞争优势，从而在该细分市场上吸引更多的消费者。

市场定位与产品定位、竞争性定位的区别在于：市场定位（market positioning）强调企业在满足市场需求方面，与竞争者比较，应当处于什么位置，应使消费者产生何种印象和认识；产品定位（product positioning）是针对产品属性而言的，即企业与竞争者的现有产品在目标市场上各自处于什么位置；竞争性定位（competitive positioning）强调在目标市场上，与竞争者的产品相比，企业应当提供具有何种特色的产品。

4.3.2 市场定位的方式

市场定位其实是企业向社会和公众做出的承诺。为了使定位被正面接受，企业首先应当具备履行承诺的能力。

市场定位作为一种竞争战略，显示了一种产品或一家企业同类似的产品或企业之间的竞争关系。市场定位的方式不同，竞争态势也不同，下面我们分析三种主要的定位方式：

（1）避强定位

这是一种避开强有力的竞争对手的市场定位方式。其优点是：能够迅速在市场上站稳脚跟，并能在消费者或用户心中迅速树立起一种形象。由于这种定位方式的市场风险较小、成功率较高，因此它被多数企业所采用。

（2）对抗性定位

这是一种与在市场上占据支配地位的、实力最强的竞争对手"对着干"的市场定位方式。显然，这种市场定位方式有时会产生危险，但不少企业认为这样能够激励本企业奋发上进，并且一旦成功，就会取得巨大的市场优势，如可口可乐与百事可乐之间持续不断的竞争等。采用对抗性定位，必须做到知己知彼，尤其应清醒估计自己的实力，不一定要压垮对方，只要能够在市场竞争中平分秋色就已经是巨大的成功了。

（3）重新定位

这是对销路窄、市场反应差的产品进行二次定位的市场定位方式。重新定位旨在摆脱困境，使企业重新获得增长与活力。这种困境可能是企业决策失误引起的，也可能是竞争对手有力反击或出现新的强有力的竞争对手造成的。不过，有时重新定位并非因为企业已经陷入困境，而是产品销售范围扩大引起的。例如，专为青年人设计的某种款式的服装在中老年消费者中也流行起来，该服饰企业就会因此而对产品进行重新定位。

同步案例4-2

美国米勒公司营销案

背景与情境： 20世纪60年代末，美国米勒啤酒公司在美国啤酒业的排行仅为第8名，市场占有率仅为8%，与百威、蓝带等知名品牌的市场占有率相差很大。相关人员首先进行了市场调查。通过市场调查发现，若按使用率对啤酒市场进行细分，啤酒饮用者可分为轻度饮用者和重度饮用者，前者人数虽多，但饮用量只有后者的1/8。他们还发现，重度饮用者具有以下特征：第一，多是蓝领阶层；第二，每天看电视的时间在3个小时以上；第三，爱好体育活动。

资料来源 作者根据相关资料整理.

问题： 为了改变这种现状，米勒公司应选择何种市场定位方式？

分析提示： 米勒公司把目标市场锁定在重度饮用者身上，并果断决定对米勒的"海雷夫"牌啤酒进行重新定位。重新定位从广告开始，米勒公司先向电视台特约了一个名为

"米勒天地"的栏目，将广告主题变为"你有多少时间，我们就有多少啤酒"，以吸引那些"啤酒坛子"。广告画面中出现的尽是一些激动人心的场面：船员们神情专注地在迷雾中驾驶轮船，年轻人骑着自行车冲下陡坡，钻井工人奋力止住井喷等。结果，"海雷夫"牌啤酒的重新定位取得了成功。

4.3.3　市场定位的方法

对于什么是市场定位，人们的意见基本一致，市场定位即确定企业或产品在消费者心中的形象和地位，这个形象和地位应该是与众不同的。但是，对于如何进行市场定位，可谓仁者见仁，智者见智。大多数人认为，市场定位是给产品定位。营销竞争的实践表明，仅有产品定位是不够的，企业必须从产品定位扩展至营销定位。营销定位需要解决三个问题：满足谁的需要？满足谁的什么需要？如何满足这些需要？我们可以将其归纳为三步营销定位法。

第一步：找位，满足谁（who）的需要，即选择目标市场。

任何一家企业、任何一种产品的目标消费者都不可能是所有的人，因为消费者是由形形色色的人组成的群体，你无法使他们都满意。与此同时，也不是每个消费者都能给企业带来正价值，优秀的消费者带来较大的价值，一般的消费者带来较小的价值，劣质的消费者带来负价值。事实上，对很多企业来说，企业的大部分营销成本并没有花在带来正价值的消费者身上，而是花在了不产生价值或产生负价值的消费者身上，从而浪费了大量的资金和人力。裁减不产生价值或产生负价值的消费者与裁减成本一样重要。因此，市场定位的第一步就是裁减消费者，也就是选择目标市场，当然也是消费者选择你。

第二步：定位，满足谁的什么（what）需要，即进行产品定位。

产品定位的过程就是细分目标市场并选择子市场的过程。这里的细分目标市场与选择目标市场之前的细分市场不同。后者是细分整体市场、选择目标市场的过程；前者是对选择后的目标市场进行细分，再选择一个或几个目标子市场的过程。

同步思考4-1

如何对目标市场进行细分？

理解要点：对目标市场的细分，不是根据产品的类别来细分，也不是根据消费者的表面特性来细分，而是根据消费者的价值诉求来细分。消费者购买产品主要是为了获取某种产品的价值，但不同的消费者对产品有不同的价值诉求，这就要求企业提供诉求点不同的产品。

第三步：到位，如何（how）满足这些需要，即进行营销定位。

在完成产品定位之后，企业需要设计一个营销组合方案并实施这个方案，从而使定位到位。这不仅仅是品牌推广的过程，也是产品策略、价格策略、渠道策略和促销策略有机组合的过程。可见，整个营销过程就是定位和到位的过程，到位也应该成为广义的市场定位的内容之一。

在某些情况下，到位的过程也是一个再定位的过程。因为当产品的差异化很难实现时，企业必须通过营销差异化来定位。在今天，企业推出任何一种新产品，畅销不过一个月，就会有模仿品出现在市场上，营销策略则很难模仿。因此，仅有产品定位已经远远不够了，企业必须从产品定位扩展至营销定位。

职业道德与企业伦理4-1

"碧波"与"清波"之争

背景与情境：某老板在某市开办了一家名为"碧波"的连锁茶艺馆，生意十分红火。3年以后，"碧波"茶艺馆的总经理离职，并在"碧波"茶艺馆对面开办了一家名为"清波"的茶艺馆。从此，两家茶艺馆采取张贴广告、茶艺推广表演、降价等竞争手段，开始了势不两立的白热化竞争。

问题：该总经理为什么要离开"碧波"茶艺馆？其行为符合企业伦理要求吗？

分析提示：该总经理经过3年的实践，掌握了"碧波"绿茶的制作技术。由于"碧波"属于连锁店，因此需要向总店缴纳一定的管理费，该总经理为了取得更大的利益，选择了离职并在"碧波"对面自行开办了茶艺馆。这种行为严重违背了从业者的基本职业道德。

本章概要

□ 内容提要与结构

▲ 内容提要

● 市场细分是指营销者通过市场调研，根据消费者的欲望与需求、购买行为与购买习惯等方面的差异，把消费者整体划分为具有相似性的若干个不同的购买群体——子市场，从中发现自己的目标市场的过程。消费者市场细分的标准有：地理因素、人口因素、心理因素和行为因素等。产业市场细分的标准有：用户要求、用户规模和用户地点等。市场细分的有效标志包括：可测量性、可进入性和盈利性。

● 市场细分的程序包括：正确选择市场范围；根据市场细分的标准和方法，列出市场范围内所有顾客的全部需求；分析可能存在的细分市场，进行初步细分；确定细分市场时应考虑的因素，并对初步细分的市场加以筛选；为细分市场定名；分析市场营销机会；制定市场营销策略。

● 目标市场是指企业决定要进入的特定的市场，也就是企业拟投其所好、为之服务的顾客群（这个顾客群有颇为相似的需要）。目标市场选择是指企业根据一定的要求和标准，从已有的几个目标市场中选择某个或某几个目标市场，作为可行的经营目标的决策过程。

● 目标市场营销策略有三种：无差异性营销策略、差异性营销策略和集中性营销策略。

▲ 内容结构

本章内容结构如图4-8所示。

□ 主要概念和观念

▲ 主要概念

市场细分　同质市场　异质市场　目标市场　目标市场选择　市场定位

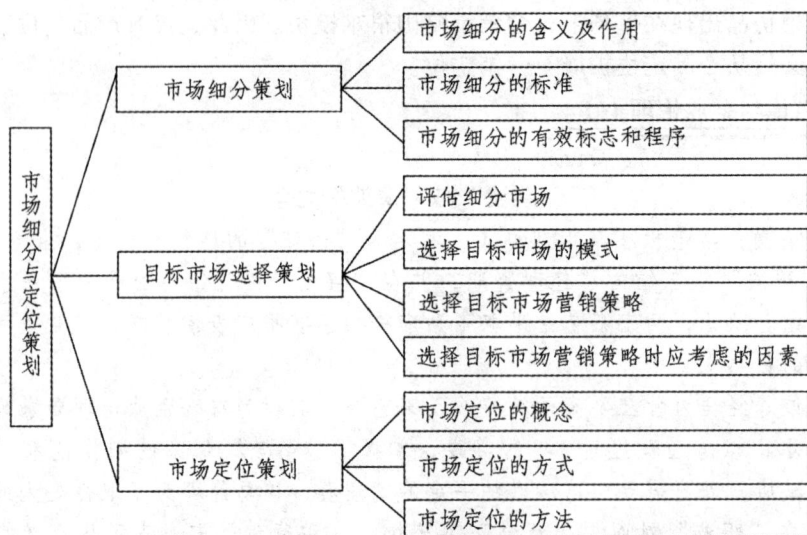

图4-8　本章内容结构

▲ 主要观念

市场细分的标准　目标市场的模式　目标市场营销策略　目标市场定位的方法

□重点实务和操作

▲重点实务

市场细分策划　目标市场选择策划　市场定位策划

▲ 重点操作

市场细分与定位策划知识应用

基本训练

□ 理论题

▲ 简答题

1）什么是市场细分？有效细分的条件是什么？

2）消费者市场细分的标准有哪些？

3）生产者市场细分的标准是什么？

▲ 讨论题

如何理解市场细分、目标市场与目标市场选择之间的关系。

□ 实务题

▲ 规则复习

1）企业在选择目标市场时应考虑哪些因素？

2）简述市场细分的程序。

3）简述目标市场营销策略。

4）市场定位有哪些方法？

▲ 业务解析

背景资料：在越来越激烈的市场竞争中，上海商业正逐步形成多个经营互补型商圈。在上海徐家汇路口，东方商厦、太平洋百货、第六百货三家大型商厦隔路相望。最初，三家商厦摆出了拼个你死我活的架势，但很快它们就认识到恶性竞争只会带来三败俱伤。于是各家商场开始在突出自己的经营特色上下功夫：东方商厦主要针对中高收入水平的顾客，突出商品档次，向精品店方向发展；太平洋百货则是流行时尚的窗口，主要吸引以青年女性为主的青年消费者；第六百货则以实惠诱人，坚持以薄利多销、便民利民为经营方向。比如液晶电视，东方商厦主要经营进口高端液晶电视，第六百货则主要经营国产电视，太平洋百货则基本不经营电视。

三家商厦近年的销售额都在增长，在上海市零售业单位面积销售额和利润额排名中名列前茅，徐家汇也成为上海新的中心商业区。目前，这三家商场成立了"徐家汇地区商场老总联谊会"，定期研究分析市场形势，合理划分各自的经营范围，共同发展。第六百货还出资修建了一条空中走廊，把本店和太平洋百货连接了起来。

资料来源 作者根据相关资料整理.

问题： 这三家商厦经营的奥妙何在？如果由你来运作，你将怎样做得更好？

□ 案例题

▲ 案例分析

老年市场是否需要市场细分？

背景与情境： 中国已进入老龄化阶段，因此某城市某食品公司的一位副经理认为，发展专门服务老年人的保健食品店、营养饮食店、精美食品店能吸引新的顾客，使销售额不断增加。根据他的调查，该地区年龄在65岁以上的老年人有27万，2017年则增加到32万，所以保健食品的销售额会不断提高，应该在该商业中心区经营各种不同品种或具有特色的保健食品，这样既可吸引老年顾客，也能满足他们对精美食品的需要。另一位总经理则不同意这种看法，他认为老年和儿童需要的食品相似，无须再经营什么老年保健食品，目前人们的生活水平虽有所提高，但大多数老年顾客对食品品种、质量的要求并不高，追求的是一种简单的生活方式，所以老年顾客对保健食品的需求不会太多，没有必要细分经营。

问题：

1) 两位经理对食品市场进行细分策划时分别采取了什么样的目标市场策略？他们的细分策划依据是什么？

2) 如果设立老年人食品店，应该怎样细分经营？

分析要求： 同第1章本题型的"分析要求"。

▲ 善恶研判

不道德营销的危害

背景与情境： 曾经的南京冠生园月饼旧馅再利用被中央电视台《新闻30分》节目曝光后，各地商家迅速做出撤柜处理。国家卫生部、江苏省卫生厅先后发出紧急通知，要求严厉查处用超过保质期的食品原料生产月饼的违法行为，发现严重违法企业要予以取缔、吊销营业执照，甚至移交司法机关处理。南京冠生园食品厂全面停产整顿，江苏省和南京市有关卫生防疫部门、技术监督部门组成调查组进驻该厂。当南京冠生园的月饼恢复面市时，顾客一听说是"南京冠生园"的产品，避之唯恐不及。最终，南京冠生园以"经营不善，管理混乱，资不抵债"为由，向南京市中级人民法院申请破产。

资料来源 作者根据相关资料整理.

问题：

1）本案例中存在哪些道德伦理问题？

2）试对上述问题做出你的善恶研判，请你结合道德营销的观念谈谈这个例子给我们的启示。

3）通过网络或图书馆等途径搜集你做善恶研判所依据的营销行业道德规范。

研判要求：同第1章本题型的"研判要求"。

□ 实训题

"市场细分与定位策划"知识应用

【实训目的】

见本章"章名页"之"学习目标"中的"实训操练"。

【实训内容】

专业能力训练：其"领域"、"技能点"、"名称"及其"参照规范与标准"见表4-1。

表4-1　　　　**专业能力训练领域、技能点、名称及其参照规范与标准**

领域	技能点	名称	参照规范与标准
"市场细分与定位策划"知识应用	技能点1	"'市场细分策划'知识应用"技能	1）能全面理解和把握"市场细分策划"的相关知识。 2）能从"市场细分策划"的特定视角理解并应用相应知识，有质量、有效率地进行以下操作： （1）分析企业"市场细分策划"的如下业务运作现状，即其成功、不足及尚待解决的各种问题： ①充分考虑市场细分的标准，进行正确的市场细分策划。 ②理解市场细分的有效标志，实施有效的市场细分策划。 ③能掌握市场细分的方法，较规范地制定市场细分表。 （2）就其不足和存在的问题，提出优化建议和解决方案
	技能点2	"'目标市场选择策划'知识应用"技能	1）能全面理解和把握"目标市场选择策划"的相关知识。 2）能从"目标市场选择策划"的特定视角理解并应用相应知识，有质量、有效率地进行以下操作： （1）分析企业"目标市场选择策划"的如下业务运作现状，即其成功、不足及尚待解决的各种问题： ①根据市场细分表，初步分析每一细分市场中消费者的偏好与需求，借以发现市场机会，评估细分市场。 ②根据市场细分和目标市场选择，有针对性地采取相应的目标市场策略。 ③根据企业实际情况在策划选择目标市场策略时考虑诸多方面因素。 （2）就其不足和存在的问题，提出优化建议和解决方案

续表

领域	技能点	名称	参照规范与标准
"市场细分与定位策划"知识应用	技能点 3	"'市场定位策划'知识应用"技能	1）能全面理解和把握"市场定位策划"的理论与实务知识。 2）能从"市场定位策划"的特定视角理解并应用相应知识，有质量、有效率地进行以下操作： （1）分析企业"市场定位策划"的如下业务运作现状，即其成功、不足及尚待解决的各种问题： ①根据企业在市场上的目标确定如何定位。 ②根据目标市场相关信息，选择正确的市场定位方法，准确进行市场定位。 （2）就其不足和存在的问题，提出优化建议和解决方案

职业核心能力和职业道德训练：其内容、种类、等级与选项见表 4-2；各选项操作的"参照规范与标准"见本教材"附录三"的附表 3 和"附录四"的附表 4。

表 4-2　　　　　　**职业核心能力和职业道德训练的内容、种类、等级与选项表**

内容	职业核心能力							职业道德						
种类	自我学习	信息处理	数字应用	与人交流	与人合作	解决问题	革新创新	职业观念	职业情感	职业理想	职业态度	职业良心	职业作风	职业守则
等级	中级	中级	中级	中级	中级	中级	中级	认同级	认同级	认同级	认同级	认同级	认同级	认同级
选项	√	√		√	√	√	√	√	√		√	√	√	√

【实训任务】

1）对"市场细分与定位策划"专业能力的各技能点，依照其"参照规范与标准"，实施应用相关知识的基本训练。

2）对"职业核心能力"选项，依照其"参照规范与标准"，实施应用相关知识的"中级"强化训练。

3）对"职业道德"选项，依照其"参照规范与标准"，实施"认同级"相关训练。

【组织形式】

1）以小组为单位组成营销策划团队。

2）各营销策划团队结合实训任务进行适当的角色分工，确保组织合理和每位成员的积极参与。

【指导准备】

知识准备：

1）"市场细分与定位策划"的理论与实务知识。

2）本教材"附录一"的附表 1 中，与本章"职业核心能力"选项各技能点相关的"'知识准备'参照范围"所列知识。

3）本教材"附录三"的附表 3 中涉及本章"职业核心能力"选项，以及"附录四"的附表 4 中涉及"职业道德"选项的"参照规范与标准"知识。

操作指导：

1）教师向学生阐明"实训目的"、"实训任务"和"知识准备"。

2）教师就"知识准备"中的第（2）、（3）项，对学生进行培训。

3）教师指导学生制订《实训方案》。

4）教师指导学生撰写相关《实训报告》。

【情境设计】

将学生组成若干营销策划团队，分别选择一家已开展市场细分与定位策划业务的企业（或校专业教育实训基地），结合课业题目，从"'市场细分与定位策划'知识应用"的视角，对该企业（或校专业教育实训基地）市场细分与定位策划运作现状进行调查研究，分析其成功经验与不足，在此基础上为其量身定制"基于'市场细分与定位策划'知识应用"的《××企业市场细分与定位策划优化方案》，通过系统体验各项相关操作，完成本次实训的各项任务，撰写《"市场细分与定位策划"知识应用实训报告》。

【实训时间】

本章课堂教学内容结束后的双休日和课余时间，为期一周。

【实训步骤】

1）将学生组成若干营销策划团队，每个团队确定1人为队长，结合项目需要进行角色分工。

2）各团队根据"实训任务"、"情境设计"和课业题目，讨论和制订本次《实训方案》。

3）各团队实施《实训方案》，应用"市场细分与定位策划"知识，系统体验如下操作：

（1）分别选择一家已开展市场细分与定位策划业务的企业（或校专业教育实训基地），从"市场细分与定位策划"的特定视角，就表4-1各"技能点"列示的诸多业务运作现状进行调查、研究与评估，分析其成功、不足及尚待解决的问题。

（2）依照"技能点1"的"参照规范与标准"，从"基于'市场细分策划'知识应用"的特定视角，就该企业营销策划运作中存在的不足，提出优化建议或解决方案。

（3）依照"技能点2"的"参照规范与标准"，从"'目标市场选择策划'知识应用"的特定视角，就该企业营销策划运作中存在的不足，提出优化建议或解决方案。

（4）依照"技能点3"的"参照规范与标准"，从"'市场定位策划'知识应用"的特定视角，就该企业营销策划运作中存在的不足，提出优化建议或解决方案。

4）各团队总结（1）～（4）项操作体验，撰写"基于'市场细分与定位策划'知识应用"的《××企业市场细分与定位策划优化方案》。

5）在"'市场细分与定位策划'知识应用"的"专业能力"基本训练中，依照表4-2中相关训练选项的"参照规范与标准"，融入"职业核心能力"的"中级"强化训练和"职业道德"的"认同级"相关训练。

6）各团队综合以上阶段性成果，撰写《"市场细分与定位策划"知识应用实训报告》。其内容包括：实训组成员与分工；实训过程；实训总结（包括对专业能力训练、职业核心能力训练和职业道德训练的分析说明）；附件（指阶段性成果全文）。

7）在班级讨论、交流和修订各团队的《"市场细分与定位策划"知识应用实训报告》，使其各具特色。

【成果形式】

实训课业：《"市场细分与定位策划"知识应用实训报告》。

课业要求：

1）"实训课业"的结构与体例参照本教材"课业范例"中的范例综-3。

2）将《××企业市场细分与定位策划优化方案》以"附件"形式附于《"市场细分与定位策划"知识应用实训报告》之后。

3）在校园网的本课程平台上展示经过教师点评的班级优秀《"市场细分与定位策划"知识应用实训报告》，并将其纳入本课程的教学资源库。

单元考核

考核要求：同第 1 章"单元考核"的"考核要求"。

第5章
产品策划

学习目标

通过本章的学习，应该达到以下目标：

理论知识：学习和把握产品整体、产品线及产品组合的概念，产品生命周期理论，品牌策划的基本类型，新产品的概念，并能用其指导"产品策划"的相关认知活动。

实务知识：学习和把握产品与产品组合策划的影响因素和目标、品牌策略、新产品开发的流程和筛选标准，以及"业务链接"等程序性知识，并能用其规范"产品策划"的相关技能活动。

认知弹性：运用"产品策划"的理论与实务知识研究相关案例，对"引例"、"同步案例"和"学习立顿好榜样"等业务情境进行多元表征，培养和提高在特定情境中分析问题的能力；依照相关行业规范或标准，分析"职业道德与企业伦理5-1"和"高质量产品是企业的责任"等案例中企业或其从业人员行为的善恶，强化学生的职业道德素质。

自主学习：参加"自主学习-III"训练。在实施《自主学习计划》的基础上，通过阶段性学习和应用"附录一"的附表1中"自我学习"（中级）各技能点的"'知识准备'参照范围"所列知识，搜集、整理与综合"产品策划"前沿知识，讨论、撰写和交流《"产品策划"最新文献综述》，撰写《"自主学习-III"训练报告》等活动，体验"产品策划"中的"自我学习"（中级）及其迁移。

引例　吉福思（中国）罗汉果有限公司的产品力

背景与情境： 蓝福生的吉福思（中国）罗汉果有限公司是全球罗汉果专家及领导者，罗汉果甜味剂出口遥遥领先，一直居首位，并在美国和新西兰成立了全资子公司，出口市场已经遍布北美、欧洲、印度、韩国及东南亚。

据了解，小茗同学、海之言、汇源等国内饮料品牌已经使用了吉福思的产品，更有其他大型饮料、乳制品公司的相关产品正在开发中。2016 年 10 月，在第二届中国罗汉果节上，吉福思正式推出了两款终端产品——罗汉果茶膏和罗汉果蜜，从 B 端市场转向 C 端市场，进一步扩大罗汉果在消费端的影响力，这也是为了配合国内的市场需求和品牌战略。

资料来源　寇尚伟．"罗汉果甜味剂之父"与他的"甜蜜王国"．[EB/OL]．[2017-02-21]．http：//www.cmmo.cn/article-204509-1.html.

吉福思（中国）罗汉果有限公司能够成为罗汉果行业的领导者，关键在于其对产品策划的重视。吉福思（中国）罗汉果有限公司以高质量的产品最先切入生产者市场，然后通过产品开发，进入消费者市场。吉福思（中国）罗汉果有限公司的成功离不开其极高的产品竞争力。本章系统地阐述了产品的整体概念、产品组合策划、品牌策划以及新产品策划等重要内容。

5.1　产品与产品组合策划

产品策划是市场营销组合策划的基础。格力公司的董明珠从上任开始，就一直以铁腕手段抓产品质量，投入巨资进行自主研发，自己掌握核心科技；小米的创始人雷军认为小米的成功就是把产品的细节打磨到极致。这些企业的崛起，都离不开营销的成功，但更重要的是产品的成功。在互联网时代，信息的充分以及消费观念的变化，使得产品策划成为 4P 组合中的重中之重。

5.1.1　产品的整体概念

从市场营销策划的意义上讲，产品是指通过占有、使用或消费等手段，来满足某种欲望和需要，从而提供给市场的一切载体。它既可以是有形载体，也可以是无形载体。产品是一个整体概念，包含核心产品、有形产品、附加产品和心理产品四个层次，如图 5-1 所示。

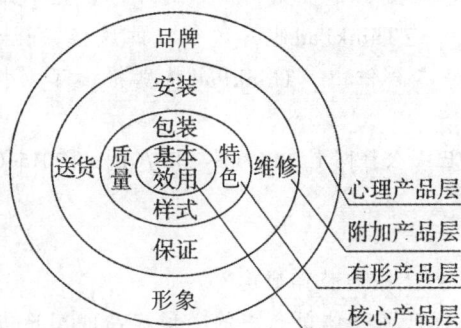

图 5-1　产品整体概念构成图

1）核心产品

核心产品也称实质产品，是指消费者购买某种产品时所追求的利益。

2）有形产品

有形产品是核心产品借以实现的形式，即向市场提供的实体和服务的形式。

3）附加产品

附加产品是指顾客购买有形产品时所获得的全部附加服务和利益，包括提供信贷、免费送货、安装、售后服务等。

4）心理产品

心理产品是指产品的品牌和形象提供给顾客心理上的满足。

通过对产品整体概念的理解我们可以知道，消费者在消费产品时，不仅追求功能的满足，而且追求精神的满足。消费层次越高，对精神满足的追求就越强烈。如果一件产品通过广告、材质、造型等营销手段的应用，塑造了良好的心理产品，则该产品会更好地满足消费者的精神需求。

心理产品的塑造是区别于竞争对手的有力手段。随着竞争的加剧，以及技术水平的提高，厂商要维持产品功能的垄断变得越来越困难，这就迫使厂商在产品整体概念中的心理产品层上做文章，通过恰当的营销手段使功能相似的产品在心理产品层上产生巨大的差异，从而与竞争对手的产品有效区隔开来，以此获得竞争优势，谋取超额利润。

心理产品的获得手段多样，其目的是营造消费者对该产品认知上的差异。例如，可口可乐与百事可乐通过广告营销，分别塑造出了时尚与经典的心理差别。

同步案例 5-1

"胡巴"公仔网上月销万件

背景与情境： 2015年暑期电影院上映的国产电影的气场都"萌萌哒"，无论是《大圣归来》还是《捉妖记》，电影主角都以"萌萌哒"的形象深入人心。尤其是《捉妖记》，更是颠覆了传统印象中妖怪可怕的形象，完全以"萌神"的形象出现。不少观众在看完电影后直呼"想有一只胡巴"，商家也抓住了这个机遇，顺势推出了各类电影周边产品。

打开淘宝，输入关键字"胡巴"，可以看到关键字下的类目分布相当广泛，有毛绒玩具、摆件、水杯、抱枕、坐垫、手机壳、钥匙链等，从生活用品到时尚饰品，"胡巴"相关产品充斥在各个领域。连 ThinkPad 也一改往日的风格，让小黑与《捉妖记》里的胡巴一起"卖萌"，在此次跨界合作中，ThinkPad 特别推出了《捉妖记》限量笔记本及其衍生品。

资料来源　杨锐．"胡巴"公仔网上月销万件 [EB/OL]．[2015-08-13]．http：//news.hexun.com/2015-08-13/178306307.html.

问题：

1）如何理解电影衍生产品的整体概念？

2）结合STP策划分析产品整体概念中的心理产品的塑造方法。

分析提示：

产品整体概念包含核心产品、有形产品、附加产品和心理产品四个层次。电影衍生产品通过电影建立了心理产品层的内涵。

5.1.2 产品的生命周期及策划思路

1）产品生命周期理论

产品生命周期是指一种新产品从开始进入市场到被市场淘汰的整个过程。典型的产品生命周期一般可以分为四个阶段，即导入期、成长期、成熟期和衰退期，如图 5-2 所示。

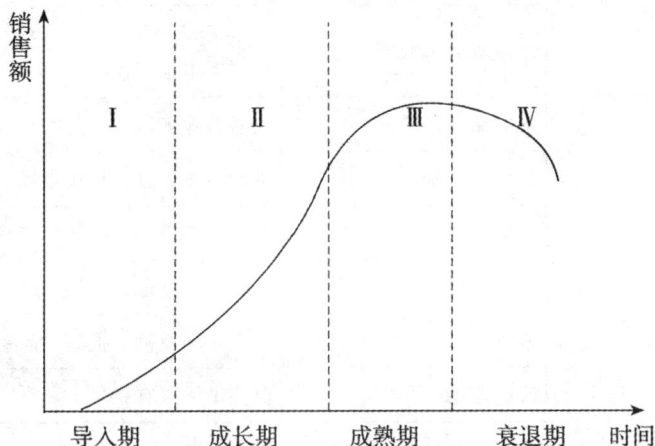

图 5-2　产品生命周期图

（1）导入期。导入期是指产品从设计投产到投入市场进行销售的阶段。

（2）成长期。在成长期，产品试销效果良好，购买者逐渐接受该产品，产品在市场上站住脚并且打开了销路，这是需求增长阶段。

（3）成熟期。成熟期是指产品经过成长期之后，开始大批量生产，并稳定地进入市场销售的阶段。随着购买产品的人数增多，市场需求趋于饱和。

（4）衰退期。衰退期是指产品进入了淘汰阶段。由于科技的发展，以及消费习惯的改变等，产品的销售量和利润持续下降。

企业要想使它的产品有一个较长的销售周期，以便赚取足够的利润来补偿在推出该产品时所付出的成本，就必须认真研究和运用产品的生命周期理论。

2）产品在不同生命周期的营销策划思路

对于处在生命周期不同阶段的产品，其策划的基本思路有所不同。产品导入期的基本策划思路是突出一个"快"字。在导入期，企业营销策划的重点集中在促销与价格方面。进入成长期，企业营销策划强调一个"好"字，此时应不断提高产品质量，改进服务，树立良好的企业及品牌形象，抓住难得的市场机会，扩大市场占有率。到了成熟期，企业营销策划注重一个"改"字，应系统考虑市场、产品和营销组合改进等主动进攻的策略。衰退期是产品销售每况愈下的阶段，企业利润很低，越来越少的消费者继续购买该产品，大部分消费者的购买行为发生转移，竞争者大量退出市场，此时企业营销策划侧重一个"退"字。产品在不同生命周期的营销策划思路见表 5-1。

表 5-1   产品在不同生命周期的营销策划思路

产品生命周期	基本思路	具体策略	策略目的
导入期	快	先声夺人（高价高促）	塑造品牌，以赢得高消费人群的青睐
		密集渗透（低价高促）	应对潜在的激烈竞争，扩大市场规模
		愿者上钩（高价低促）	当市场规模小、竞争威胁不大时，可以赢得高消费群体的青睐
		以廉取胜（低价低促）	当市场容量大、消费者对价格十分敏感时，可以扩大市场规模
成长期	好	树立品牌形象	建立品牌忠诚
		开辟新市场	进行市场细分，扩大市场份额
		密集分销	扩大市场规模，降低生产成本
		改进产品	提高产品质量，增加产品品种
成熟期	改	改进市场	扩大市场规模，提高产品销量
		改进营销组合	保持市场占有率
		改进产品	吸引新顾客
衰退期	退	立即放弃	尽快转入新产品
		逐步放弃	逐步转入新产品
		自然淘汰	最大限度获取利润

同步思考 5-1

背景资料： 2016 年 7 月 25 日，雅虎正式被美国电信巨头 Verizon 以 48.3 亿美元的低价收购。至此，这家开创了"内容免费、广告收费"模式的互联网先驱走向了没落。

问题： 雅虎为何会被 Verizon 收购？怎样理解雅虎的生命周期？

理解要点： 随着信息技术的迅速发展，当互联网公司都在重点布局代表未来趋势的业务时，雅虎却反应迟缓。雅虎看重的是搜索广告的营收分成，却把更重要的搜索领域的核心市场、技术人才和更加宝贵的用户数据拱手相让，最终被低价收购。互联网和电子商务正日益改变着我们的生活，对产品生命周期也提出了新的课题。

5.1.3 产品组合策划

根据市场需要和企业自身的能力决定生产经营哪些产品，并明确各产品之间的配合关系，对企业来说意义重大。因此，企业需要对产品组合情况进行研究和策划。

1）产品组合及其相关概念

（1）**产品组合**是指各种不同产品的全部产品大类、产品项目的组合。

（2）**产品线**是指同一产品种类中具有密切关系的一组产品，它们以类似的方式起作用，或通过相同的销售网点销售，或满足消费者相同的需要。

（3）**产品项目**是指一类产品中品牌、规格、式样、价格不同的每一个具体产品。

（4）产品组合四要素。产品组合四要素包括产品的宽度、长度、深度与关联性。宽度是指产品组合中包含产品大类的多少；长度是指产品组合中包含产品项目的总和；深度是指每类产品中包含花色、式样、规格的多少；关联性是指一个企业的各条产品线在最终使用、生产条件、分销渠道和其他方面相互关联的程度。

2）产品组合策略

市场需求和竞争形势的变化，会引起产品组合的变化，企业应使产品组合保持一种动态平衡。扩大产品组合策略，即开拓产品组合的宽度和加强产品组合的深度；缩减产品组合策略，即削减产品线或产品项目，特别是要取消那些获利少的产品，以便集中力量经营获利多的产品线和产品项目；向上延伸策略，即在原有产品线内增加高档次、高价格的产品项目；向下延伸策略，即在原有产品线内增加低档次、低价格的产品项目。不同产品组合策略的优缺点见表5-2。

表 5-2　　　　　　　　　　　　　　　不同产品组合策略的优缺点

产品组合策略	优点	缺点
扩大产品组合策略	满足不同消费者的需要，提高市场占有率；完善产品系列，扩大市场规模；分散经营风险	不利于生产的专业化；投资水平较高
缩减产品组合策略	集中企业有限资源；有利于生产的专业化；提高单个产品的生产效率和质量	容易增加经营风险；不能满足不同消费者的需要
向上延伸策略	提高企业的整体形象；获得较多的利润；提高企业的技术和管理水平	企业的固有形象不易改变；投资水平较高
向下延伸策略	可借助原有品牌形象；增加销售额，扩大市场占有率；完善产品系列	处理不当会影响原有好的品牌形象

5.2　品牌策划

随着竞争的加剧和技术的发展，产品的同质化程度越来越高。竞争的层次逐步由产品实物形态的竞争，过渡到产品所附着的文化和精神层次的竞争，而品牌恰恰是产品文化和精神的很好载体，品牌策划就成为营销策划中重要的一环。

5.2.1　品牌及其相关概念

1）品牌的概念

品牌是一种名称、术语、标记、符号或图案，或是它们的相互组合，用以识别企业提供给某个或某群消费者的产品或服务，并使之与竞争对手的产品或服务相区别。人们通过品牌可以获得很多关于产品和公司的信息，一般来说，品牌能够表达六层意思：

（1）属性。品牌能够给人带来特定的属性，如沃尔沃轿车给人以安全、工艺精良和耐用的感觉。

（2）利益。属性需要转换成功能和情感利益，如"安全"属性可以转化为功能利益——"这车可以使我免受伤害","耐用"属性意味着"我可以开很长时间,而不必担心车坏掉"。

（3）价值。品牌体现了制造商的某些价值观,如沃尔沃品牌体现了公司对生命的呵护。

（4）文化。品牌可以象征一定的文化,如沃尔沃品牌体现了北欧国家崇尚"以人为本"的生活理念。

（5）个性。品牌还代表了一定的个性,如沃尔沃轿车可以使人联想到一位高效率同时对生活充满热情的人。

（6）使用者。品牌还体现了购买或使用这类产品的是哪一类消费者,如沃尔沃轿车的使用者通常是严谨而热情的。

2）与品牌相关的概念

（1）品牌符号。品牌符号是区别产品或服务的基本手段,包括名称、标志、标准色、口号、象征物、代言人、包装等。品牌符号是形成品牌概念的基础,是企业的重要资产,在品牌与消费者的互动中发挥着重要作用。

（2）品牌形象。品牌形象是指消费者基于能接触到的品牌信息,经过自己的选择与加工,在大脑中形成的有关品牌的整体印象。

（3）品牌文化。品牌文化是指品牌在经营中逐步形成的文化积淀,代表了企业和消费者的利益认知、情感归属,反映了企业的传统文化及个性形象。

（4）商标。商标是一种法律用语,是具有显著特征的标志。商标由文字、图形或者二者组合构成。商标与品牌既密切联系又有所区别。严格地说,商标是一个法律名词,而品牌是一种商业称谓,品牌要注册成商标必须具备法律规定的条件。

业务链接5-1

注册商标

在商标右上角加注"®"符号,是"注册商标"的标记,表示该商标已在国家工商行政管理总局商标局进行注册申请并已经商标局审查通过,成为注册商标。R是"注册"的英文register的首字母。注册商标具有排他性、独占性、唯一性等特点,为注册商标所有人所独占,并受法律保护。任何企业或个人未经注册商标所有权人许可或授权,均不得自行使用,否则将承担侵权责任。

有些商标的右上角会加注"TM"符号,TM是英文trademark的缩写,表示该商标已经向国家商标局提出申请,并且国家商标局已经下发了《受理通知书》,进入了异议期,这样就可以防止其他人提出重复申请,也表示现有商标持有人有优先使用权。加注"TM"的商标不一定已经注册。

资料来源 注册商标［EB／OL］.［2013-12-06］. https://baike.baidu.com/item/%E6%B3%A8%E5%86%8C%E5%95%86%E6%A0%87/856542?fr=aladdin.

5.2.2 品牌策略

1）品牌化策略

品牌化策略是指企业决定是否使用品牌的策略。目前很少有企业使用无品牌策略,只有当使用品牌的成本高于使用品牌所获得的收益时，无品牌策略才会被采用。

2）品牌使用者策略

品牌使用者策略是指企业决定使用谁的品牌的策略，即是使用制造商的品牌，还是使用经销商的品牌，或是两种品牌兼用。一般来说，品牌是制造商的产品标记，但近年来经销商的品牌也日益增多。

制造商品牌和经销商品牌之间的竞争，本质上是制造商与经销商之间实力的较量。在制造商具有良好的市场声誉、拥有较大市场份额的条件下，无力经营自己品牌的经销商只能接受制造商品牌。相反，当经销商在某一市场中有良好的品牌信誉及庞大的、完善的销售体系时，利用经销商品牌也是有利的。

3）品牌数量策略

品牌数量策略是指企业决定使用多少个品牌的策略。

（1）个别品牌策略

个别品牌策略是指企业为其生产的不同产品分别使用不同品牌的策略。采用个别品牌策略，为每种产品寻求不同的市场定位，有利于增加销售额和对抗竞争对手，还可以分散风险，使企业的声誉不会因某种产品表现不佳而受到影响。

（2）统一品牌策略

统一品牌策略是指企业生产经营的所有产品均使用同一个品牌的策略。对于那些享有高声誉的著名企业，采用统一品牌策略可以充分利用其名牌效应，保证企业所有产品的畅销。同时，企业宣传介绍新产品的费用也相对较低，有利于新产品进入市场。例如，美国通用电气公司的所有产品都用 GE 作为品牌名称。

（3）分类品牌策略

分类品牌策略是指企业依据一定的标准对其产品进行分类，并分别使用不同品牌的策略。企业使用这种策略，一般是为了区分不同大类的产品，一个产品大类下的产品再使用共同的品牌，以便在不同大类产品领域中树立各自的品牌形象。

（4）企业名称加个别品牌策略

企业名称加个别品牌策略是指企业生产经营的各种不同的产品分别使用不同的品牌，且每个品牌之前都冠以企业名称的策略。这种策略多用于新产品的开发。在新产品的品牌名称前加上企业名称，可以使新产品享受企业的声誉，而采用不同的品牌名称，又可以使各种新产品显示出不同的特色。

4）品牌延伸策略

品牌延伸策略是指企业利用其成功品牌的声誉，推出改进产品或新产品的策略。品牌延伸并非只借用表面上的品牌名称，而是对整个品牌资产的策略性使用。当企业推出新产品时，使用新品牌或延伸旧品牌是企业必须面对的品牌决策。品牌延伸策略一方面在新产品上实现了品牌资产的转移，另一方面以新产品的形象延续了品牌寿命，因此为多数企业所采用。

品牌延伸策略具有降低新产品的市场风险、强化新产品的品牌效应和注入品牌时尚元素等优点，但是也存在有悖消费者心理和品牌认知模糊等不利因素。

5）多品牌策略

多品牌策略是指企业对同一类产品使用两个或两个以上品牌的策略。采用多品牌策略的企业可能同时经营两种或两种以上相互竞争的品牌，多品牌策略虽然会使原有品牌的销售量减少，但几个品牌加起来的总销售量可能比原来一个品牌的销售量多。

这种策略由宝洁公司首创。一种品牌树立起来之后，容易在消费者心中形成固定的印象，不利于产品的延伸，对于宝洁这种横跨多个行业、拥有多种产品的企业来说更是如此。多品牌策略的最佳结果，应是企业的品牌逐步挤占竞争者品牌的市场份额，或者是采用多品牌策略增加的利润大于因相互竞争而造成的利润损失。

6）品牌重新定位策略

品牌重新定位策略是指由于某些市场情况发生变化，企业对产品品牌进行重新定位的策略。当竞争者的品牌逼近，企业品牌的独特性逐渐消失，或消费者转向其他品牌时，即使某一个品牌在市场上的最初定位很好，随着时间的推移也必须重新定位，赋予品牌新的内涵。

同步案例5-2

盼盼食品抢占更多市场

背景与情境： 盼盼食品多年来一直致力于产品研发和技术创新，相继开发了"盼盼"牌薯片、麦香鸡味块等系列膨化食品，"盼盼"牌法式面包、铜锣烧、瑞士卷、软华夫、梅尼耶干蛋糕等烘焙食品，以及重磅打造的子品牌"艾比利"系列产品和盼盼饮料大品类。凭借其多品类的发展策略，盼盼食品的发展势头被人看好。

盼盼食品集团营销负责人认为：中国市场巨大，在保证品质的前提下，依靠盼盼当前的品牌影响力，加上完善的营销模式，通过认真运作，相信盼盼产品一定可以产生很大的销量。在多品类的宏观策略下，盼盼食品集团深挖单品价值，强势抢占市场。为实现产品突围，盼盼食品集团采用密集的品牌轰炸与有效的地面终端推进相互配合的复合式营销策略，聘请众多当红明星为品牌代言，并投放电视广告。同时，盼盼食品集团还特别注重与消费者的交流，通过门户、视频网站以及微博、微信平台开展互动，以加强与目标消费者之间的沟通交流。

资料来源　佚名.盼盼食品多品牌多品类策略　抢占更多市场［EB/OL］.［2014-03-17］. http://finance.ifeng.com/a/20140314/11894428_0.shtml.

问题： 盼盼食品集团采用了何种品牌策略？

分析提示： 盼盼食品集团主要采用了统一品牌策略。其实施的基础如下：一是盼盼食品集团具有较好的品牌效应；二是盼盼食品集团的产品具有较强的关联性。

5.2.3　企业形象策划与品牌建设

企业形象策划又称企业识别系统，**企业识别系统**（corporate identity system，CIS）是指运用统一的识别设计来传达企业特有的经营理念和活动，从而提升和突出企业形象，使企业形成自己内在独特的个性，最终增强企业的整体竞争力。企业形象策划是企业品牌建设的重要组成部分，对于企业品牌形象的树立具有立竿见影的效果。

1）企业形象策划的构成要素

企业形象策划的直接目标是塑造统一的、系统的企业形象，突出企业自身的特点。企业形象策划的最终目标是通过树立统一的企业形象，提高企业的整体竞争力。企业形象策划由三个方面的要素构成，即理念识别（mind identity，MI），行为识别（behavior identity，BI），视觉识别（visual identity，VI）。

2）理念识别

理念识别是企业形象策划的精神内涵，是对企业文化的经典概括。企业理念相当于企业的"脑"，用于规范企业日常的行为和管理，指导企业长远的发展。企业理念应反映企业存在的社会价值、企业追求的目标以及企业经营的基本思想。企业理念识别要准确、富有个性、表达简洁独到，这样才会具有识别性。

业务链接5-2

品牌建设的有效工具——视觉锤

随着营销实践以及对消费心理研究的不断深入，新一代定位大师劳拉发现，消费者的大脑分为左脑和右脑两个部分，右脑负责处理视觉信息，左脑负责处理文字信息，两者相互影响。视觉往往先于文字被大脑接受，最容易留下深刻的印象。

视觉锤理论诞生于高度竞争的市场中，是在屏幕化视觉时代对成功定位的新案例的提炼。视觉锤的战略价值是帮助品牌用最简洁、最快速的方式进入消费者的心智。

（1）聚能环，大市场

作为中国碱性电池的第一品牌，南孚占据了碱性电池市场70%的份额。作为品类领导者，南孚通过"一节更比六节强"这个电视里的动态视觉锤，成功地将品牌定位为"耐用电池"，而反定位即普通碳性电池为不耐用的电池品类。更难得的是，南孚创造出了"聚能环"这个植入产品的可视化的差异点，使品牌在产品层面实现了可视化。

（2）产品色彩开创新品类

白加黑在感冒药大品类里开创了"日夜分服"，受到了广大消费者的喜爱，以及医药专家的推荐。白片不添加使人感到有睡意的成分，保证了工作、学习的效率；黑片添加了一些有助于睡眠的成分，能够提高睡眠质量。"黑白药片"成为其视觉锤，形象而生动地传达了这种新型感冒药的治疗理念。

（3）丝绸带的爱情故事

每到2月14日情人节，在全国各种媒体上都能看到"此刻尽丝滑"的德芙巧克力广告。无论从知名度还是首选品牌的角度来看，德芙无疑都是巧克力品类的领导者。巧克力品类的定位是爱情的象征，当整个品类都代表爱情的时候，需要的就是进一步差异化产品。德芙抢先占据巧克力品类的第一属性——丝滑，丝滑是一种味觉体验，怎么使消费者感知呢？德芙选用了一块儿褐色丝绸作为视觉锤，在电视动态画面和杂志静态画面上，利用丝绸的柔美动态，充分展示了巧克力在舌尖上的丝滑感受。

资料来源 李亮. 如何理解视觉锤［EB/OL］.［2013-03-27］. http://www.cmmo.cn/article-134826-1.html.

3）行为识别

行为识别是企业在内部协调和对外交往中应该遵守的规范性准则。这种准则具体体现在全体员工上下一致的日常行为中。员工的行为应该是一种企业行为，并且能反映出企业的经营理念和价值取向，而不是独立的随心所欲的个人行为。行为识别是一种动态的识别形式，是企业处理和协调人、事、物的动态运作系统，它通过各种行为或活动执行和实施企业理念。

4）视觉识别

视觉识别是企业所独有的一整套识别标志，是企业理念识别的外在的、形象化的表现。视觉识别由两大要素组成：一是基础要素，包括企业名称、企业标志、标准字体、企业标准用色等；二是应用要素，即上述要素经过规范组合后，在企业各个领域中的展开运用，如办公用品、服饰、广告、包装、展示陈列、交通工具、建筑与室内外环境等。

教学互动5-1

互动问题：

1）进行广告宣传就可以进行品牌建设吗？

2）请结合实际，为某一品牌提供简要的品牌建设提纲。

要求：同"教学互动1-1"的"要求"。

5.3　新产品策划

5.3.1　新产品的概念

从市场营销的角度来看，凡是企业向市场提供的过去没有生产过的产品都叫新产品。具体地说，**新产品**是指产品整体概念中的任何一部分的变革或创新，并且能够给消费者带来新的利益、新的满足的产品。

5.3.2　新产品的分类

市场营销学意义上的新产品的含义很广，除了包括因科学技术在某一领域的重大发现而产生的新产品外，还包括在生产销售方面，只要产品在功能或形态上发生改变，与原来的产品产生差异，甚至只是产品从原有市场进入新的市场，都可视为新产品；从消费者方面来看，新产品则是指能进入市场给消费者提供新的利益或新的效用而被消费者认可的产品。

新产品一般可以分为全新产品、改进型新产品、模仿型新产品、形成系列型新产品、降低成本型新产品和重新定位型新产品。

1）全新产品

全新产品是指应用新原理、新技术、新材料，具有新结构、新功能的产品。该新产品在全世界首先开发，能开创全新的市场。

2）改进型新产品

改进型新产品是指在原有产品的基础上进行改进，使原有产品在结构、功能、品质、花色、款式及包装上具有新的特点和新的突破。改进后的新产品，其结构更加合理、功能更加齐全、品质更优，能有效满足消费者不断变化的需求。

3）模仿型新产品

模仿型新产品是指企业对国内外市场上已有的产品进行模仿生产，从而形成了本企业的新产品。

4）形成系列型新产品

形成系列型新产品是指在原有产品大类中开发出新的品种、花色、规格等，从而与企业原有产品形成系列，扩大产品的目标市场。

5）降低成本型新产品

降低成本型新产品是指以较低的生产成本提供同样性能的产品，即企业利用新科技改进生产工艺或提高生产效率，削减原有产品的成本，但保持原有产品功能不变的新产品。

6）重新定位型新产品

重新定位型新产品是指企业的原有产品进入新的市场，从而形成了该市场的新产品。

5.3.3 新产品开发的流程

新产品开发的流程是指从创意产生、创意评价到形成最终产品的过程，它包括八个步骤，即创意产生，创意筛选，产品概念的形成、测试与筛选，初拟营销战略，商业分析，产品研制，市场试销，商品化。

1）创意产生

新产品创意的来源很多，主要有顾客、竞争者、中间商、科技人员、销售人员等。此外，还可以从发明家、专利代理人、大学、研究机构、咨询公司、广告代理商、行业协会和有关出版物等方面寻求创意。寻找和搜集创意的主要方法有以下四种：

（1）产品属性列举法

将现有产品的属性一一列出，通过改良该产品的某种属性达到改良该产品的目的，在此基础上形成新的产品创意。

（2）强行关系法

首先列出若干个不同的产品，然后把某一种产品与另一种或几种产品强行结合起来，从而产生一种新的创意。

（3）调查法

向消费者调查使用某种产品时出现的问题或值得改进的地方，然后整理意见，将其转化为新的产品创意。

（4）头脑风暴法

组织专长各异的人员进行座谈、集思广益，以发现新的产品创意。

2）创意筛选

创意筛选就是对大量的新产品创意进行评价，研究其可行性，挑出那些有创造性的、有价值的创意。创意筛选时一般要考虑三个因素：一是环境条件，即市场的规模与构成、产品的竞争程度与前景、国家的政策等；二是企业的战略任务、发展目标和长远利益，这涉及企业的战略任务、利润目标、销售目标和形象目标等方面；三是企业的开发与实施能力，包括经营管理能力、人力资源条件、资金能力、技术能力和销售能力等方面。

3）产品概念的形成、测试与筛选

经过筛选后保留下来的产品创意必须发展成产品概念。产品概念是指已经成型的产品创意，即用文字、图像、模型等给予清晰阐述，使之在消费者心目中形成一种潜在的产品形象，用有意义的消费者语言来详细描述的产品创意。

形成的产品概念要通过消费者的产品概念测试，如果不能通过，则应当放弃或者继续修改，直至通过。

4）初拟营销战略

产品概念通过测试后，接着就要拟定营销战略。初拟的营销战略应包括以下三个部分：

（1）说明目标市场的规模、结构、行为，新产品的市场定位，近期的销售量和销售额、市场占有率、利润率等。

（2）简述新产品的计划价格、分销渠道、促销方式和营销预算。

（3）阐述新产品的未来发展情况并提出设想，如长期销售额和利润目标、产品生命周期各阶段的营销组合策略等。

5）商业分析

商业分析是指对产品概念进行经济效益分析，即对新产品的销售情况、成本和利润做出进一步的评估，判断其是否符合企业的目标，以此决定是否进入新产品的正式开发阶段。

6）产品研制

顺利通过商业分析的产品概念可以进入产品研制阶段。这一阶段是将用文字、图形或模型等描述的产品概念转化为实体形态的产品模型或样品。

7）市场试销

如果企业对产品测试的结果感到满意，接着就要进行市场试销。市场试销就是将新产品与品牌、包装、价格和初拟的营销战略组合起来，然后将新产品小批量投入市场，以检验新产品是否真正受市场欢迎。

8）商品化

新产品试销成功后，就可以正式批量生产，将产品全面推向市场了。

职业道德与企业伦理5-1

三星手机的"炸机门"

背景与情境： 2016年8月24日，一名韩国用户的三星Note7在夜间充电时发生爆炸，此后仅一周时间内，三星售后中心就接到了共计35件关于电池爆炸的投诉。这场猝不及防的"炸机门"事件，打乱了三星的整个战略节奏。一夜之间，三星从科技新闻版面转到社会民生新闻版面，事件的发酵呈星火燎原之势，席卷了全球消费者。在经历了空前规模的召回和空前统一的全球航空公司禁用令后，三星Galaxy Note7的知名度更是达到了铺天盖地的程度。三星公司一次性宣布召回250万部手机，除了直接的经济损失为10多亿美元，三星的品牌价值也遭受了重创，并且这个损害是长期的，甚至可能会影响到Galaxy S8的发售。

资料来源　王玉. 三星"炸机门"[EB/OL]. [2016-11-16]. http：//www.cmmo.cn/article-203823-1.html.

问题： 应当如何理解企业伦理对盈利行为的约束？

分析提示： 坚守产品质量是企业的底线，诚信是企业安身立命之本。从原料采购时的品质控制到生产加工、运输储存，每一个环节、每一个细节都不得有半点差池，否则后果不堪设想。手机行业是涉及消费者切身利益的行业，其产品质量直接关系到民众的生活和安全。手机企业应该严格遵守企业伦理，承担社会责任。

本章概要

☐ 内容提要与结构

▲ 内容提要

● 产品策划是市场营销组合策划的基础。产品在市场中的表现具有周期性，企业应当根据产品所处周期，采取不同的营销策略。为了更好地满足市场需求，增强竞争能力，企业往往要进行产品组合策划。

● 随着竞争的加剧和技术的发展，产品的同质化程度越来越高。为了提高竞争能力，品牌策划势在必行。企业识别系统是指运用统一的识别设计来传达企业特有的经营理念和活动，从而提升和突出企业形象，使企业形成自己内在独特的个性，最终增强企业的整体竞争力。企业形象策划是企业品牌建设的重要组成部分，对于企业品牌形象的树立具有立竿见影的效果。

● 新产品的开发风险较高，因此要注重开发流程的安排。

▲ 内容结构

本章内容结构如图5-3所示。

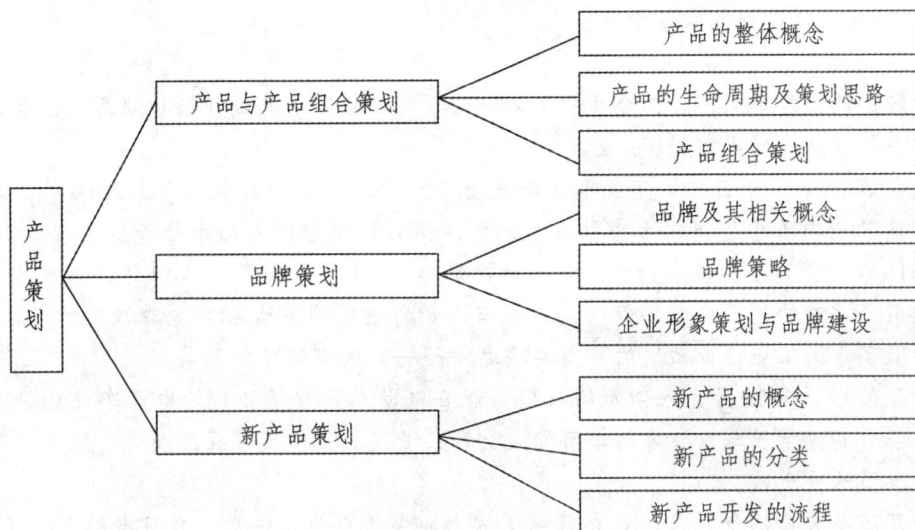

图5-3　本章内容结构

☐ 主要概念和观念

▲ 主要概念

产品生命周期　产品组合　产品线　产品项目　品牌　企业识别系统　新产品

▲ 主要观念

产品组合策划　品牌策划　新产品策划

☐ 重点实务和操作

▲ 重点实务

产品与产品组合策划　品牌策略的运用　新产品开发的流程

▲ 重点操作

产品策划知识应用

━━ **基本训练** ━━▶

□ 理论题

▲ 简答题

1）产品的整体概念是什么？

2）产品组合包括哪些基本概念？

3）市场营销中的新产品应如何理解？

▲ 讨论题

1）如何理解品牌与商标的差别？

2）企业为什么要进行产品组合策划？

3）分析企业识别系统三个构成要素（MI、BI、VI）之间的关系。

□ 实务题

▲ 规则复习

1）简述产品在不同生命周期进行营销策划的要点。

2）简述产品组合策划的基本策略。

3）简述新产品开发的基本流程。

▲ 业务解析

背景资料： 德鲁克说过，企业有且只有两项基本职能，就是营销和创新，这也是新日电动车多年来领跑世界的秘密。

早在 2013 年，新日电动车就率先研发出了行业第一辆智能电动车。2014 年，新日电动车创建了业内首个智能化生态供应链系统，同时还将智能电动车推进至"智能 3.0"阶段。2015 年，新日自主研发的新一代智能电动车 MIKU 再次颠覆了人们对智能电动车的认识，运用了一键检测、电量精算、远程控车、紧急救援等多达 20 项全球顶尖的智能技术，一举夺下了中国工业设计领域的最高奖项之一———"太湖奖"特等奖。

为了鼓励更多 90 后加入创新的行列，新日电动车设立了开放的电动车设计平台，每年有百余名高校学子与新日电动车研发人员和工业设计人员展开深度交流、融合，每年设计的新车型达数十款。

除了产品方面的创新，新日在营销上的大胆突破也引人注目。新日电动车全新 MIKU "晶彩"系列产品打破了传统电动车产品给人的固有印象，在营销方面积极贴近消费者，与《爸爸去哪儿》《最强大脑》等卫视王牌节目强强联手；出席金鸡电影节，电动车"走"上红毯；邀请黄晓明成为品牌代言人……一系列举措使新日电动车的品牌形象大幅度提升，消费者真正记住了新日电动车。

资料来源　寇尚伟. 新日领跑世界的秘密［EB/OL］.［2016-02-22］. http://www.cmmo.cn/article-200512-1.html.

问题： 如何理解新日公司的产品创新？新日公司营销上的创新和产品创新有何关系？

□ 案例题

▲ 案例分析

学习立顿好榜样

背景与情境：中国是全球饮茶历史最悠久、饮茶人数最多的国家，也是全球最大的茶叶生产国，但全球最大的茶叶品牌却来自全球第二大消费品公司联合利华旗下的立顿。

立顿改变了中国消费者心中"茶叶是中老年人悠闲生活饮品"的形象。茶饮消费者越来越年轻化，对喝茶不是特别讲究和没有喝茶习惯、易接受速食文化的年轻人和办公室白领来说，茶叶包设计避免了传统冲泡茶方法带来的麻烦和尴尬。更重要的是，立顿的品牌和标准为茶饮消费者带来了更安心的产品和不断创新的用户体验。

立顿知道该把茶叶卖给谁。立顿的招牌是经典红茶，由于中国消费者有其特定的消费习惯和口味，因此立顿对自身的产品风格进行了重新定位，并借改变形象之机延长产品线，推出全新的绿茶、茉莉花茶和铁观音茶等符合中国消费者口味的茶包。

资料来源 茶小乖. 中国茶企能从立顿学习什么？立顿红茶的三大标准 [EB/OL]. [2015-12-16]. http://www.ishuocha.com/news/cy/9114.html.

问题：

1) 茶饮品生产厂家除了要考虑产品的品质和功能外，还要对产品做哪些更深层次的了解？

2) 立顿红茶的产品组合策略及其作用如何？

分析要求：同第 1 章本题型的"分析要求"。

▲ 善恶研判

高质量产品是企业的责任

背景与情境：美国农业部 2013 年 10 月 7 日表示，美国 18 个州有数百人感染沙门氏菌，该疫情与福斯特农场旗下拥有的三个加利福尼亚厂生产的生鸡肉产品有关，农业部食品安全检验局在一份声明中称，该疫情还将持续，估计有 278 个病例感染了海德堡沙门氏菌，大部分病例发生在加利福尼亚州。福斯特农场则发表声明回应称，农场正与当局合作，降低生鸡肉产品导致的海德堡沙门氏菌感染病例。除了与安全检验局和疾控中心合作外，福斯特农场还请流行病学及食品安全技术方面的国家级专家对目前的操作进行评估，以发现进一步改善的机会。

据了解，海德堡沙门氏菌是沙门氏菌第三种常见的菌株，如果含有该菌的食物烹调不当，便会导致食源性疾病。其最常见的症状有：腹泻、腹部绞痛及发烧。

资料来源 佚名. 美国数百人感染沙门氏菌 疫情爆发与生鸡肉有关 [EB/OL]. [2013-10-09]. http://henan.163.com/13/1009/16/9AOQTF8R022708V4.html.

问题：

1) 本案例中存在哪些道德伦理问题？

2) 试对上述问题做出你的道德研判。

3) 请从产品策划与道德研判的角度对食品的质量安全做出研判。

研判要求：同第 1 章本题型的"研判要求"。

□自主学习

自主学习-Ⅲ

【训练目的】

见本章"学习目标"中的"自主学习"。

【教学方法】

采用"学导教学法"和"研究教学法"。

【训练要求】

1）以班级小组为单位组建训练团队。

2）各团队依照本教材"附录三"的附表3中"自我学习"（中级）的"基本要求"和各技能点的"参照规范与标准"，确定长期学习目标，制订《自主学习计划》。

3）各团队实施《自主学习计划》，系统体验对本教材"附录一"的附表1"领域"中"自我学习"（中级）各技能点的"知识准备'参照规范"所列知识和"文献综述"撰写规范的自主学习。

4）各团队以自主学习获得的"学习原理"、"学习策略"与"学习方法"知识为指导，通过院资料室、校图书馆和互联网，查阅和整理近三年以"产品策划"为主题的国内学术文献资料。

5）各团队以整理后的以"产品策划"为主题的文献资料为基础，撰写《"产品策划"最新文献综述》。

6）总结上述各项体验，撰写作为"成果形式"的训练课业。

【成果形式】

训练课业：《"自主学习-Ⅲ"训练报告》

课业要求：

1）内容包括：训练团队成员与分工；训练过程；训练总结（包括对各项操作的成功与不足的简要分析说明）；附件。

2）将《自主学习计划》和《"产品策划"最新文献综述》作为《"自主学习-Ⅲ"训练报告》的"附件"。

3）《"产品策划"最新文献综述》应符合"文献综述"规范要求，做到事实清晰、论据充分、逻辑清晰。

4）结构与体例参照本教材"课业范例"的"范例综-4"。

5）在校园网的本课程平台上展示班级优秀训练课业，并将其纳入本课程的教学资源库。

单元考核

考核要求：同第1章"单元考核"的"考核要求"。

第6章
价格策划

学习目标

通过本章的学习，应该达到以下目标：

理论知识：学习和把握定价目标的含义与组成、定价环境分析的主要内容与依据等陈述性知识，并能用其指导"价格策划"的相关认知活动。

实务知识：学习和把握定价及价格修订与变动的具体方法、策略以及"业务链接"等程序性知识，并能用其规范"价格策划"的相关技能活动。

认知弹性：运用"价格策划"的理论与实务知识研究相关案例，对"引例"、"同步案例"和"定价策略成就小米手机"等业务情境进行多元表征，培养和提高在特定情境中分析问题的能力；依照相关行业规范或标准，分析"职业道德与企业伦理6-1"和"贵州怀仁九块九的'纯粮酒'"等案例中企业或其从业人员行为的善恶，强化学生的职业道德素质。

实训操练：参加"'价格策划'知识应用"的实践训练。在了解和把握本实训所及"能力与道德领域"相关技能点的"规范与标准"的基础上，通过切实体验"'价格策划'知识应用"各实训任务的完成，系列技能操作的实施，相应《实训报告》的准备、撰写、讨论与交流等有质量、有效率的活动，培养"价格策划"的专业能力，强化相关选项的"职业核心能力"，并通过"认同级"践行相关选项的"职业道德"行为规范，促进健全职业人格的塑造。

引例　空调行业的价格调整

背景与情境：2014年岁末，格力掀起了新一轮空调价格战，格力电器董事长兼总裁董明珠在一次经销商会议上表示，"今年下定决心，一定要清场"；"我们后面还会有活动，真正把那些烂品牌、假冒伪劣、偷工减料的品牌全部消灭掉，我们才会停止行动"。空调行业一片血雨腥风。

2014年国庆节，格力一改常态，以低价大力促销；其后，格力又启动了"以旧换新"活动，2005年以前购买的格力空调换购格力的变频空调可抵1 000元，这意味着格力掀起的空调价格战还将延续。

某大型空调企业国内营销部的负责人认为，"为了消化库存、完成业绩任务，格力只有打价格战一条路了。未来5~6年，国内空调市场仍有刚性需求，目前农村每百户居民的空调保有量只有20~30台，而其他白电有60~80台"。

奥克斯空调发言人李柏强表示，"空调业前6名一直很稳定，各具特色、各有渠道。如果一线品牌打价格战，缺少技术、渠道的三四线品牌最痛苦。奥克斯、志高、海信、科龙的国内外销量均超过500万台，都有一定的抗寒能力"。

格兰仕空调总监甘建国也认为，"大型空调企业现在都追求创新，各有各的生存渠道。2015年格兰仕空调会聚焦互联网人群，3月份会联合天猫、京东发布新产品，让用户有参与感。价格战要打，产品也要更加差异化、个性化"。

资料来源　王珍. 格力董明珠称坚决"清场"　新一轮价格战再起［EB/OL］.［2014-12-25］. http://www.yicai.com/news/4056335.html.

问题：格力空调发动价格战的目的是什么？格力空调的竞争对手如何看待格力空调的价格战？

价格策划也是营销策划的重要组成部分之一，它与产品策划、促销策划和分销渠道策划既相互区别又紧密联系。格力空调发动价格战既有去库存的目的，也有借助价格战确立其竞争优势的目的。格力空调的竞争对手们也清楚地认识到了价格战的目的，在应对方面或借助产品创新，或借助渠道创新，这也印证了4P组合的系统性。价格策划不是孤立的，它与其他营销策略一样重要。本章将系统阐述制定价格、修订价格和变动价格的策划。

6.1　制定价格策划

市场营销由四个基本要素组成，即产品、促销、分销渠道和定价。企业通过前三个要素在市场中创造价值，通过定价从创造的价值中获取收益。在营销组合中，价格是能够给企业带来收入的唯一要素，其他要素只产生成本。与产品、促销和分销渠道不同的是，价格是最灵敏、最灵活的要素，并且它能够向市场传递企业所期望的价值定位。因此，价格策划直接决定了企业市场份额的大小和盈利率的高低。随着营销环境的日益复杂，制定价格策划的难度越来越大，不仅要考虑成本补偿问题，还要考虑消费者的接受能力和市场竞争状况。

6.1.1　定价目标策划

企业应在明确目标的前提下制定价格。**定价目标**是指企业通过制定一定水平的价格，所要达到的预期目标。一般情况下，企业的定价目标有四个，即最大利润目标、合理利润目标、市场占有率目标和稳定价格目标。其中，最大利润目标与合理利润目标统称为利润目标。

利润目标是企业定价目标的重要组成部分。由于利润是企业生存和发展的必要条件，也是企业经营的直接动力和最终目的，因此利润目标为大多数企业所采用。

1）最大利润目标

最大利润是指企业在一定时期内可能并准备实现的最大利润总额，它并不是单位商品的最高价格，最高价格未必能够获取最大利润。**最大利润目标**是指企业在一定时期内综合考虑各种因素之后，以总收入减去总成本的最大差额为基点，确定单位商品的价格，以获取最大利润的一种定价目标。

最大利润有长期最大利润和短期最大利润之分，还有单一产品最大利润和企业全部产品综合最大利润之别。一般而言，企业追求的应该是长期的、全部产品的综合最大利润，但是在现实中企业会选择当期利润最大化、现金流最大化或投资回报率最高的价格。在竞争愈来愈激烈的市场上，企业想长期维持高价是很困难的，因为高价势必会受到各种限制，甚至是多方面的对抗行动，如消费需求的减少、替代品的盛行、政府的干预等。因此，企业追求的最大利润大多是以长期的总利润为目标。在特殊条件下，企业可以对部分产品制定较低的价格，甚至低于成本销售，以扩大影响、招徕顾客，带动其他产品的销售，进而谋取最大的整体效益。一些中小型企业、产品生命周期较短的企业、产品在市场上供不应求的企业等，也可以谋求短期最大利润。

2）合理利润目标

合理利润目标是指企业在补偿社会平均成本的基础上，适当地加上一定量的利润作为商品价格，以获取合理利润的一种定价目标。企业采用合理利润目标的原因并不相同，有时是因为企业自身力量有限；有时是因为企业希望阻止激烈的市场竞争，以合理利润为目标可使商品价格不会太高；有时是为了协调投资者和消费者的关系，树立良好的企业形象。

采用合理利润目标确定的价格不仅可以使企业避免不必要的竞争，而且能够长期获得较为合理的利润。此外，由于价格适中，消费者愿意接受，政府也积极鼓励，因此这是一种兼顾企业利益和社会利益的定价目标。

3）市场占有率目标

市场占有率，又称市场份额，是指企业的销售额占整个行业销售额的百分比，或者某企业的某产品在某市场的销售量占同类产品在该市场销售总量的比重。市场占有率是企业经营状况和企业产品竞争力的直接反映。

由于市场占有率与利润的关联性很强，因此企业常常将市场占有率作为定价目标。从长期来看，较高的市场占有率必然带来高利润。相关分析指出：当市场占有率在10%以下时，投资收益率大约为8%；当市场占有率在10%~20%时，投资收益率在14%以上；当市场占有率在20%~30%时，投资收益率约为22%；当市场占有率在30%~40%时，投资收益率约为24%；当市场占有率在40%以上时，投资收益率约为29%。因此，以市场占有率为定价目标具有获取长期较好利润的可能性。

市场占有率目标在运用时存在着保持和扩大两个层次。保持市场占有率即根据竞争对手的价格水平不断调整价格，以保证足够的竞争优势，防止竞争对手占有自己的市场份额。扩大市场占有率即从竞争对手那里夺取市场份额，以达到扩大企业的销售市场乃至控制整个市场的目的。

4）稳定价格目标

稳定的价格通常是大多数企业获得一定目标收益的必要条件，市场价格越稳定，经营风险就越小。稳定价格目标的实质是通过本企业产品的定价来左右整个市场价格，避免不必要的价格波动。采用稳定价格目标可以使市场价格在一个较长的时期内保持相对稳定，减少企业因价格竞争而产生的损失。

为了达到稳定价格目标，通常情况下是由那些拥有较高的市场占有率、经营实力较强或较具有竞争力和影响力的领导者先制定一个价格，其他企业的价格则与之保持一定的距离或比例关系。对大企业来说，这是一种稳妥的价格保护政策；对中小企业来说，由于大企业不会随便改变价格，竞争性减弱，其利润也可以得到保障。在钢铁、采矿、石油化工等行业，稳定价格目标得到了最广泛的应用。

由于各行业的情况不同，加之受到资源、企业规模和管理方法的约束，因此企业可从不同的角度选择自己的定价目标。不同行业的企业有不同的定价目标，同一行业的不同企业可能有不同的定价目标，同一企业在不同的时期、不同的市场条件下也可能有不同的定价目标，即使采用同一种定价目标，其定价策略、定价方法和技巧也可能不同。企业应根据自身的性质和特点，具体情况具体分析，权衡各种定价目标的利弊，灵活确定自己的定价目标。

同步思考6-1

问题：某汽车企业推出了一款家用中低档小轿车，应采用哪种定价目标为好？为什么？

理解要点：这家汽车企业的家用中低档小轿车究竟采用何种定价目标，要对照定价目标的适用条件来回答，即先将企业针对该款中低档小轿车的定价目标列出，然后与企业定价目标的适用条件进行对照。因为中低档小轿车面对的市场竞争非常激烈，同时，汽车企业出于分摊固定成本的考虑，必须降低经营风险以求生存，而提高市场占有率可以使商品的价格不会太高。因此，这家汽车企业的家用中低档小轿车应采用市场占有率目标。

6.1.2　定价环境分析

随着营销环境的日益复杂，制定价格策划的难度越来越大，企业不仅要考虑成本补偿问题，还要考虑消费者的接受能力和竞争状况。经济学中的定价方法是以成本为导向的，市场营销策划中的定价方法是以市场为导向的，企业要全面分析市场需求、产品成本、竞争因素和其他因素。

1）市场需求

市场需求对企业产品的价格具有重要影响，价格制定受商品供给与需求的相互关系影响。**需求弹性**是指因价格与收入等因素的变动而引起的需求的相应变动率。具体包括需求的价格弹性、收入弹性和交叉弹性。

（1）需求价格弹性

需求价格弹性是指需求量变动对价格变动的反应程度。当商品的市场需求大于供给时，价格可以制定得高一些；当商品的市场需求小于供给时，价格可以制定得低一些。反过来，价格变动影响市场需求总量，从而影响销售量，进而影响企业目标的实现。因此，企业制定价格时必须了解价格变动对市场需求的影响程度，而反映这种影响程度的一个指标就是商品的需求价格弹性系数。

所谓需求价格弹性系数，是指由于价格的相对变动，而引起的需求相对变动的程度。需求价格弹性系数通常可用下式表示：

需求价格弹性系数=需求量变动百分比÷价格变动百分比 （6.1）

用Ed表示需求价格弹性，则其表现形式见表6-1。

表6-1 需求价格弹性表现形式一览表

数学表达式	特征	含义	表现形式	举措
Ed=1	单位弹性	价格变动的比率等于需求量变动的比率	商品价格的上升（下降）会引起需求量等比例的减少（增加）	市场价格
Ed<1	缺乏弹性	需求量变动的比率小于价格变动的比率	商品价格的上升（下降）会引起需求量较小幅度的减少（增加）	高价
Ed>1	富有弹性	需求量变动的比率大于价格变动的比率	商品价格的上升（下降）会引起需求量较大幅度的减少（增加）	薄利多销
Ed=0	完全无弹性	价格无论如何变动，需求量都不会变动	商品价格的上升（下降）不会引起需求量的变化	高价

（2）需求收入弹性

需求收入弹性是指需求量变动对收入变动的反应程度。它是以收入为自变量、需求为因变量的弹性。用Em表示需求收入弹性，则其表现形式见表6-2。

表6-2 需求收入弹性表现形式一览表

数学表达式	特征	含义	表现形式
Em>1	富有弹性	需求量变动的百分比大于收入变动的百分比	收入变动导致此类商品的需求量有更大幅度的变动
Em=1	单位弹性	需求量随收入变动相同的百分比	收入变动导致此类商品的需求量有同等幅度的变动
0<Em<1	缺乏弹性	需求量变动的百分比小于收入变动的百分比	收入变动不会导致此类商品的需求量明显变动
Em=0	无弹性	需求量不随收入的变动而变动	收入变动后需求量完全没有变动
Em<0	负弹性	需求量与收入之间存在反方向变化的关系	收入增加，此类商品的需求量反而减少

（3）需求交叉弹性

需求交叉弹性是指因一种商品价格变动而引起其他相关商品需求量相应变动的百分比。在实际生活中，许多商品的使用价值相互关联。如果两种商品共同满足一种欲望，则称它们为互补商品。如果两种商品可以互相代替满足同一种欲望，则称它们为替代商品。

互补商品的价格与需求呈反向变动；替代商品的价格与需求呈正向变动。用 Exy 表示需求交叉弹性，则其表现形式见表 6-3。

表 6-3　　　　　　　　　　　　　需求交叉弹性表现形式一览表

数学表达式	特征	含义
Exy>0	替代商品	一种商品的价格上升(下降)引起另一种商品的需求量上升(下降)
Exy<0	互补商品	一种商品的价格上升(下降)引起另一种商品的需求量下降(上升)
Exy=0	独立无关的商品	相关产品价格的变化不影响需求

企业在制定价格时，不仅要考虑价格对其产品需求量的影响，而且要考虑市场上相关商品价格对其产品需求量的影响。在产品线多、产品相关程度高的情况下，企业在制定价格时更要重视需求交叉弹性的影响。对于替代商品的定价，要能够兼顾各品种之间需求量的影响，选择适当的比价；对于互补商品的定价，应错落有致、高低分明，以一种商品需求的扩大带动另一种商品需求的增加，从而使销售量与盈利水平平稳增长。

2）产品成本

需求决定了企业制定价格的上限，成本则决定了企业制定价格的下限。企业的产品价格只有高于成本，才能补偿生产上的耗费，从而获得一定的盈利。

产品成本有两种形式，即固定成本和变动成本。固定成本是指不随产量或销售收入的变化而变动的成本；变动成本是指随着生产水平的变化而相应变化的成本。总成本是指一定产量水平所需的固定成本和变动成本之和；平均成本是指一定生产量下单位产品的成本。成本是构成价格的主要因素，企业在定价时，不应孤立地看待成本，而应将产量、销量、资金周转等因素综合起来考虑。

3）竞争因素

市场竞争也是影响企业制定价格的重要因素。根据竞争程度的不同，企业的定价策略也会有所不同。按照竞争程度的不同，市场竞争可以分为完全竞争、不完全竞争与完全垄断三种情况。

（1）完全竞争

完全竞争是一种理想化的极端情况，也称自由竞争。在完全竞争条件下，买者和卖者都大量存在，产品都是同质的，不存在质量与功能上的差异，企业自由选择产品生产，买卖双方能充分地获得市场情报。在这种情况下，无论是买方还是卖方，都无法对产品价格产生影响，只能在既定市场价格下从事生产和交易。

（2）不完全竞争

不完全竞争是现实中存在的典型的市场竞争状况，它介于完全竞争与完全垄断之间。在不完全竞争条件下，最少有两个以上的买者或卖者，少数买者或卖者对价格和交易数量起着较大的影响，买卖各方获得的市场信息是不充分的，它们的活动会受到一定的限制。因此，企业之间存在着一定程度的竞争。在不完全竞争的情况下，企业的定价策略有较大的回旋余地，既要考虑竞争对手的定价策略，也要考虑本企业的定价策略对竞争态势的影响。

（3）完全垄断

完全垄断是指一种商品的供应完全由独家控制，形成独占市场。在完全垄断的情况下，商品的交易数量与价格由垄断者单方面决定。完全垄断在现实中也很少见。

企业的定价策略会受到竞争状况的影响。完全竞争与完全垄断是竞争的两个极端，中间状况是不完全竞争。在不完全竞争条件下，竞争的强度对企业的价格策略有重要影响。所以，企业首先要了解、分析本企业在竞争中的地位；然后要了解竞争企业的价格策略，以及竞争企业的实力；最后应对竞争企业的反应做出判断，从而制定出相应的对策。

业务链接 6-1

云南咖啡的定价权

目前，原豆种植占国内行业 98% 以上份额的云南省正迎来咖啡采收季，但咖农们怎么也高兴不起来。咖啡豆的收购价跌至 5 年来新低，逼近种植成本线。

普洱市大林窝咖啡合作社的负责人告诉羊城晚报记者，该社原豆种植面积近 500 亩，产品的主要买家雀巢和星巴克的报价较低，咖农现在还在观望。而现在的农药和化肥价格持续上涨，种植成本已经接近 16 元/千克，如果价格继续走低，将严重打击云南咖啡产业。

记者通过调查发现，目前雀巢的定价是参照最新的纽约咖啡期货价格并下调几美分来制定的，分散的咖农没有话语权。这种价格只是普通咖啡豆的价格，对云南小粒咖啡这样的优质产品来说非常不公平。

普洱市副市长彭远国在接受记者专访时表示，普洱市目前正致力于打造本土咖啡品牌，计划扶持一批有定价权的大型企业，形成全产业链，并计划制订产业技术规程和标准，申请原产地保护，力求夺回国际定价权。

当地最大的咖企——后谷咖啡曾是雀巢在中国最大的原料供应商，近年来开始自立门户，走深加工、产业化之路，全力打造自主品牌。董事长熊相入表示，如果国际买家的收购价跌破成本价，将启动保护价收储，帮助咖农渡过难关。

面对本土合作者的挑战，有"洋老师"已开始改变原来简单的采购策略，加强与本土企业合作。星巴克向记者透露，该公司在三年前引进了 4 个咖啡新品种进行适应性试验，在五年试验期满后，将会大规模种植这 4 个咖啡新品种，届时其全球首个咖啡种植基地将落户云南，其设在普洱的亚洲首个咖啡种植者支持中心已投入运营。

资料来源 刘勇. 云南咖啡欲逆袭争夺定价权 摆脱雀巢等巨头制约 [EB/OL]. [2014-01-06]. http://www.cmmo.cn/article-124543-1.html.

4）其他因素

企业的定价策略除了受成本、需求，以及竞争状况的影响外，还会受到其他多种因素的影响。这些因素包括政府干预、消费者心理和习惯、企业或产品形象等。

（1）政府干预

政府为了维护经济秩序，或出于其他目的，可通过立法或者其他途径对企业的定价策略进行干预。政府干预包括规定毛利率、规定最高或最低限价、限制价格的浮动幅度或者规定价格变动的审批手续、实行价格补贴等。例如，我国某些地方为反暴利，政府会对商业毛利率实施限制。

（2）消费者心理和习惯

在现实生活中，很多消费者存在"一分钱一分货"的观念。消费者在货比三家时，常常从价格上判断商品的好坏，凭经验把价格同商品的使用价值挂钩。消费者心理和习惯上的反应是很复杂的，某些情况下还会出现完全不同的反应。因此，在研究消费者心理和习惯对定价的影响时，要持谨慎态度，仔细了解消费者心理和习惯的变化规律。

（3）企业或产品形象

根据经营理念和企业形象设计的要求，企业需要对产品的价格做出限制。如果企业要树立热心公益事业的形象，则会将某些有关公益事业的产品的价格定得较低；如果企业要构建贵族化的品牌形象，则会将产品的价格定得较高。

6.1.3　定价方法策划

在全面分析市场需求、产品成本、竞争因素和其他因素之后，企业可以选择不同的方法来确定价格。一般情况下，主要有成本导向定价法、需求导向定价法和竞争导向定价法三种。

1）成本导向定价法

成本导向定价法是指以产品的单位成本为定价基础，再加上预期利润来确定价格的方法。成本是企业在生产经营的过程中所发生的实际耗费，客观上要求通过产品的销售得到补偿。以产品的单位成本为基本依据，是中外企业最常用的、最基本的定价方法。成本导向定价法又包括成本加成定价法和目标收益定价法两种。

（1）成本加成定价法

成本加成定价法是指把所有为生产某种产品而发生的耗费均计入成本的范围，计算单位产品的变动成本，合理分摊相应的固定成本，再按照一定的成本利润率来制定价格的方法。其计算公式为：

$$单位产品价格=单位产品总成本×（1+成本利润率） \tag{6.2}$$

成本加成定价法计算简便，确定合理的成本利润率是一个关键问题，而成本利润率的确定必须考虑市场环境、行业特点等多种因素。成本加成定价法一般在租赁业、建筑业、服务业、科研项目投资以及批发零售企业中得到广泛应用。

（2）目标收益定价法

目标收益定价法是指根据企业的投资回报率、预期销售量和投资成本等因素来确定产品价格的方法。目标收益定价法是从保证生产者利益的角度出发制定价格，其计算公式为：

$$目标利润价格=单位产品总成本+投资回报率×投资成本÷预期销售量 \tag{6.3}$$

目标收益定价法适用于需求比较稳定的大型制造业、供不应求且价格弹性小的商品、市场占有率高且具有垄断性的商品，以及大型的公用事业、劳务工程和服务项目等。

2）需求导向定价法

需求导向定价法是指以市场需求状况和消费者心理为定价依据来确定产品价格的方法，又称"市场导向定价法"。其特点是能够灵活、有效地运用价格差异，使平均成本相同的同一产品的价格随市场需求的变化而变化，且不与成本因素发生直接关系。随着买方市场的形成，市场价格的主导者已经不是企业，而是顾客。需求导向定价法主要包括感知价值定价法、需求差别定价法和逆向定价法。

（1）感知价值定价法

感知价值是指消费者对某种商品价值的主观评判，也称"认知价值"。感知价值定价法是指以消费者对产品价值的理解为依据确定价格的方法。

运用感知价值定价法的关键是获得消费者对有关商品价值理解的准确资料，否则就会产生定价过高或过低的失误。因此，企业必须通过广泛的市场调研，了解消费者的需求偏好，根据产品的性能、用途、质量、品牌、服务等要素，判定消费者对商品的感知价值，确定消费者是价格型购买者还是价值型购买者，抑或是忠诚型购买者，再制定商品的价格。

（2）需求差别定价法

需求差别定价法是指产品价格的确定以消费者需求的不同特性为依据，对同一商品在同一市场上制定两个或两个以上价格的方法。这种产品价格之间的差异，反映了产品需求弹性的差异，并不反映成本的差异。其好处是可以使企业产品的定价最大限度地符合市场需求，促进商品销售，有利于企业获取最佳的经济效益。根据需求特性的不同，需求差别定价法通常有以顾客为基础的差别定价、以地点为基础的差别定价、以时间为基础的差别定价、以产品为基础的差别定价、以流转环节为基础的差别定价、以交易条件为基础的差别定价六种形式。

运用需求差别定价法必须具备一定的条件：第一，从购买者方面来说，市场必须能够被细分，购买者对产品的需求存在明显的差异，价格差异不会导致购买者的反感。第二，从产品方面来说，各个市场之间是分割的，低价市场的产品无法向高价市场转移。第三，从企业方面来说，价格差异不会对企业形象造成负面影响。

（3）逆向定价法

逆向定价法是指重点依据需求状况来确定价格的方法。该方法依据消费者能够接受的最终销售价格，逆向推算出中间商的批发价和生产企业的出厂价。采用逆向定价法制定的价格能够反映市场需求情况，有利于维护企业与中间商的良好关系，保证中间商的正常利润，使产品迅速向市场渗透和拓展，并可根据市场供求情况及时调整产品，运作方式也较为灵活。

3）竞争导向定价法

在买方市场条件下，同行业企业之间的竞争愈来愈激烈。**竞争导向定价法**是指企业通过研究竞争对手的生产条件、服务状况、价格水平等因素，依据自身的相关情况来确定产品价格的方法。这种定价方法与产品的成本和需求不发生直接关系，如果产品成本或市场需求变化了，只要竞争者的价格未变，企业就应维持原价；如果产品成本或需求没有变动，但竞争者的价格变动了，企业也应调整其产品价格。竞争导向定价法主要包括随行就市定价法、产品差别定价法和投标定价法三种。

（1）随行就市定价法

在垄断竞争和完全竞争条件下，任何一家企业都无法凭借自己的实力在市场上取得绝对的优势，为了避免竞争，特别是价格竞争带来的损失，大多数企业都采用**随行就市定价法**，即企业的产品价格基于竞争对手的价格来制定，保持在市场平均价格水平上的定价方法。采用随行就市定价法，企业产品的价格可能与其主要竞争对手产品的价格相同，也可能高于或低于竞争对手产品的价格。在完全竞争条件下，各个企业都无权决定产品价格，通过对市场的无数次试探，各个企业之间取得了一种默契，从而将产品价格保持在一定的水平上。在垄断竞争条件下，各个企业采用相同的价格，规模较小的企业追随定价或参考定价。

（2）产品差别定价法

产品差别定价法是指企业通过各种途径，使同种同质的产品在消费者心中树立起不同的产品形象，进而选取低于或高于竞争对手的价格作为本企业产品价格的方法。产品差别定价法的运用，要求企业必须具备一定的实力，在某一行业或某一区域市场占有较大的市场份额，消费者能够将企业产品与企业本身联系起来。在产品质量大体相同的条件下实行差别定价是有限的，尤其是对于定位为"质优价高"形象的企业来说，其必须支付较大的广告、包装和售后服务方面的费用。

同步思考6-2

问题：在白领聚集地区新开设了一家餐馆，该餐馆应采用哪种定价方法？为什么？

理解要点：该餐馆应采用哪种定价方法，应对照定价方法的适用条件来回答。一是餐馆所在区域在白领聚集地区，顾客具备一定的消费能力；二是餐饮产品的需求价格弹性较小；三是在白领聚集地区，餐饮行业的竞争较为激烈。因此，在白领聚集地区新开设的这家餐馆应采用随行就市定价法，同时要注意产品的差异化。

（3）投标定价法

投标定价法是指由招标方出示标的物，投标方在相互独立的条件下投标竞争产生标的物的最终成交价格的方法。随着互联网的发展，投标定价法的应用越来越广泛，既有密封投标法，也有在线拍卖法，还有降价出价法、升价出价法等。投标定价法一方面可以使企业低价采购到满意的产品和服务；另一方面，可以帮助企业处理积压的商品或二手货物。

①密封投标法。招标方只有一个，而投标方有多个，各个投标方之间是竞争关系。标的物的价格由参与投标的各个企业在相互独立的条件下确定。在买方招标的所有投标者中，报价最低的投标者通常中标，它的报价就是承包价格。

②在线拍卖法。这是通过互联网技术实现的网上竞价购买行为。卖家发布商品信息，对交易的商品及交易规则进行详细描述，并设定条件（交易的方式、底价或者加价幅度等），买家通过在线公开竞价购买，在限定的时间内，以可接受的价格买下拍卖商品，出价最高者成交。在线拍卖能帮助买卖双方快速、经济、安全地达成商品交易，将库存产品快速变现。

③降价出价法。这主要包括两种方式：一种是一个卖方可能向多个买方提出价格；另一种是一个买方向多个卖方索价。在多次竞争中，最终以最低的价格实现销售。

④升价出价法。卖方展示的商品，由竞标人抬高出价，直到达到最高的价格。这种方法常常用于房产、古董、艺术品的拍卖。

6.2 修订价格策划

企业通常不会制定单一的价格，而是通过完善的价格体系来反映不同领域的产品客观存在的差异。企业在制定产品价格时，既受市场上各种环境因素的影响，也受企业内部生产经营情况的影响，因此对价格进行修订也是一项常规工作。例如，企业在推出新产品时，因为市场定位不同，或者企业政策调整，所以需要采用全新的价格体系。修订价格的方法较多，常见的有新产品定价策略、地区性定价策略、心理定价策略、折扣定价策略、促销定价策略、产品组合定价策略、歧视性定价策略等。

6.2.1 新产品定价策略

企业在推出新产品时，必须为新产品制定出合适的价格。新产品定价的难点在于无法确定消费者对新产品的理解价值。假如定价高于消费者的心理预期，则难以被消费者接受，也必然影响新产品顺利进入市场；假如定价低于消费者的心理预期，则虽然消费者乐于接受，却不利于提高企业的经济效益。常见的新产品定价策略有撇脂定价和渗透定价两种。

1）撇脂定价

撇脂定价是指新产品上市之初，将新产品价格定得较高，在短期内获取丰厚利润，以期尽快收回投资的策略。这一定价策略就像从牛奶中撇取其中所含的奶油一样，取其精华，所以称为"撇脂定价"。该定价策略适用于全新产品、受专利保护的产品、需求价格弹性小的产品、流行产品、未来市场形势难以测定的产品等，一些生命周期短、更新换代速度快的产品，如时装、手机、时尚用品、IT产品等，也可以采用撇脂定价策略。由于新产品对于消费者或用户来说是陌生的，他们很难判断产品的价值，因此从一开始便借助低价来刺激需求常常不能奏效。例如，当英特尔公司开发出一种电脑芯片时，如果该芯片明显优于竞争对手的芯片，英特尔就会为该芯片制定最高的价格；当销售量下降时，或者当受到竞争对手开发出类似芯片的威胁时，英特尔就会降低该芯片的价格，以便吸引对价格敏感的消费者或用户。

在新产品上市之初，消费者对其尚无理性的认识，此时采用高价策略，企业可以迅速收回投资，从而减少了投资风险。同时，在新产品进入成熟期后，也可以拥有较大的调价余地。我们也应看到，高价产品的需求规模毕竟有限，撇脂定价是一种追求短期利润最大化的定价策略，过高的价格不利于市场开拓、增加销量，也不利于占领和稳定市场，甚至会导致竞争者大量涌入，从而影响企业的长远发展。因此，在实践中，特别是在消费者日益成熟、购买行为日趋理性的今天，采用这一定价策略必须谨慎。此外，随着同类产品的增多，竞争对手的出现，企业应酌情逐步降低产品价格，以保证自己的市场份额。

2）渗透定价

渗透定价是指在新产品上市之初将价格定得较低，以吸引大量的购买者，迅速扩大市场占有率的策略。它是与撇脂定价相反的一种定价策略。该定价策略一般适用于那些实行低价能够带来销量提高的产品，或是随着销量的提高会导致成本下降的产品，如日常生活必需品中的食品、低值易耗的牙刷和牙膏等。

业务链接6-2

渗透定价的适用条件

第一，市场必须对价格高度敏感，低价格能促进销售量的提高；第二，生产和销售成本必须随着销售量的增加而减少；第三，低价能帮助企业排除竞争对手，否则价格优势只能是暂时的。

采用渗透定价的企业只能获取微利，但是低价可以使产品尽快为市场所接受，有利于企业降低成本，并获得长期稳定的市场地位；同时，微利阻止了竞争者的进入，增强了企业的市场竞争力。

对企业来说，采用撇脂定价或渗透定价各有利弊，需要综合考虑市场需求、竞争、供给、市场潜力、价格弹性、产品特性、企业发展战略等因素。在定价实务中，企业应突破理论上的限制，凭借对选定的目标市场的了解与掌控，在科学分析的基础上制定价格。

业务链接6-3

撇脂定价与渗透定价的思考

传统观点认为：产品的价格越高，销量越小；相反，价格越低，销量越大。所以，有些企业为了追求销量，一味地强调低价。

其实，如果定价在高价位区间，只要追求的销量与市场相匹配，那么撇脂定价也是很好的选择。此时，竞争对手非常明确，数量也较少。只要定价策略运用得当，企业就可以占有一席之地，获得一定的市场空间。

如果定价在低价位区间，注定是同质化的产品，看似市场容量大，但是竞争也同样激烈，这时候就要做好打价格战的心理准备。

定价对于产品的成功推广十分重要。有人说：先定位，后定价，定价定天下。这个观点需要营销者充分重视。

同步案例6-1

汽车市场城市多功能车的定价

背景与情境： 随着紧凑型SUV布局的完成，最近一两年，各大主流合资车企纷纷将战火烧至小型SUV和中大型SUV战场。2014年下半年以来，市场上增加了多款影响市场格局的车型，具体包括广汽本田的缤智、东风本田的XRV、启辰T70、福特锐界、别克昂科威等。在换代车型方面，车市迎来了全新奇骏、汉兰达等重磅级的SUV车型。在其他全新车型方面，还包括雪铁龙的C3-XR、斯柯达Yeti小型SUV和宝骏560等。新一轮的SUV争夺战正悄然打响。

中国汽车工业协会发布的消息称，2015年7月乘用车共销售126.86万辆，环比下降16.07%，同比下降6.58%；SUV仍保持高速增长，运动型多用途乘用车（SUV）销售39.31万辆，环比下降12.31%，同比增长34.16%。

业内人士分析，大量新车挺进SUV细分市场，带来的最直接的后果就是车价的下降，价格战必然会愈演愈烈。某日系品牌负责人坦言，本田CRV和大众途观创造的持续数年的加价风潮，是建立在车源供应不足的前提下的。而近几年，汽车产能早已供大于求。随着更多竞争者的进入，降价只是时间问题。

资料来源 罗林. 大量新车低价挺进SUV细分市场 或将掀起价格战［EB/OL］.［2015-08-21］. http://union.china.com.cn/car/txt/2015-08/21/content_8175584.htm.

问题： 汽车企业针对城市多功能车市场应当采取何种定价策略？其定价主要考虑了哪

些影响因素?

分析提示: 汽车企业针对城市多功能车市场应当采取渗透定价策略。其定价主要考虑了需求、竞争、成本等因素。

6.2.2 地区性定价策略

地区性定价策略是指由于消费者所在的地理位置距离企业的远近不同,企业根据是否需要增加运费负担而采取的一种定价策略。地区性定价策略的形式见表6-4。

表6-4   地区性定价策略的形式

序号	定价方法	定价形式	适用范围
1	产地定价	以产地价格或出厂价格为标准,运费完全由买方负担	一切企业
2	统一运送定价	运费含在价格中,不论运输距离远近,所加费用都相同	运费在变动成本中所占比重较小的产品
3	分区运送定价	将市场划分为几个大的区域,同一区域内实行统一定价,不同区域确定的运费标准不同	消费品企业
4	津贴运费定价	给一部分或全部运费补贴,以减轻较远买主的运费负担	工业品企业
5	基点定价	以某些城市为基点,每一基点的价格即产地价格,顾客只负担从基点到自身所在地的运费	销售覆盖区域有限的企业

6.2.3 心理定价策略

心理定价策略是指根据消费者的消费心理来确定价格的一种定价策略。其主要方式有尾数定价或整数定价、声望定价、习惯性定价。

1)尾数定价或整数定价

许多商品的价格,宁可定为0.98元或0.99元,而不定为1元,这是适应消费者购买心理的一种取舍,尾数定价会使消费者产生一种"价廉"的错觉,比定为1元的反应积极,有利于促进销售。相反,有的商品不定为9.8元,而定为10元,同样是为了使消费者产生一种错觉,迎合了消费者"便宜无好货,好货不便宜"的心理。

2)声望定价

采用此种定价方法有两个目的:一是提高产品的形象,以价格说明产品名贵优质;二是迎合了消费者仰慕名牌商品的消费心理。

3)习惯性定价

某种商品由于同类产品多,因此在市场上形成了一种习惯价格,个别生产者难以改变这种价格。降价易引起消费者对产品品质的怀疑,涨价则可能受到消费者的抵制,这时就可以采用习惯性定价。

同步案例6-2

东阿阿胶连续上调价格

背景与情境： 从2010年到2014年，在未满5年的时间东阿阿胶发布了9次涨价公告。2014年9月13日，东阿阿胶将出厂价上调53%。

对于东阿阿胶屡屡提价，不少市场人士认为这是"自杀"，频频提价的结果是将市场拱手让人。一个佐证是，近年来，除山东本土的山东福胶集团扩产外，同仁堂、太极药业、佛慈制药等一批上市公司也纷纷加入阿胶行业。

"不少人认为我们这是将市场拱手让人，实际上我们是期待更多的企业加入这个行业。"东阿阿胶总裁秦玉峰对记者说，近年来驴皮供应紧张，导致阿胶产品竞争压力加剧，其深层次的问题是，必须将阿胶产品的产业链建好，发展养驴产业。

东阿阿胶近年来不断加大养驴基地的投入，目前内蒙古的毛驴养殖基地已经形成一定规模。让秦玉峰高兴的是，大部分阿胶生产企业已经开始跟进，太极药业也开始在内蒙古筹建养驴基地。"养驴产业的问题，实际上是阿胶行业的生死问题。"秦玉峰告诉记者，前些年毛驴存栏量逐年下降，如果没有企业参与到养驴产业的发展中，接下来阿胶行业就是消失。在秦玉峰的心中，竞争者实际上就是基础市场的维护者，用他的话说就是"借势行业主导，加强引领竞争"。

从2006年出任东阿阿胶总裁开始，秦玉峰便将包括啤酒产业在内的诸多看上去盈利能力很强的产业彻底放弃，实施单焦点、多品牌的聚焦战略，专注于阿胶生产。让秦玉峰自豪的是，2013年东阿阿胶已经成为OTC市场销售额最大的单品。

"任何一家企业，只有成为行业的真正领先者，才具备了真正的竞争优势，东阿阿胶的战略无疑是正确的。聚焦一个行业，有助于实现行业主导，构筑经营壁垒。相反，进入多行业领域，进入别人把持的领域，会陷入被竞争主导、被别人的标准牵制、被已有壁垒阻滞的境地。"特劳特（中国）战略定位咨询公司品牌研究总监李湘群分析道。

资料来源　佚名. 东阿阿胶5年9次涨价［EB/OL］.［2014-10-23］. http://www.cmmo.cn/article-185908-1.html.

问题： 东阿阿胶采取了何种定价策略？其定价主要考虑了哪些影响因素？

分析提示： 东阿阿胶采用的定价策略有撇脂定价、心理定价等方法。其定价主要考虑了需求、竞争、心理等因素。东阿阿胶以"高质量产品"为基础，加上行业的领导地位、产品的稀缺程度、消费者的认可程度等具体因素，在阿胶市场上独树一帜，出乎意料地连续上调价格。东阿阿胶通过价格调整，既突出了品牌价值，也吸引了竞争者共同扩大阿胶市场。如果阿胶市场扩大，那么作为行业领导者的东阿阿胶，必然会获得更多市场价值。

6.2.4　折扣定价策略

折扣定价策略是指对基本价格做出一定的让步，直接或间接降低价格，以争取顾客、扩大销量的一种定价策略。折扣定价包括直接折扣定价和间接折扣定价两种。

直接折扣的形式包括数量折扣、现金折扣、功能折扣、季节折扣四种。直接折扣的形式见表6-5。

表 6-5 直接折扣的形式一览表

序号	折扣形式	折扣依据	目的	难点
1	数量折扣	采购数量	鼓励大批量购买，以促进销售	折扣标准和折扣比例的确定
2	现金折扣	付款方式	鼓励尽早付款，以加速资金周转，降低财务风险	折扣比例的确定；给予折扣的时间限制；付清全部货款的期限
3	功能折扣	分销环节	鼓励中间商大批量订货，或对中间商进行补偿；与生产企业建立长期、稳定、良好的合作关系	中间商在分销渠道中的地位；生产企业在产品销售中的地位
4	季节折扣	消费淡旺季节	使企业的生产和销售保持相对稳定，以减轻库存、迅速收回资金	折扣比例的确定

间接折扣的形式主要有回扣和津贴两种。回扣是指购买者按价格目录将货款全部付给销售者以后，销售者再按一定比例将货款的一部分返还给购买者。津贴是指企业为特殊目的，对特殊顾客以特定形式所给予的价格补贴或其他补贴。例如，当中间商为企业产品提供了刊登地方性广告、设置样品陈列等多种促销活动时，生产企业应给予中间商一定数额的资助或补贴。此外，开展以旧换新业务，将旧货折算成一定的价格，在新产品的价格中扣除，顾客仅支付余额，以刺激消费需求、促进产品的更新换代，也属于津贴的形式。

折扣定价策略的多样化形式，大大增强了企业定价的灵活性，对于提高厂商收益和利润具有重要作用。

6.2.5　促销定价策略

促销定价策略是指企业以降低产品价格为手段促进产品销售的一种定价策略。其主要方法见表 6-6。

表 6-6 促销定价策略一览表

序号	定价方法	定价形式	目的
1	特价品	通过降低知名品牌的价格来刺激其他产品的销售	因增加销量而提高的收益高于销售特价品而减少的收益
2	特殊事件定价	在特定的时期举办大减价活动	吸引更多的顾客
3	现金回扣	在不降低产品价格的情况下，鼓励在某个时间内购买企业的产品	实现清仓
4	延长还款期	延长消费者分期还款的期限	降低每月的还款额
5	担保和维修合同	企业增加免费或低成本担保和维修条款	刺激销售

促销是企业营销策划活动中的一种常用武器，促销定价一旦获得成功，竞争对手就会争相仿效，此时企业必须采用新的促销定价方法。

6.2.6 产品组合定价策略

产品组合定价策略是指处理本企业各种产品之间价格关系的一种定价策略。它包括系列产品定价策略、互补产品定价策略和成套产品定价策略。系列产品定价策略是指将系列产品中价格弹性大的产品定低价、价格弹性小的产品定高价的定价策略。互补产品定价策略是指将互补产品中的基本产品定低价、配套产品定高价的定价策略。成套产品定价策略是指以低于单个出售的价格将互相关联、互相配套的产品按套出售，以吸引顾客成套购买，从而扩大销售、节约费用、增加利润的定价策略。

大多数企业往往销售多种产品，在通常情况下，企业的一系列产品之间是相互影响的。企业如果希望获取最大的利润，就必须考虑一种产品的定价对其他产品的影响。

一种产品的销售对其他产品可能产生有利的影响，也可能产生不利的影响。如果产生的是不利的影响，则这两种产品互为替代品。如果一种产品的销售会促进另一种产品的销售，则这两种产品互为互补品。因此，企业在定价时，常常使用产品组合定价策略。产品组合定价一般是对相关产品按一定的综合毛利率联合定价。对于互替产品，企业可适当提高畅销品的价格，降低滞销品的价格，以扩大后者的销售，使两者的销售相互得益，从而增加企业的总盈利。对于互补产品，企业可有意识地降低购买率低、需求价格弹性大的产品的价格，同时提高购买率高、需求价格弹性小的产品的价格，这样会取得各种产品的销售量同时增加的良好效果。产品组合定价策略见表6-7。

表6-7 **产品组合定价策略一览表**

序号	定价方法	定价形式	适用范围
1	产品线定价法	企业利用价格点来区分产品线中的产品，销售商的任务是建立能够为价格差异提供依据的感知质量差异	产品线中产品的价格点界限明晰
2	备选产品定价法	企业除主要产品外，还提供备选的产品、属性和服务。企业必须确定标准价格、备选产品价格中分别包括哪些项目	汽车、大型设备等
3	配件产品定价法	需要配套使用的产品，产品本身定价较低，而配件产品的定价较高，如打印机与墨盒	需要配套使用的商品等
4	副产品定价法	生产加工有副产品时，副产品可以依据其对顾客的价值定价。例如，牛肉类产品在加工时除了有牛肉之外，还有牛心、牛舌、牛肚等，对这些副产品的定价可高一些	鲜活商品、化工类商品等
5	产品束定价法	把产品组合捆绑在一起组成产品束，企业同时提供产品束和单个产品，产品束的定价低于产品单独销售的价格	球类联赛的门票、交通类月票等

6.2.7 歧视性定价策略

歧视性定价策略是指企业根据不同顾客、不同时间和场所来调整产品价格，实行差别定价，即对同一产品或劳务制定出两种或多种价格的定价策略。

1）歧视性定价的形式

歧视性定价不反映成本的变化，主要有以下四种形式：

（1）对不同的顾客群制定不同的价格。

（2）对不同的品种、式样制定不同的价格。

（3）对不同的部位制定不同的价格。

（4）对不同的时间制定不同的价格。

2）实行歧视性定价策略的前提条件

（1）企业是价格的制定者，而不是价格的接受者。

（2）市场必须是可以细分的，且各个细分市场的需求强度是不同的。

（3）产品不可转手倒卖。

（4）高价市场上不能有竞争者削价竞销。

（5）不能违法。

（6）不能引起顾客的反感。

教学互动6-1

背景资料：某厨具生产企业进入市场时采用了渗透定价策略。随着企业实力的提升和人们生活水平的提高，企业需要提高产品质量，这时企业就会面临提高价格的问题。企业非常担心消费者对提价不满，因为其原有的品牌形象难以支撑高价格。

互动问题：企业该如何结合产品组合策略进行价格调整呢？

要求：同教学互动1-1的"要求"。

6.3 变动价格策划

企业在产品价格确定以后，由于客观环境和市场情况的变化，还会对价格进行调整。由于价格是一个极其敏感的因素，因此价格的任何调整都可能引起企业、消费者、经销商、竞争对手等各方面的关注。消费者通常把企业价格调整的动机归为不同的原因。例如，当企业降价时，消费者会认为产品样式老了，将被新产品代替；产品有缺陷，销售不畅；企业财务困难，难以继续经营；价格还要进一步下跌；产品质量下降了。当企业提价时，消费者会限制消费，从而影响到产品的销售，但是也可能引起消费者对产品价值高、销售快的判断，从而追涨消费，或者引发消费者对企业想赚取更多利润的联想。

6.3.1 主动调整价格的策划

1）发动降价

（1）发动降价的前提条件

一是企业的生产能力过剩，库存积压严重，市场供过于求，企业以降价来刺激市场需求。二是面对竞争者的"削价战"，企业如果不降价，将会失去顾客或减少市场份额。三是科技进步，劳动生产率不断提高，生产成本逐步下降，其市场价格也应下降，从而使企业在市场上居于支配地位。

企业发动降价要冒着引发价格战的风险。通过降价，企业可达到一定的目的。例如，通过降价提高市场占有率，以居于市场的支配地位；或者通过降价来扩大市场份额，从而降低成本。在发动降价之时，企业必须考虑到可能出现的被动局面：一是消费者认为低价意味着低质量；二是低价不能带来市场忠诚度，消费者随时会转向价格更低的企业及其产品；三是引起价格高的竞争对手降价，因其实力雄厚而造成对企业自身的威胁。

免费增值是变相的降价策略。免费赠送产品和服务一直以来都是一种成功的营销技巧，尤其是互联网的出现，更使这种策略大行其道。例如，软件的免费升级等，能够增强企业客户群的黏性，有利于双方保持长久的合作关系。

（2）发动降价的策略选择

①间接降价。间接降价就是暗降，即在价格不变的同时，在产品的数量、包装等方面给予优惠。这有助于维护企业品牌的形象，保住已有的市场份额。间接降价的方式有增加商品的附加服务、给予折扣或津贴、实行优待券制度、给予实物馈赠和退还部分货款等。

②直接降价。直接降价也称明降，即直接降低产品价格。企业实施降价的目的是占据市场竞争的相对优势地位，提高市场占有率。运用暗降的策略只能实现较小幅度的降价，很难快速提高市场占有率，所以一些企业会选择直接降价的策略，但是这很容易引发价格战，造成过度竞争。

（3）发动降价的注意事项

降价对企业来说具有一定的风险。所以，企业要掌握好降价的时机与幅度。

①降价的时机。不同商品的降价时机不同，如日用品选择在节日前后降价，季节性商品选择在节令相交之时降价。

②降价的幅度。降价的幅度一般不宜过大，尽量一次降到位，切不可出现价格不断下降的情况，以免导致消费者持币待购。尤其是选择明降策略时，最好一次降到底，使竞争对手无法跟进，否则将达不到预期的促销目的。

2）发动提价

提价能够为企业带来较丰厚的利润，但是提价一般会遭到消费者和经销商的反对，甚至会使企业丧失竞争优势。

（1）发动提价的前提条件

在许多情况下，企业将面对不得不提高价格的现状：

①通货膨胀。物价普遍上涨，企业的生产成本必然增加，为了保证利润，企业不得不提价。企业提价的幅度往往高于成本增加的幅度，这种做法称为预期性提价。

②产品供不应求。一方面，买方之间展开了激烈竞争，争夺货源，这为企业提价创造了有利条件；另一方面，可以抑制需求过快增长，保持供求平衡。

③竞争者提价。市场定位一致或相近的企业，在竞争者提价时，往往会跟风提价，以维护品牌形象，满足目标顾客的心理需求。

（2）发动提价的策略选择

①直接提价。这也称为明调，即直接提高产品价格，而其他条件不发生任何变化。

②间接提价。这也称为暗调，即企业采取一定的方法使产品价格表面保持不变，但实际上是隐性上升的。其方式有减少服务、减少折扣、取消优惠条件等。

（3）发动提价的注意事项

一般而言，降价容易涨价难，调高产品价格往往会遭到消费者的反对。因此，企业在发动提价时必须慎重，是一次性提价到位，还是分几次逐步提高价格，尤其应掌握好提价的时机与幅度，并注意与消费者及时进行沟通。

①提价的时机。为了避免消费者和中间商产生不满，企业可限时提价，在供货合同中写明提价的条款。

②提价的幅度。提价的幅度不宜过大，国外一般是5%，也可参照竞争者的价格变化。

3）竞争者对调价的反应

竞争者对调价的反应有以下几种：

（1）相向式反应

你提价，他也提价；你降价，他也降价。这种一致的行为，对企业的影响不太大，不会导致严重的后果。若企业采用了合理的营销策略，则不会失掉市场和减少市场份额。

（2）逆向式反应

你提价，他降价或维持原价不变；你降价，他提价或维持原价不变。这种相互冲突的行为，影响很严重，竞争者的目的也十分清楚，就是乘机争夺市场。因此，企业首先要摸清竞争者的具体目的，其次要估计竞争者的实力，最后要了解市场的竞争格局。

（3）交叉式反应

众多竞争者对企业调价的反应不一，有相向的，有逆向的，情况错综复杂。企业在不得不进行价格调整时应注意提高产品质量，加强广告宣传，保持分销渠道畅通。

6.3.2 被动调整价格的策划

在激烈的市场竞争中，若竞争对手主动变动价格，那么企业必须做好应对举措。

在同质产品市场，如果竞争者降价，则企业必须随之降价，否则企业会失去顾客；某一企业提价，其他企业也应随之提价（如果提价对整个行业有利），假如有一个企业不提价，那么最先提价的企业和其他企业将不得不取消提价。在异质产品市场，购买者不仅要考虑产品价格的高低，而且要考虑质量、服务、可靠性等因素。此时，购买者对较小的价格差异无反应或不敏感，企业对竞争者价格调整的反应也可以有较大的自由。

1）价格调整策划的准备工作

企业在进行价格调整策划时，必须分析以下问题：

（1）竞争者调价的目的是什么？

（2）调价是暂时的还是长期的？能否持久？

（3）企业面对竞争者的调价行为应权衡得失：是否应做出反应？如何反应？

（4）分析需求价格弹性、产品成本和销售量之间的关系等复杂问题。

2）一般市场地位的企业的价格调整策划

在市场竞争中，居于一般市场地位的企业在实施价格调整策划时，可以选择以下三种策略：

（1）降价。对于市场领导者的降价行为，中小企业很少有选择的余地，只能被迫应战，随之降价。

（2）推出更廉价的产品应对竞争者。对于需求价格弹性大的产品，产品的市场占有率下降时，可以实施这一策略。

（3）维持原价。如果跟随降价会使企业的利润损失超过承受能力，而提价会使企业失去很大的市场份额，那么维持原价不失为明智的策略选择，同时企业也可以运用非价格手段进行回击。

3）市场领导者地位的企业的价格调整策划

市场领导者在市场竞争中占据优势地位，面对被动调价可选择以下四种策略：

（1）价格不变。当企业的顾客忠诚度较高，跟随竞争者降价难以提升企业的市场份额时，企业可保持价格不变。

（2）维持原价，同时运用非价格手段。非价格手段是指在产品价格以外或销售价格不变的情况下，借助产品有形和无形的差异、销售服务、广告宣传及其他推销手段等非价格形式销售产品，参与市场竞争。例如，企业改进产品和附加服务，使顾客能买到比竞争者产品附加值更多的产品。在现实中，企业保持价格不变，提供给顾客的利益却不断增加，往往比削价和微利经营更有效。

（3）降价但维持产品提供的价值不变。当降价能促使产品成本随销量增加而下降，或者不降价会导致企业的市场占有率大幅度下降时，企业可追随降价。

（4）涨价。企业既不维持原价也不降价，而是提高原来产品的价格，并推出新品牌，通过推出新品牌来制约竞争者的降价品牌。

事实上，当竞争者率先做出价格调整时，企业应迅速做出反应，最好事先制定反应程序，到时按程序处理，这样可以提高反应的灵活性和有效性。例如，当竞争者降价时，企业可以启动相应的程序，如图6-1所示。

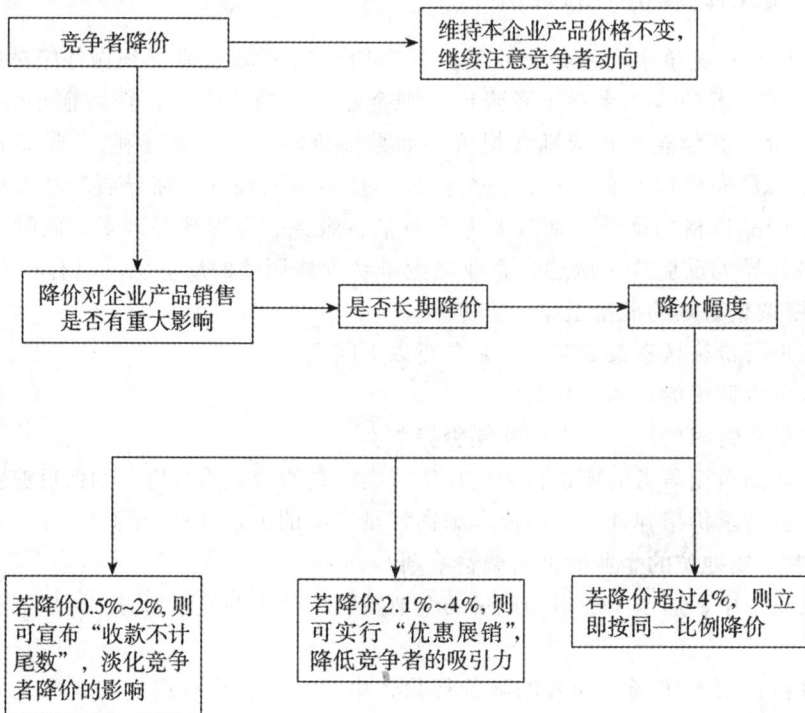

图6-1　应对竞争者降价的程序

在实际操作中，企业面对价格战的威胁，还有许多办法可以有效防御和反击，以避免恶性价格竞争，避免增加企业的经营风险。例如，通过同行业企业之间的联合达成共赢；向竞争对手施压，迫使其接受企业的要求；运用非价格手段来维护企业的形象和声誉。在特殊情况下，企业也可以放弃部分市场，避免卷入价格战。

职业道德与企业伦理6-1

保健品的市场定价

背景与情境： "保健品的消费者中超过55%是中老年人，只要地球不灭亡，生老病死的规律还继续，保健品就永远畅销！"这是一个业内人士口中的"永远的朝阳产业"。一家专门生产中老年保健品的生物科技公司的前高管透露，保健品使用的原料大的原则是吃不死人即可，"有良心的企业会选好一点的原料，大品牌会更注意一些，但无论如何，产品成本包括原料、包装加起来不会超过最终售价的20%"。在包装和剂量上的基本思路就是"大"，该高管举例说，总量180粒的药丸，用一个瓶子装满卖300元，绝对不如把它分成三瓶、一瓶60粒，做成一个宽宽扁扁的大盒子，卖600元更畅销。同样，一个单位包装内的剂量也要做到"大"，"如果是保健食品，一个单位包装起码要够两个月的服用量。总之，要让中老年人觉得平摊算下来是不贵的，充分抓住他们贪多求大的消费心理"。定价一定要高，这是对消费者价格逆反心理的运用。一旦定价偏低，之前吹得神乎其神的功效在消费者心中就会掉价。

资料来源　佚名. 保健品营销潜规则：定价一定要高 [EB/OL]. [2013-06-08]. http://finance. ifeng. com/news/macro/20130608/8120621.shtml.

问题： 保健品的定价反映了什么企业道德与伦理问题？

分析提示： 产品定价既关乎企业的利益，也关乎消费者的利益。在本案例中，保健品企业利用高定价来榨取老年消费者的价值，实际上是对消费者的蒙蔽与欺骗，这有违于职业道德与企业伦理。

本章概要

□ 内容提要与结构

▲ 内容提要

● 企业应在明确目标的前提下制定价格。定价目标是指企业通过制定一定水平的价格，所要达到的预期目标。一般情况下，企业的定价目标有四个，即最大利润目标、合理利润目标、市场占有率目标和稳定价格目标。其中，最大利润目标与合理利润目标统称为利润目标。

● 市场营销策划中的定价方法是以市场为导向的，企业要全面分析市场需求、产品成本、竞争因素和其他因素。

● 企业可以选择不同的方法来确定价格，主要有成本导向定价法、需求导向定价法和竞争导向定价法三种。其中，成本导向定价法又包括成本加成定价法和目标收益定价法两种；需求导向定价法主要包括感知价值定价法、需求差别定价法和逆向定价法；竞争导向定价法主要包括随行就市定价法、产品差别定价法和投标定价法三种。

● 修订价格也是企业的一项常规工作。常见的有新产品定价策略、地区性定价策略、心理定价策略、折扣定价策略、促销定价策略、产品组合定价策略、歧视性定价策略等。

● 企业在产品价格确定以后，由于客观环境和市场情况的变化，还会对价格进行调整，既有主动调整价格的策划，也有被动调整价格的策划。

▲内容结构

本章内容结构如图6-2所示。

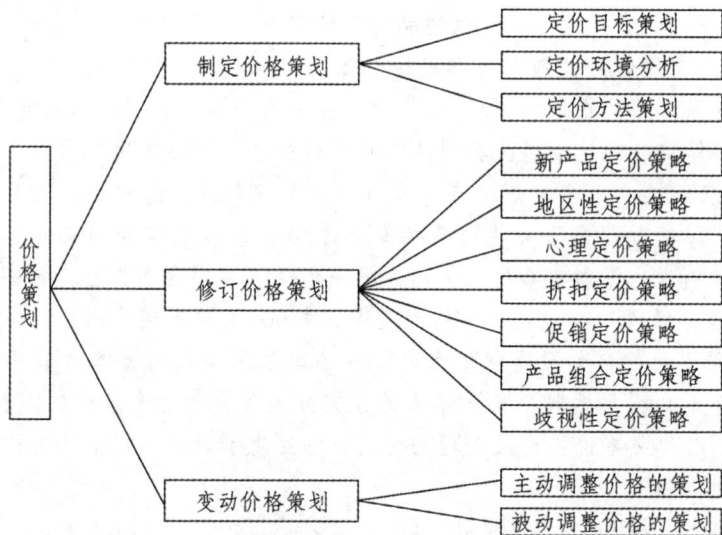

图6-2　本章内容结构

□ 主要概念和观念

▲ 主要概念

定价目标　需求弹性　撇脂定价　渗透定价　地区性定价策略　心理定价策略　折扣定价策略　促销定价策略　产品组合定价策略　歧视性定价策略

▲ 主要观念

需求导向定价法　成本导向定价法　竞争导向定价法

□ 重点实务和操作

▲ 重点实务

定价的具体方法及其适用条件　修订价格和变动价格的方法及其适用条件

▲ 重点操作

价格策划知识应用

基本训练

□理论题

▲ 简答题

1）什么是定价目标？主要有哪几种？

2）什么是需求弹性？

3）简述影响价格的产品成本构成。

▲ 讨论题

1）讨论定价环境四因素之间的关系。

2）讨论定价目标与市场占有率的关联性。

□实务题

▲ 规则复习

1）简述新产品定价方法。

2）简述产品组合定价方法。

3）简述主动降价与被动降价的前提条件。

▲ 业务解析

背景资料：2017年，蒜薹价格暴跌的消息特别多，菜农将千余斤蒜薹倒进河滩、蒜薹白送都没有人收之类的新闻特别刺眼，让人难以置信。一位农民朋友说，如果有人要买蒜薹，自己去地里摘是4毛一斤；如果要买现成的，是6毛一斤。还有一位农民竟然声称如果有人买蒜薹，可以直接去地里摘，他白送。

山东省聊城市东昌府区沙镇的李女士叫苦不迭：2016年种了8亩多，2017年种了接近12亩，蒜薹长成了，雇工人拔蒜薹，拔一斤1元，去卖蒜薹，一斤才8毛。"说好了8毛，送到了又说只能给7毛"，这两天雇人拔蒜薹，一天赔500多元。

资料来源　佚名. 今年蒜薹价格暴跌已成事实，那么大蒜价格会因此受到影响吗？[EB/OL].［2017-05-07］. https://baijiahao.baidu.com/s?id=1566698691472326&wfr=spider&for=pc.

问题：请查阅相关材料，结合影响企业定价的因素，分析蒜薹价格下降的原因。

□案例题

▲ 案例分析

定价策略成就小米手机

背景与情境：2010年4月正式启动的北京小米科技有限责任公司，于2010年底推出了手机实名社区——米聊，推出半年内注册用户突破300万人。2011年8月16日，小米公司通过媒体沟通会正式发布小米手机，这是小米公司专为发烧友级手机控打造的一款高品质智能手机。作为首款全球1.5G双核处理器、搭配1G内存以及板载4G存储空间、最高支持32G存储卡的智能手机，却仅售1999元，让人感到震惊。第一次网上销售被一抢而空更能说明高性价比对消费者的诱惑，这为小米手机提高市场占有率赢得了很大的优势。

资料来源　佚名. 小米手机定价策略［EB/OL］.［2012-12-23］. http://wenku.baidu.com/view/28753749852458fb770b56ad.html.

问题：

1）请查阅相关资料，分析小米手机运用的是什么样的定价策略。

2）你对小米手机的定价策略有何建议？

分析要求：同第1章本题型的"分析要求"。

▲ 善恶研判

九块九的"纯粮酒"

背景与情境：在某宝网站上看到某品牌纯粮酒九块九一瓶，人们不禁提出了疑问，纯粮酒的成本能有这么便宜吗？原来该品牌酒厂使用了仁怀的糯高粱，这种糯高粱特别耐蒸煮，在9次蒸煮之后仍有15%～20%的淀粉和酒曲残留。9次蒸煮结束，周围的私人小作坊就会来抢购这种丢糟。这些小作坊将丢糟和食用酒精混合，然后重新入甑蒸馏，即可得到这种九块九包邮的所谓"纯粮酒"。

问题：

1）九块九的"纯粮酒"折射出了哪些道德伦理问题？

2）试对上述问题做出你的善恶研判。

3）通过网上或图书馆调研等途径搜集你做善恶研判所依据的行业规范。

研判要求：同第1章本题型的"研判要求"。

□ 实训题

"价格策划"知识应用

【实训目标】

见本章"章名页"之"学习目标"中的"实训操练"。

【实训内容】

专业能力训练：其"领域"、"技能点"、"名称"及其"参照规范与标准"见表6-8。

表6-8　　　　　　　**专业能力训练领域、技能点、名称及其参照规范与标准**

领域	技能点	名称	参照规范与标准
"价格策划"知识应用	技能点1	"'制定价格策划'知识应用"技能	1）能全面理解和把握"制定价格策划"的相关知识。 2）能从"制定价格策划"的特定视角理解并应用相应知识，有质量、有效率地进行以下操作： （1）分析企业"制定价格策划"的如下业务运作现状，即其成功、不足及尚待解决的各种问题： ①充分考虑和尽可能实现制定价格的价值，使其为企业增加竞争优势，疏通企业和消费者之间的障碍，规避经营风险； ②充分发挥制定价格的作用，使其为企业承担采集市场有效信息、分析市场竞争环境、明确定价目标的任务； ③依照定价目标，选择定价方法。 （2）就其不足和存在的问题，提出优化建议和解决方案
	技能点2	"'修订价格策划'知识应用"技能	1）能全面理解和把握"修订价格策划"的理论与实务知识。 2）能从"修订价格策划"的特定视角理解并应用相应知识，有质量、有效率地进行以下操作： （1）分析企业"修订价格策划"的如下业务运作现状，即其成功、不足及尚待解决的各种问题： ①依照相关规则与程序进行运作； ②兼顾相关因素，根据定价策略的适用条件，慎重选择定价策略； ③全面评估和适当选择修订价格策划方案。 （2）就其不足和存在的问题，提出优化建议和解决方案

续表

领域	技能点	名称	参照规范与标准
"价格策划"知识应用	技能点3	"'变动价格策划'知识应用"技能	1）能全面理解和把握"变动价格策划"的理论与实务知识。 2）能从"变动价格策划"的特定视角理解并应用相应知识，有质量、有效率地进行以下操作： （1）分析企业"变动价格策划"的如下业务运作现状，即其成功、不足及尚待解决的各种问题： ①采取适当的方法，了解市场价格的变动情况； ②定期了解价格变动的市场反应； ③根据市场反应选择提价或降价。 （2）就其不足和存在的问题，提出优化建议和解决方案

职业核心能力和职业道德训练：其内容、种类、等级与选项见表6-9；各选项操作的"参照规范与标准"见本教材"附录三"的附表3和"附录四"的附表4。

表6-9　　　　职业核心能力和职业道德训练的内容、种类、等级与选项表

内容	职业核心能力							职业道德						
种类	自我学习	信息处理	数字应用	与人交流	与人合作	解决问题	革新创新	职业观念	职业情感	职业理想	职业态度	职业良心	职业作风	职业守则
等级	中级	中级	中级	中级	中级	中级	中级	认同级	认同级	认同级	认同级	认同级	认同级	认同级
选项	√	√	√	√		√	√	√		√	√	√	√	√

【实训任务】

1）对"价格策划"专业能力的各技能点，依照其"参照规范与标准"，实施应用相关知识的基本训练。

2）对"职业核心能力"选项，依照其"参照规范与标准"，实施应用相关知识的"中级"强化训练。

3）对"职业道德"选项，依照其"参照规范与标准"，实施"认同级"相关训练。

【组织形式】

1）以小组为单位组成营销策划团队。

2）各营销策划团队结合项目需要进行适当的角色分工，确保组织合理和每位成员的积极参与。

【指导准备】

知识准备：

学生通过自主学习，预习如下知识：

1）"价格策划"的理论与实务知识。

2）本教材"附录一"的附表1中，与本章"职业核心能力"选项各技能点相关的"'知识准备'参照范围"所列知识。

3）本教材"附录三"的附表3中涉及本章"职业核心能力"选项，以及"附录四"的附表4中涉及"职业道德"选项的"参照规范与标准"知识。

操作指导：

1）教师向学生阐明"实训目的"、"实训任务"和"知识准备"。

2）教师就"知识准备"中的第（2）、（3）项，对学生进行培训。

3）教师指导学生制订《实训方案》。

4）教师指导学生撰写相关《实训报告》。

【情境设计】

将学生组成若干营销策划团队，分别选择一家已开展价格策划业务的企业（或校专业教育实训基地），结合课业题目，从"'价格策划'知识应用"的视角，对该企业（或校专业教育实训基地）的价格策划运作现状进行调查研究，分析其成功经验与不足，在此基础上为其量身定制基于"'价格策划'知识应用"的《××企业价格策划优化方案》，通过系统体验各项相关操作，完成本次实训的各项任务，撰写《"价格策划"知识应用实训报告》。

【实训时间】

本章课堂教学内容结束后的双休日和课余时间，为期一周。

【实训步骤】

1）将学生组成若干营销策划团队，每个团队确定1人为队长，结合项目需要进行角色分工。

2）各团队根据"实训任务"、"情境设计"和课业题目，讨论和制订本次《实训方案》。

3）各团队实施《实训方案》，应用"价格策划"知识，系统体验如下操作：

（1）分别选择一家已开展价格策划业务的企业（或校专业教育实训基地），从"价格策划"的特定视角，就表6-8各"技能点"列示的诸多业务运作现状进行调查、研究与评估，分析其成功、不足及尚待解决的问题。

（2）依照"技能点1"的"参照规范与标准"，从"'制定价格策划'知识应用"的特定视角，就该企业营销策划运作中存在的不足，提出优化建议或解决方案。

（3）依照"技能点2"的"参照规范与标准"，从"'修订价格策划'知识应用"的特定视角，就该企业营销策划运作中存在的不足，提出优化建议或解决方案。

（4）依照"技能点3"的"参照规范与标准"，从"'变动价格策划'知识应用"的特定视角，就该企业营销策划运作中存在的不足，提出优化建议或解决方案。

4）各团队总结（1）～（4）项操作体验，撰写基于"'价格策划'知识应用"的《××企业价格策划优化方案》。

5）在"'价格策划'知识应用"的"专业能力"基本训练中，依照表6-9中相关训练选项的"参照规范与标准"，融入"职业核心能力"的"中级"强化训练和"职业道德"的"认同级"相关训练。

6）各团队综合以上阶段性成果，撰写《"价格策划"知识应用实训报告》。其内容包括：实训组成员与分工；实训过程；实训总结（包括对专业能力训练、职业核心能力训练和职业道德训练的分析说明）；附件（指阶段性成果全文）。

7）在班级讨论、交流和修订各团队的《"价格策划"知识应用实训报告》，使其各具特色。

【成果形式】

实训课业：《"价格策划"知识应用实训报告》。

课业要求：

1）"实训课业"的结构与体例参照本教材"课业范例"中的范例综-3。

2）将《××企业价格策划优化方案》以"附件"形式附于《"价格策划"知识应用实训报告》之后。

3）在校园网的本课程平台上展示经过教师点评的班级优秀《"价格策划"知识应用实训报告》，并将其纳入本课程的教学资源库。

▬▬单元考核▬▬▶▶

考核要求：同第1章"单元考核"的"考核要求"。

第7章
促销策划

学习目标

通过本章的学习，应该达到以下目标：

理论知识：了解广告策划、公共关系策划、营业推广策划、人员推销策划的概念与内容，掌握以上策划的方法与形式，并能用其指导"促销策划"的相关认知活动。

实务知识：掌握广告策划的实施与广告效果评价、公共关系策划的时机与媒介选择、营业推广策划的方式与策略、人员推销策划的步骤及策略，以及"业务链接"等程序性知识，并能用其规范"促销策划"的相关技能活动。

认知弹性：运用"促销策划"的理论与实务知识研究相关案例，对"引例"、"同步案例"和"精心准备的促销策划活动为何会失败？"等业务情境进行多元表征，培养和提高在特定情境中分析问题的能力；依照相关行业规范或标准，分析"职业道德与企业伦理7-1"和"商业促销中的道德风险"等案例中企业或其从业人员行为的善恶，强化学生的职业道德素质。

自主学习：参加"自主学习-IV"训练。在实施《自主学习计划》的基础上，通过阶段性学习和应用"附录一"的附表1中"自我学习"（高级）各技能点的"'知识准备'参照范围"所列知识，搜集、整理与综合"促销策划"前沿知识，讨论、撰写和交流《"促销策划"最新文献综述》，撰写《"自主学习-IV"训练报告》等活动，体验"促销策划"中的"自我学习"（高级）及其迁移。

引例　小老板卖豆腐

背景与情境： 在一个菜场有几家卖豆制品的摊点，可是只有 A 店的生意火爆，大家宁可排队等也不到旁边的店里买同样的东西。A 店的价格和别人是一样的；质量差不多，很多东西是和别人在同一个地方进的货；小本生意不可能有太大的利润。仔细探寻，发现一个非常简单的原因：A 店无论顾客买什么东西都主动少收 1 角钱。就这小小的 1 角钱，使 A 店获得了顾客的信赖，A 店的生意越来越红火。

这个案例表明，对于现代企业而言，仅仅开发出优秀的产品，为其制定有吸引力的价格，建立畅通的销售渠道，已经远远不够了。企业必须与现有的和潜在的消费者进行沟通，承担起沟通者和促销者的角色。也就是说，企业开展促销活动，需要经过精心的谋划，才能达到成功沟通与推动销售的目的。本章将系统地阐述促销策划的基本原理和方法。

在营销理论中，**促销**即营销策略组合之一的 promotion，包括广告、公共关系、营业推广和人员推销四种手段。从总的指导思想来看，促销策略可分为拉引策略和推动策略。公共关系、广告、营业推广是通过多种促销手段吸引顾客的促销方式，称为**拉引策略**；人员推销是面对顾客直接推销的促销方式，称为**推动策略**。促销策划是策划主体对以上四种促销手段的战略运筹、决策与运用，已成为一种越来越频繁的短兵相接的"地面战争"，是企业营销策划中最普遍的策划项目，也是营销新人最先接触到的策划项目。因此，学习和掌握促销策划的谋略和技能具有重要的现实意义。

7.1　广告策划

7.1.1　广告策划概述

所谓**广告策划**，是指在广告调查的基础上围绕市场目标制定系统的广告策略、创意表现与实施方案的过程。这一定义包含三个相互连接、相互支撑的环节：

（1）在市场调查的基础上围绕市场目标制定的系统策略；

（2）按照这一策略原则展开的创意与表现形态；

（3）向市场推广切实可行的实施方案。

广告策划有宏观和微观之分。宏观广告策划又称整体广告策划，是指对在同一广告目标统摄下的一系列广告活动的系统性预测和决策，即对包括市场调查、广告目标确定、广告定位、战略战术制定、经费预算、效果评估在内的所有运作环节进行的总体策划。微观广告策划又称单项广告策划，即单独对一个或几个广告运作的全过程进行的策划。无论是宏观广告策划还是微观广告策划，其目的都是以创意的方式提供产品的"附加价值"，增加企业在竞争中的机会，从而将产品提升为"品牌"，培养品牌忠诚。

广告策划是营销策划的一个子系统，而从广告活动的角度来看，广告策划本身又是一个系统工程，广告策划的内容可以用 6M 来概括。6M 包括：

market（市场）：对广告目标市场的选择及特征的把握；

message（信息）：广告的卖点及诉求点，确定广告中的正确信息；

media（媒体）：选择什么媒体将广告中的信息传播给目标受众；

motion（活动）：使广告产生效果的相关营销和促销活动；

measurement（评估）：对广告的衡量，包括事后、事中和事前的各种评估；

money（费用）：广告活动需要投入的经费。

7.1.2　广告策划的实施过程

1）一般流程

广告策划的流程分为三个阶段，如图7-1所示。

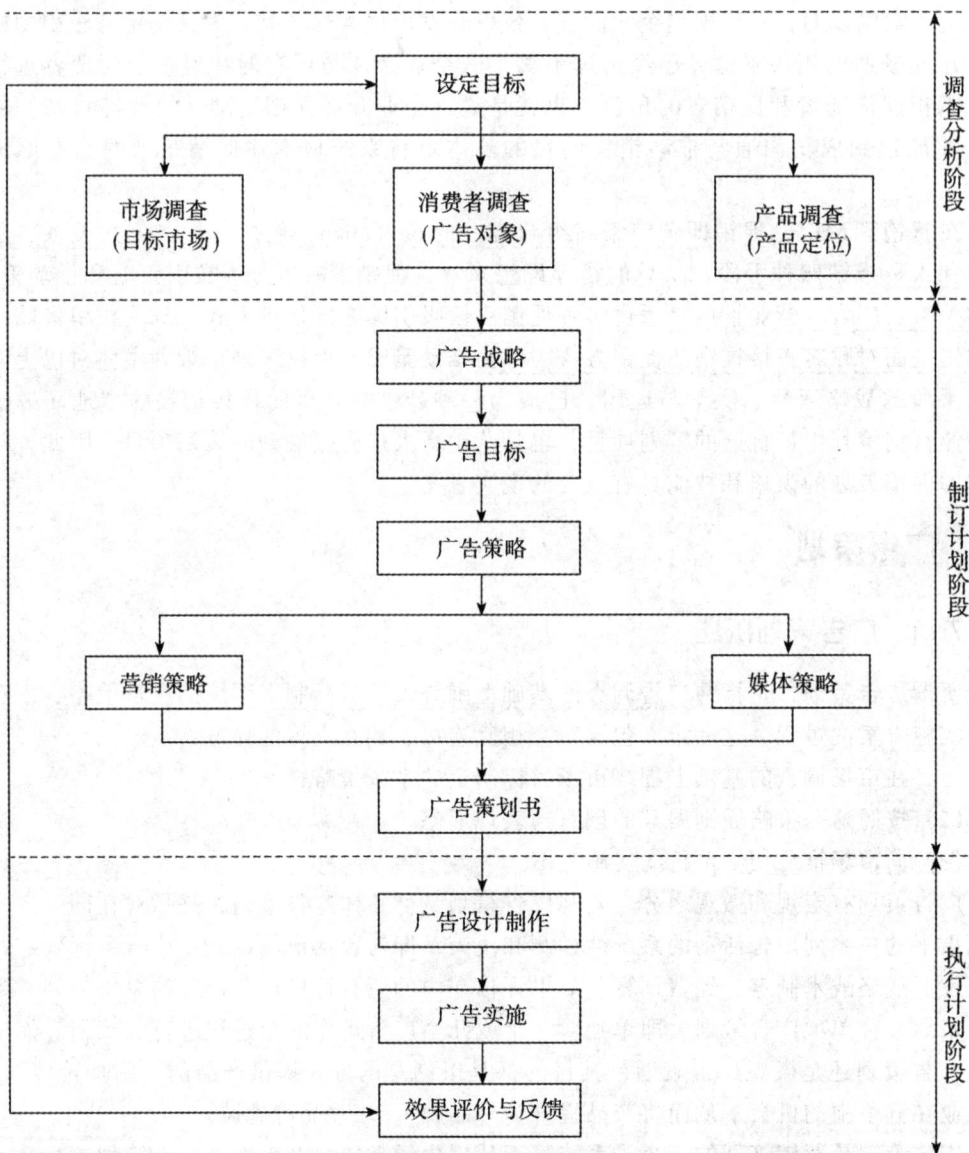

图7-1　广告策划的流程

（1）调查分析阶段。广告策划主要是针对企业营销中的某个问题或某个特定目标进行的，因此广告策划的主要程序就是设定清楚而准确的目标。为了达到既定目标，本阶段首先要对策划环境进行分析，主要是开展市场调查、消费者调查和产品调查，分析研究所取得的资料，然后才能有针对性地制定广告战略和广告策略，并使广告策划建立在科学和可靠的基础之上。

（2）制订计划阶段。这是策划者产生构想的阶段，其主要内容包括：第一，确立整体广告战略，就是确立策划的大致方向。大致方向是围绕目标与问题、结合环境因素而确定的。第二，确立广告目标。广告目标与广告战略是相辅相成的。广告战略是围绕广告目标提出的，又赋予广告目标以更明确的方向；广告目标是广告战略实施的核心环节。第三，确定广告的具体策略。策划者要找到解决问题、达到目标的具体方法，如营销策略、媒介策略等，这样广告策划的构想才会清晰与完整，具有可行性。第四，形成广告策划书。广告策划书是广告战略与策略的具体化，是见之于文字的方案，也是广告活动的"蓝本"。

（3）执行计划阶段。这是广告策划活动的具体组织与实施阶段。根据广告策划书，企业可以开始广告设计制作、进行媒介发布，并配合其他促销活动等。在广告实施后，要注意收集对广告效果的评价与营销情况的反馈，以便及时总结经验，不断提高广告策划的效果。

2）实施步骤

企业在进行广告策划时，一般应遵循如下步骤：

（1）前期准备。企业与广告公司洽谈，介绍企业的情况和要求，签署合作协议；广告公司初步掌握企业和市场的基本情况。

（2）调研分析。首先通过问卷、访谈等方式进行市场调查；然后对调查内容进行归纳、整理、分析，对营销环境等进行定量、定性分析；最后提出结论性意见。

（3）产品分析。企业与广告公司一起研究并找出产品在市场上存在的问题、机会点、消费者购买的理由，并与竞争对手的产品进行比较。

（4）广告受众分析。根据前期的工作，寻找已有的和潜在的目标消费者群体，进行有针对性的广告宣传活动。

（5）竞争对手分析。对现有的和潜在的竞争对手从企业发展、产品特征、广告策略等方面进行分析研究，找出自身的优势与差距。

（6）广告目标确定。在以上分析的基础上，确定具体的广告目标，如提高知名度、抑制竞争对手、品牌价值宣传、劝服消费者、改变消费观念、短期的销售量提升等。

（7）目标市场确定和产品定位。选择、确定和细化目标市场，确定产品进入策略。结合市场和广告定位，找出产品在市场中的位置，进行产品定位。

（8）广告诉求与创意策略确定。确定广告应传达的中心思想，针对广告诉求，提出创意概念和具体的操作要求。其中，诉求是产品广告的"卖点"，能给消费者带来实际利益。

（9）广告实施计划制订。将广告策略具体化，制订实施计划。

（10）广告预算分配方案确定。广告预算分配方案一般由企业提出，广告经理应及时与广告公司沟通，使广告公司按照企业的资金状况确定预算。

（11）广告策划实施效果评估。为了确保广告策划的有效实施，企业应对广告策划的实施效果进行评估与监控，及时反馈各种信息，修正、调整不合理的内容。

（12）广告策划工作总结。广告策划实施结束后，企业应对广告策划的运作情况进行总结与评价。对工作中存在的问题进行客观的分析，提出可操作的改进方案；对其中的成功案例在企业内外进行宣传，形成二次传播，以扩大影响力。

7.1.3　广告心理策划

1）广告心理策划的含义

广告心理策划就是运用心理学的原理来策划广告。广告心理策划研究广告信息传播过程中消费者的心理与购买行为之间的关系，将心理学的方法和知识运用于广告。国外学者认为，广告心理策划就是运用和把握消费者的心理，通过广告媒体实现销售行为。首先，广告心理策划从知觉、兴趣、记忆、欲求等方面进行考虑，通过多种打动人心的手段明显地显示广告。其次，广告心理策划从视觉、听觉等方面考虑媒体的特性，分析媒体的效果。最后，广告心理策划还分析消费者的消费行为。广告心理策划主要采用以检验为中心的实验心理学方法、以诊断为中心的临床心理学方法、用于分析人际关系等的社会心理学方法。广告心理策划一般包括需要、注意、联想、诉求等基本原理的应用策划。消费心理受地理、气候、民族、文化、宗教、传统等众多因素的影响，具有复杂性、发展性、变化性、多样性等特点。消费心理的种类有习俗心理需要、趋势心理需要、偏好心理需要、经济心理需要、特殊心理需要、好奇心理需要、方便心理需要、美观心理需要、求名心理需要、习惯心理需要等。

进行广告心理策划，除了应了解消费心理的种类外，还应掌握广告心理策划的原理和广告心理策划的方法。

业务链接7-1

广告心理策划的原理

（1）需要原理

需要是人们进行实践活动的原动力。人们之所以要购买某种商品，是因为它能满足人们的某种需要。因此，广告要成功，就必须掌握人们的需要，针对人们的需要来确立广告诉求重点和设计广告。

（2）注意原理

注意是人们意识心理的一种机能，是心理活动对一定事物的指向和集中。引起人们对广告的注意，是任何一则广告成功的基础；若不能引起人们的注意，广告肯定要失败。注意是人们接触广告的开端，倘若广告没有引起人们的注意，就等于人们对广告视而不见、听而不闻，更谈不上理解广告的内容了。因此，在设计广告时，要有意识地引起人们对广告的注意。

（3）联想原理

联想是指人们在回忆时，由当前感知的事物想起有关的另一个事物。广告运用各种手法激发有益的联想，能增强刺激的深度和广度，这是设计广告时有意识地增强广告效果的手段。联想能加深人们对事物的认识，引起人们对事物的情感和兴趣，这对于形成购买动机和促成购买行为具有重要影响。设计广告时运用的联想原理，主要包括接近联想、连续联想、相似联想、对比联想、关系联想和颜色联想。

（4）诉求原理

诉求是指外界事物促使人们从认知到行动的心理活动。广告诉求就是告诉消费者他们有哪些需要、如何满足这些需要，并敦促他们为满足需要而购买商品。广告诉求主要包括知觉诉求、理性诉求、情感诉求、观念诉求。

2）广告心理策划的方法

人们从接触广告到做出购买行为一般都有一个心理过程，并且这个过程是环环相扣、逐级递进的。国外广告学家将这个过程分为五个阶段，即注意（attention）—兴趣（interest）—欲望（desire）—记忆（memory）—行动（action），可以归纳为 AIDMA 公式，即唤起注意—激发兴趣—刺激欲望—增强记忆—促使行动。

（1）唤起注意：诉诸感觉，引起注意。

（2）激发兴趣：赋予特色，引发兴趣。

（3）刺激欲望：确立信念，激发欲望。

（4）增强记忆：形成印象，加强记忆。

（5）促使行动：坚定信心，导致行动。

7.1.4 广告效果评价

1）广告效果的含义

广告效果是广告作品通过广告媒体传播之后所发挥的作用，或者说是在广告活动中通过消耗和占用社会劳动而得到的有用效果。

广告效果有狭义和广义之分。狭义的广告效果是指广告所获得的经济效果，即广告的促销效果；广义的广告效果则是指广告目的的实现程度，也就是说广告作品通过被受众接触而产生的各种直接和间接的影响，以及引发的各种相应变化的综合。

2）广告效果测评

广告效果测评主要包括广告经济效果测评、广告心理效果测评和广告社会效果测评三个方面。

（1）广告经济效果测评

广告经济效果又称为促销效果。广告作为一种经济活动，是一种投入和产出行为。这种作为产出的广告经济效果，是指广告活动促进产品或劳务的销售、增加企业利润的程度。显然，广告经济效果是企业广告活动中最基本、最本质和最重要的效果，也是广告效果测评的主要内容。

广告经济效果测评的方法：

①店头调查法

店头调查法是指以零售商店为调查对象，对特定时间的广告商品的销售量、商品陈列状况、价格、销售现场广告以及推销的实际情况进行调查的方法。

②销售地域测定法

销售地域测定法是指选择两个类似条件的地区来测定广告效果的方法。一个地区进行有关的广告活动，称为"测验区"；另一个地区则不进行广告活动，称为"比较区"。测验结束后，将两个地区的销售变化情况进行比较，从而检验广告的效果。

比较手法主要有两种：一种是"事前事后比较法"，另一种是"类型比较法"。实施

"事前事后比较法"时，先选定测试对象，对其进行广告活动开展前的测量，即第一次测量，并记录事前测量值；广告活动开展一段时间后，进行第二次测量，并记录事后测量值；通过比较两组数据，进行广告效果评估。"事前事后比较法"即通过消费者接触广告前、后的心理和行动变化把握广告效果。实施"类型比较法"时，先选取A、B、C三组基本相同的被测试对象，A组与B组分别采用广告A与广告B两种不同类型的广告活动，C组则没有进行广告活动；然后通过事后测定，把握广告A与广告B的效果差异。

③统计法

统计法是指运用有关统计原理与运算方法，推算广告费与商品销售的比率，以测定广告效果的方法。这种方法目前在我国较为流行，下面介绍几种计算公式：

第一，广告费比率。

$$广告费比率 = \frac{广告费用}{销售额} \times 100\% \tag{7.1}$$

广告费比率越小，表明广告的促销效果越好。

第二，广告效果比率。

$$广告效果比率 = \frac{销售额（量）增加率}{广告费增加率} \times 100\% \tag{7.2}$$

广告费增加率越小，则广告效果比率越大，广告的促销效果越好。

第三，广告效益。

$$R = \frac{S_2 - S_1}{P} \tag{7.3}$$

式中：R为每元广告效益；S_2为实施广告后的平均销售额；S_1为实施广告前的平均销售额；P为广告费用。

每元广告效益越大，则广告的促销效果越好。

上述几个公式都是从广告费与销售额的关系方面来把握广告效果的，方法简单明了、容易掌握。有一点需要指出，这几个公式都是通过销售额的变化来反映广告效果的。但是，在实际营销活动中，销售额的变化往往包含多种因素，广告效果只是其中的一种。所以，在考察销售过程中的广告效果时，应尽量排除其他影响因素，争取比较准确地捕捉广告对销售产生的影响。

（2）广告心理效果测评

广告心理效果是指广告信息对广告受众心理刺激的程度，具体表现为广告活动对广告受众的认知、态度和行为的影响状况。这些状况包括：能否通过对广告受众心理的刺激使之产生消费动机；能否通过对广告受众心理的刺激培养其对特定品牌的信任、好感和忠诚；能否通过对广告受众心理的刺激使之发生潜移默化的变化，从而促使有利于广告主的局面出现。显然，广告心理效果实际上是一种内在的、能够产生持久作用的效果。这种效果主要通过广告作品自身产生，有时也被人们称为广告传播效果、广告说服效果等。

广告心理效果与广告对消费者的心理所产生的影响有关，它可能是认知方面的，也可能是情感方面的，还可能是行为方面的。在现代广告策划活动中，广告目标的制定不仅将产品的销售额作为指标，还将消费者的认知、情感和行为的变化作为指标。

（3）广告社会效果测评

广告社会效果测评不仅是对广告计划的实施进行检查和评价，更重要的是随时对广告活动的开展情况进行反馈与控制，从而保证整个广告活动能够按照计划与目标进行。测评广告社会效果主要采用两种方法：事前测定和事后测定。

①事前测定

一般在广告发布之前开展，主要是邀请有关专家学者、消费者代表等，从法规、道德、文化、艺术等方面，对即将推出的广告可能产生的社会影响做出预测评析，包括广告的诉求、表现手法、表达方式、语言、音响等，然后综合各方意见和建议，对发现的问题及时进行修订和改正。

②事后测定

在广告发布之后进行，可采用回函、访问、问卷调查等方法，及时收集和整理广大消费者的反馈意见，分析研究社会公众对广告的态度、看法等，据此了解广告的影响程度，为下一步的广告活动提供参考意见。

对广告社会效果进行测评，也是关系企业和产品形象的大事，应予以足够重视。

7.2　公共关系策划

7.2.1　公共关系策划的含义与构成要素

1）公共关系策划的含义

所谓**公共关系策划（简称公关策划）**，是指公关人员通过对公众进行系统分析，利用已经掌握的知识和手段，对公关活动的整体战略和策略进行统筹规划，即对于提出公关决策、实施公关决策、检验公关决策的全过程做出预先的考虑和设想。

（1）公关策划是公关人员的工作，是由公关人员来完成的。

（2）公关策划是为组织目标服务的。

（3）公关策划是建立在公关调研基础上的，既不是凭空产生的，也不能包括所有公关活动。

（4）公关策划可以分为三个层次，即总体公关战略策划、专门公关活动策划、具体公关操作策划。

（5）公关策划包括谋略、计划和设计三个方面的工作。

2）公共关系策划的构成要素

（1）策划者，也称策划工作者，是策划的主体，是具体从事策划的人。策划者素质的高低决定了公关策划的质量和水平。

（2）策划目标，是指策划活动所要解决的问题、达到的目的，是策划工作的"航向"。使社会组织与公众建立良好的关系是公关策划的总目标。在这个总目标下，还有很多具体的目标，如怎样与公众沟通、如何化解公共关系危机等。

（3）策划依据，是指在策划活动中被采集和利用的东西，这里主要是指各种相关的知识、信息。

（4）策划方法，是指策划者进行策划时所采用的方式方法和各种技术条件、组织措施等。相关的思维方法、各种创意的手段、设计的程序、电脑运用的技术、策划所采取的组织形式等均属于策划方法的范畴。

（5）策划方案，是指策划活动形成的最终结果，它往往以策划报告书的形式来体现。

7.2.2 公共关系策划的形式与程序

1）公共关系策划的形式

公共关系是现代营销过程中必不可少的一种手段。它以形式的艺术性、传播的新闻性、效果的显著性、促销的隐蔽性而易于被消费者接受，乐于被企业采用。由于不同的组织在性质上存在差别、面临的状况以及需要不同，因此公共关系策划没有固定的形式，但其基本形式可以从宏观上具体分为以下几种：

（1）组织行为策划

组织是公共关系工作的主体，组织行为策划可以规范组织内部员工及组织自身的行为，对组织的长远发展是非常重要的。组织行为策划的内容包括生产行为策划、营销行为策划、领导行为策划等。

（2）组织环境策划

任何组织的发展都离不开特定的内部和外部环境，通过积极地改造或适应环境，可以为组织的发展创造有利的条件。比如，员工生活条件的改善可以调动员工的工作积极性，良好的外部环境可以为组织的发展创造更加轻松的氛围。

（3）组织形象策划

组织形象的改进不仅可以提高知名度，而且可以提高美誉度。组织形象策划的内容包括目前流行的CI形象设计等。

（4）改变公众态度和行为策划

公众的态度是影响组织和公众关系的一个重要指标，而公众态度的形成是一个渐进的过程。如何培养和保持公众对组织的正面评价，改变公众对组织的负面认识和评价，是公共关系策划的一项重要内容。

2）公共关系策划的程序

公共关系策划的程序就是按照时间顺序安排策划活动的步骤。公共关系策划的程序是一种科学的工作方法，只有按照科学的规律开展公共关系工作，公共关系策划才会取得理想的效果。公共关系策划的程序包括：

（1）综合分析，认识问题

如同医生拿到患者的一系列检查化验报告，想要得出一个理想的治疗方案，必须首先对这些资料再一次进行综合分析，确定问题所在，然后才能对症下药一样，公关人员进行公关策划的第一步工作，就是综合分析在公关调研中搜集的信息资料，对组织进行诊断，认识问题所在。

（2）确定目标，制订方案

①确定目标

确定目标是公共关系策划中重要的一步，目标一错，其他皆错。所谓公共关系目标，是指公共关系策划活动所追求和渴望达到的结果。目标规定了公关活动要做什么，要做到什么地步，要取得什么样的效果。公共关系目标是公共关系全部活动的核心，是公共关系策划的依据，是公共关系工作的指南，是评价公共关系工作效果的标准，是提高公共关系工作效率的保障，也是公关人员努力的方向。

②制订方案

公共关系目标一旦确定，便可制订具体的公共关系策划方案。一个完整的公共关系策划方案应包括以下几个方面的内容：

a.目标系统。公共关系目标不是一个单项指标，而是一个目标体系。总目标下有很多分目标、项目目标和操作目标。长期目标要分解成短期目标；总目标要分解成项目目标、操作目标；宏观目标要分解成微观目标；整体形象目标要分解成产品形象目标、职工形象目标、环境形象目标。

b.公众对象。任何一个组织都有其特定的公众对象，确定组织的公众对象是公关策划的首要任务之一。只有确立了公众对象，才能选定需要的公关人才、公关媒介及公关模式，才能将有限的资金和资源科学地分配使用，减少不必要的浪费，取得最大的效益。

c.选择公共关系活动模式。公共关系活动模式多种多样，不同的问题、不同的公众对象、不同的组织都有不同的公关活动模式，没有哪一种公关活动模式可以解决所有问题。究竟选择哪一种公关活动模式，要根据公关的目标、公关对象的权利要求等具体确定。常见的公关活动模式有：交际型公关活动模式、宣传型公关活动模式、征询型公关活动模式、社会型公关活动模式、服务型公关活动模式、进攻型公关活动模式、防御型公关活动模式、建设型公关活动模式、维系型公关活动模式、矫正型公关活动模式等。

d.确定公关传播的媒介。媒介的种类很多，有个体传媒、群体传媒和大众传媒之分。大众传媒又可分为电子类传媒和印刷类传媒。各种传媒各有所长，亦各有所短，只有选择恰当的传媒，才能取得良好的效果。

e.确定时间。确定时间即制定一个科学的、详尽的公关计划时间表。公关计划时间表应和既定的目标系统相配合，按照目标管理的办法，将最终的总目标、项目目标、每一级目标所需的总时间、起止时间全部列表。对于活动的起始时间，公关人员要善于抓住最有利的时机，以取得事半功倍的效果。

f.确定地点。确定地点即安排好每一次活动的地点。每次公关活动要用多大的场地、用什么样的场地，都要根据公众对象的多少、公关项目的具体内容以及组织的财力预先确定好。

g.制定公关预算。制定公关预算，即要清楚地知道组织的承受能力，做到量体裁衣。制定公关预算可以监督经费的开支情况，评价公关活动的成效。公共关系活动的开支构成大体包括：行政支出（包括劳动力成本、管理费用以及设施材料费）；项目支出（每一个具体的项目所需的费用，如场地费、广告费、邀请费以及咨询费、调研费等）；其他支出（如突发性事件支出）。

（3）分析评估，优化方案

通过认真分析信息情报，公关人员确定了公关目标，制订了公关方案，但这些方案是否切实可行，是否尽善尽美，都有赖于对方案的分析评估和优化组合。分析评估公关方案的标准有两条：一是看方案是否切实可行；二是看方案能否保证策划目标的实现。如果方案成功的可能性大，又能保证公关目标的实现，便可通过；否则，就要对方案加以修正优化。方案优化的过程，也是提高方案合理性的过程。

教学互动7-1

互动问题：企业公共关系策划方案应如何优化？

要求：同教学互动1-1的"要求"。

（4）审定方案，准备实施

公关策划经过分析评估、优化组合后，最终形成书面报告；将书面报告交给组织的领导决策层，以最终审定决断、准备实施。任何公关策划方案都必须经过本组织的审核和批准，使公关目标和组织的总目标保持一致，使组织的公关活动和其他部门的工作相协调，从而得到决策层和全体员工的积极配合和支持。

策划方案能否得到决策层的认可，并最终组织实施，取决于三个因素：一是策划方案本身的质量，这是根本；二是策划方案的文字水平；三是决策者本身的决策水平。决策者在审定方案时，一要尊重公关人员的意见，但不要被其左右；二要运用科学的思维方法，对策划方案和背景材料进行系统的科学分析；三要依靠自己的直觉，抛弃一切表象的纠缠，这种直觉在应急决策时尤其重要。策划方案一经审定通过，便可组织实施了。

业务链接7-2

公共关系策划方案的基本格式

1）封面

（1）题目；（2）策划者单位或个人名称；（3）文案完成的日期；（4）编号；（5）草稿或初稿应在标题下用括号注明，写上"草案""送审稿""讨论稿""征求意见稿""修订稿""实施稿""执行稿"等字样。

2）序文

以简洁的文字作为一个引导。

3）目录

4）正文

5）附件

（1）活动筹备工作日程推进表；（2）有关人员职责分配表；（3）经费开支明细预算表。

7.2.3 公共关系策划的时机与媒介选择

1）公共关系策划的时机

我国自古就有"机不可失，时不再来"的名言。公共关系策划的时机是公共关系活动成败的关键因素。时机的选择有两层意思：第一是选择时机要准确；第二是把握时机要及时。一般来说，可以选定利用的时机有以下几种：组织创办和开业之时；组织更名、资产重组或与其他组织合作之时；组织内部改组、转型、品牌延伸之时；组织迁址之时；组织推出新产品、新技术、新服务之时；组织举办周年庆典或周期性纪念活动之时；组织的新股票上市之时；国际国内各种节日和纪念日到来之时；重大社会活动发生之时；组织需要提高知名度、美誉度、和谐度的其他时机。选择公共关系策划的时机时，我们还必须注意以下几点：

（1）尽量选择那些能够引起目标公众关注，又有新闻"由头"的时机。

（2）要善于利用节日，做可借节日传播组织信息的项目，同时要学会避开节日，和节日毫无关系的活动项目不仅不能借节日之势，反而会被节日气氛冲淡效果。

（3）尽量避开国内外重大事件。因为这时公众关注的焦点、热点是这些重大事件，组织的活动项目弄不好会毫不起眼。有些国内外重大事件发生之时，也许是组织可借势之机，关键要看能否借题发挥。

（4）重大的公关活动不要同时开展两项以上，以免分散人的注意力，削弱或抵消应有的效果。

（5）要考虑公众，尤其是目标公众参与的可能性。

（6）要考虑媒介，尤其是大众传媒使用的可能性，要避开那些因其他重要新闻而使组织信息上不了媒体的时机。

（7）要考虑当地的民俗风情，尽量使组织的活动项目与当地的风土人情相吻合。

同步案例7-1

促销的时机同样重要

背景与情境：英国著名的食品批发商立普顿，在某年圣诞节到来前，为使其代理的奶酪畅销，在每50块奶酪中选一块装进一枚金币，同时用气球在空中散发传单大造声势，成千上万的消费者涌进销售立普顿奶酪的代销店，立普顿奶酪顿时成了市场中的抢手货。立普顿的行为也引起了同行的抗议和警察的干涉。

问题：面对以上情境，立普顿如何抓住时机实施促销？

分析提示：面对以上情境，立普顿精心策划，实施促销。他以退为进，抓住时机在各经销店前张贴通告："亲爱的顾客，感谢大家对立普顿奶酪的厚爱。发现奶酪中有金币者，请将金币送回。"通告一贴出，消费者在"奶酪中有金币"的声浪中，反而更踊跃地购买。当警方再度干预时，立普顿又在报纸上刊登了一大版广告，提示大家要注意奶酪中的金币，应小心谨慎，避免危险。这则广告表面上是应付警方，实际上是一次更有效的促销策划。同行却在"立普顿奶酪中有金币"这一强大攻势下毫无招架之力。

2）公共关系策划的媒介选择

（1）公共关系策划常用的媒介

公共关系策划常用的媒介有大众媒介、分众媒介和小众媒介，传统媒介和新兴媒介的区别。电视、报纸和广播等大众媒介被认为是传统媒介，互联网等则被看成是新兴媒介，利用网络开展的博客营销、播客营销、E-mail营销和微信营销迅速发展。安装在楼宇电梯旁边和医院候诊室里的液晶电视、火车和公交车上的移动电视，被看成是面对特定受众强制性发布广告的分众媒介。这些媒介现在还不是强势媒介，但是如果媒介形式新颖，受众指向性较好，费用也较经济，合理使用也是有效的，尤其是对于广告预算不足、市场和受众面不宽的企业来说，不失为切合实际的选择。有时候，小众媒介的精准使用也有很好的效果。公共关系策划常用的媒介有如下几类：

①印刷媒介（报纸、杂志、电话簿、挂历、宣传册、信函）。

②电子媒介（电视、广播、电影、电子显示屏幕、电话、网站等）。

③展示媒介（橱窗、门面、立式广告、活人广告等）。

④户外媒介（广告牌、旗帜、灯箱、车厢、气球、建筑物、海报）。

⑤其他媒介（打火机、手提袋、包装纸、雨伞、旅行包等）。

（2）常用媒介的特点

常用媒介的特点见表7-1。

表7-1   常用媒介的特点

媒介	优点	缺点
报纸	灵活，及时，发行量大，可信度高	保存性差，重复阅读率低，发行区域小
电视	综合了视觉、听觉和动作，感染力强，到达率高	绝对成本高，干扰多，暴露时间短，观众选择性差
广播	大众宣传，成本低，选择性高	收费结构不规范，暴露时间短，效果差
杂志	选择性强，权威性强，复制质量高，保存期长，传阅者多	发行量低，无法保证版面
户外广告	灵活，成本低，竞争少	受众选择性低，缺乏创新
电话	使用者众多，有人员接触的机会	相对成本较高
网络	高选择性，互动性强，相对成本低	在某些国家或地区用户较少

（3）媒介的选择

媒介是公关信息传播的载体。公共关系策划者必须知晓各种媒介，了解各种媒介的优缺点，并要善于通过巧妙组合，形成优势互补的整合性传播效果。选择媒介的方法有以下几种：根据传播对象选择媒介；根据传播内容和形式选择媒介；根据组织实力选择媒介；根据组织的环境条件选择媒介。选择媒介的原则包括：联系目标原则、适应对象原则、依据内容区别原则、合乎经济原则等。

经济的发展带动了新兴传播媒介的不断发展，新兴传播媒介的应用也非常广泛，包括楼宇电视、车载电视、卖场电视；手机电视、无线阅读器；电影、电视剧、音像制品；网上视频直播、QQ群、博客、论坛、搜索引擎等。

7.3 营业推广策划

7.3.1 营业推广策划的含义、内容及过程

1）营业推广策划的含义

营业推广是英文 sales promotion 的简称，译为"销售促进"、"营销促进"或"销售推广"。菲利普·科特勒给出的定义是："营业推广是刺激消费者或中间商迅速或大量购买某一特定产品的促销手段，包括各种短期的促销工具。"

营业推广策划就是根据企业营销目标，在充分研究市场的基础上，确定企业在某一阶段的营业推广目标，针对不同的促销对象，在适当的时机，选择富有创造性、激励性的营业推广方式，制订有效的营业推广促销行动方案。

2）营业推广策划的内容

营业推广策划的主要内容一般包括以下三个方面：

（1）促销形式（type），即为实现促销目标，采取何种促销方式。

（2）促销范围（scope），包括：产品范围（对哪种规格、哪种型号的产品进行促销）；市场范围（促销活动的地理区域）。

（3）促销策略（tactics），包括：何时进行、何时宣布、持续多长时间；折扣形式（直接或间接）；销售款的确定。

3）营业推广策划的过程

营业推广策划的过程包括：

（1）确定营业推广的目标。营业推广的目标是围绕着与商品有关的三个主角展开的。例如，针对消费者，其目标是刺激购买；针对中间商，其目标是争取合作，使他们为企业经销产品，并使他们对企业及企业的产品保持忠诚；针对推销员，其目标是鼓励他们多推销商品，刺激他们寻找更多的顾客。

（2）选择营业推广方式。营业推广的方式有很多，企业在选择时，应考虑企业的营销目标、市场竞争状况、推销方式的成本与效益、推销时间等。

（3）制订营业推广方案。制订营业推广方案时要考虑推广的规模、推广的途径、推广持续的时间、推广的时机以及推广的经费预算等。

（4）测试方案的促销效果。首先要在执行方案前进行试点效果测试，确定推广规模是否最佳、推广形式是否合适、推广途径是否有效；试点成功后再全面实施营业推广方案；在执行过程中，要实施有效的控制，及时反馈信息、发现问题，并采取必要的措施，调整和修改原方案。

（5）评估营业推广效果。最常用的方法是比较推广前、推广中、推广后的销售额数据，以评估其效果大小，总结经验教训，不断提高营业推广的促销效率。

7.3.2 营业推广的方式与策略

1）营业推广的方式

营业推广主要有营业宣传推广和营业销售推广两种方式。

（1）营业宣传推广。营业宣传推广既具有广告宣传的功能，又是实现直接销售的有效手段。

①营业场所的装饰与布置。企业应根据可经营商品和目标市场消费者的行为特点对营业场所进行装饰与布置，为消费者提供一个赏心悦目、心情舒畅的购买环境，从而吸引更多现实购买者和潜在购买者。

②商品出样和陈列。样品是能够代表商品品质的少量实物，企业应做好商品出样，让顾客检验，以诱导顾客做出购买行为。同时，企业应根据所经营商品的特点进行陈列，这样一方面可以美化店容，另一方面可以展示商品，吸引购买者。

③橱窗布置。橱窗布置是营业推广的重要形式，它起着介绍商品、树立商品形象的

作用。

④商品试验。商品试验是坚定顾客的购买信心、赢得顾客的重要手段。企业应根据商品的不同特点，采取不同的试验方法，以取信顾客。例如，音响可以试听、自行车可以试骑等。

⑤提供咨询服务。为顾客提供商品信息、传授商品知识、解决疑难问题，可以坚定顾客的购买信心。

（2）营业销售推广。营业销售推广是刺激和鼓励成交的重要手段，包括对顾客的推广和鼓励推销人员积极推销等。

对顾客的推广方式有：

①赠送样品。在顾客购买之前，免费赠送一部分样品，以刺激顾客购买。

②赠券。向顾客发放赠券，持券者可以享受部分价格优惠。

③有奖销售。随销售商品发放奖券，到一定数量后宣布开奖，中奖者可获得奖品、奖金。

④交易印花。当顾客购买某一商品时，企业会给予一定张数的印花，凑足若干张或达到一定金额后，顾客可以兑换某些商品。

⑤消费信贷。通过赊销或分期付款等方式推销商品。

对中间商的推广方式主要是代销。代销是制造企业委托代理商、经销商销售产品，按约定进行利益分配的一种营业推广方式。代销对于企业迅速扩大分销渠道、销售网络是十分有效的。

营业推广需要企业在售前做好一系列的软、硬件准备，同时注重售后服务工作，这样才能达到推销的最佳效果。

2）营业推广的策略

（1）针对消费者的策略

①赠送样品。

②有奖销售。

③现场表演。

④特殊包装。

（2）针对中间商的策略

①提供津贴。为了鼓励中间商积极推销新产品或库存过大的产品，企业可在一定时期内向购买该商品的中间商提供一定金额的津贴。

②推销折扣。对于长期合作或销售努力的中间商给予一定的折扣，以感谢他们做出的贡献。

③合作广告。与中间商一起进行广告宣传，共同开发市场，共同寻找潜在的顾客。

④节日公关。在节日来临之际，集中举办各类招待会、免费旅游等活动，邀请中间商参加，以增强彼此的合作。

⑤业务会议。在每年的销售旺季举行订货会、洽谈会，在短期内集中订货、补货，促成大量交易。

（3）针对推销员的策略

①销售红利。为了鼓励推销员积极推销，企业可按销售额或所获利润给予推销员提成。

②推销竞赛。为了刺激和鼓励推销员努力推销商品，企业可确定一些推销奖励办法，对成绩优良者给予奖励。奖励可以是现金、物品，也可以组织旅游等。

③推销回扣。推销回扣是从推销额中提取出来的给予推销员的奖励或酬劳。采用推销回扣方式把推销业绩与报酬结合起来，有利于推销员积极工作、努力推销。

④职位提拔。提拔业务做得出色的推销员，促使其将好的经验传授给一般推销员，这样有利于培养优秀推销员。

7.4　人员推销策划

7.4.1　人员推销策划的含义及步骤

1）人员推销策划的含义及要素

（1）人员推销策划的含义

人员推销策划是指策划者为了达到企业目标，运用各种推销技术和手段，帮助和说服现实的或潜在的顾客接受特定的产品、劳务及推销观点的整体活动过程。

（2）人员推销策划的要素

人员推销策划的要素包括推销人员、推销对象和推销产品等。

推销人员是主动向推销对象推销产品的主体。在现代推销活动中，"推销人员"已经突破了一般推销员和营业员的概念，既包括从事和参与企业推销活动的人员，还包括市场业务人员、工程技术人员、部门经理，甚至包括总经理。

推销对象是推销活动中接受推销人员推销的主体。推销对象不是指产品，而是指顾客，包括生产者、中间商、消费者。

推销产品是推销活动的客体。推销产品既包括有形产品和无形产品，又包括服务和观念，是产品、服务和观念三个方面的综合体。

（3）人员推销策划的技术

人员推销策划的技术是指运用各种现代化的工具和手段，针对顾客需求所采用的各种方法和技巧的总称。

（4）人员推销策划的基点

一是人员推销策划要以顾客需求为中心；二是人员推销策划要不断创新；三是人员推销策划是一个系统工程。

2）人员推销策划的步骤

（1）明确推销任务，了解推销对象

明确推销任务是推销策划的前提，了解推销对象是为了满足顾客的需要，因为顾客购买企业的产品或服务本身就包含着对企业的认知以及由认知所形成的良好印象和感情。它具体包括以下几个问题：

第一，明确顾客的需要，以及能提供给顾客的产品。是工业品还是消费品？工业品是低值易耗品，还是关键设备，或是特种服务？消费品是日常消耗品，还是耐用品，或是炫耀消费品？第二，了解顾客的消费能力，明确顾客的购买动机。是感性动机，还是理智动机，或是偏爱动机？如果顾客购买的是工业品，那么是多层次的专家性购买，还是采用其他购买方式？因为这决定了推销产品的种类和数量。第三，对顾客的分布状况、产品的特性等因素进行综合考虑。

（2）确定推销方案

可供选择的人员推销方式有上门推销、会议推销、电话推销、信函推销等。

（3）确定推销人员

①推销人员数量的确定。一般可采用两种方法：一是工作量法，就是根据企业的销售量来决定销售人员的数量；二是增量法，就是随着销售地区的扩大或销售量的增加而逐步增加推销人员的数量。

②推销人员的分派。通常有四种方式：一是按地区分派推销人员，即每个推销人员负责一个或几个地区的销售任务，并在该地区推销企业的所有产品。其优点是责任明确，比较容易发现新顾客，节省费用，有利于扩大产品的销售量。二是按产品类别分派推销人员。其优点是推销人员容易熟悉所推销的产品，适于推销技术复杂的产品。三是按用户类型分派推销人员。其最明显的优点是有利于推销人员掌握顾客的购买特点和购买规律，能够更好地满足顾客的需求。四是复合式分派推销人员。其优点是适用性、灵活性强，但组织管理较复杂，对推销人员的要求较高，适用于产品种类繁多、顾客复杂、销售区域分散的情况。

（4）选择推销技术

推销技术可以分为广义的推销技术与狭义的推销技术、传统的推销技术与现代的推销技术。广义的推销技术是指把自身的观点、主张、建议、形象、仪表、风格、信誉等推销出去的方法和技巧；狭义的推销技术是指通过寻找和接近顾客，把企业产品或劳务推销出去的方法和技巧。传统的推销技术是指以单纯的推销术、广告术为手段，只推销现有产品而不考虑顾客需要的各种方法和技巧；现代的推销技术是指运用各种现代化的工具和手段，针对顾客需求所采用的各种方法和技巧的总称，它需要产品从工艺设计、购进原料开始就服从于最终销售的要求，就服从于顾客的需求。

同步案例7-2

推销产品的味道：让产品吸引顾客

背景与情境： 每一种产品都有自己的味道，乔·吉拉德特别善于推销产品的味道。乔·吉拉德在和顾客接触时，总是想方设法让顾客先"闻一闻"新车的味道。他让顾客坐进驾驶室，握住方向盘，自己触摸操作一番。如果顾客住在附近，乔·吉拉德还会建议他把车开回家，让他在自己的太太、孩子和领导面前炫耀一番，顾客很快就被新车的"味道"陶醉了。

资料来源 佚名. 乔·吉拉德的销售秘诀：都来学学吧［EB/OL］.［2014-09-21］. https：//www.autohome.com.cn/dealer/201409/17079113.html.

问题： 乔·吉拉德为什么要这么做呢？

分析提示： 人们都喜欢自己来尝试、接触、操作，都有好奇心。乔·吉拉德在推销过程中巧妙运用假定推销成功的方法实现目标。不论你推销的是什么，都要想方设法展示你的商品，并且要让顾客亲身参与。如果能吸引顾客的感官，就能掌握住顾客的感情了。

7.4.2 人员推销的策略

1）人员推销的常见策略

（1）试探性人员推销策略

它又称"刺激-反应"策略，是指推销人员在事先不了解顾客具体需求的情况下，通过与顾客的"渗透式"交谈，观察其反应，试探其具体要求，然后根据顾客的反应进行宣传，刺激顾客产生购买动机，引导顾客做出购买行为的促销策略。

（2）针对性人员推销策略

它又称"启发-配合"策略，是指推销人员事先已了解了顾客的某些具体要求，针对这些要求积极主动地与之交谈，引起对方的共鸣，从而促成交易的促销策略。

（3）诱导性人员推销策略

它又称"需求-满足"策略，是指推销人员通过与顾客交谈，激发顾客对所推销商品或劳务的需求欲望，促使顾客把满足自身需求的希望寄托在推销员身上，这时推销员再说明自己手头上正好有能够满足顾客需求的商品或劳务，使顾客产生购买兴趣，从而促使顾客做出购买行为的促销策略。

2）寻找顾客的方法

寻找顾客的方法见表7-2。

表7-2 寻找顾客的方法一览表

寻找顾客的方法	含义	特点
地毯式访问法	推销人员在不太熟悉顾客的情况下，直接访问某一特定地区或某一特定行业的所有使用单位和经营单位，从中寻找目标购买者的推销方法	推销访问的面广、人多，事先没有特定的目标顾客，推销人员可以借机进行市场调查，可以争取更多的目标购买者，但具有相对的盲目性
连锁介绍法	通过现有目标购买者的介绍来寻找可能购买该产品的准目标购买者的推销方法	以现有目标购买者的关系为基础，可以省力地寻找到众多的准目标购买者；可以避免推销人员的主观盲目性；可以赢得准目标购买者的信赖；成交率较高
中心开花法	在某一特定的推销范围内发展一些有影响力的重点人物，并在这些重点人物的协助下把该范围的同类商品使用经营单位或个人变成准目标购买者的推销方法	以重点人物的影响力为基础；以重点人物的信赖为前提；通过重点人物的影响力来扩大商品的影响；难以确定谁是真正的关键人物

3）接近顾客的方法

接近顾客的方法见表7-3。

4）推销洽谈的方法

推销洽谈是推销活动中的关键环节，洽谈能否成功直接关系到推销的成败。推销洽谈的方法见表7-4。

5）推销成交的方法

推销成交的方法见表7-5。

表7-3　　　　　　　　　　　　　　接近顾客的方法一览表

接近顾客的方法	含义	应用技巧
介绍接近法	通过自我介绍或第三者的介绍而接近顾客，以推销商品的推销方法	优先使用此法，除了进行必要的口头介绍外，还应主动出示有关的信函、名片或其他证件
商品接近法	直接利用所推销的商品引起目标购买者的注意和兴趣，进而转入洽谈的推销方法	此法一般适用于名优特商品的推销
利益接近法	利用所推销的商品本身能够给目标购买者带来的实惠而引起对方的注意和兴趣，进而转入洽谈的推销方法	直接陈述或提问，告诉目标购买者的"重点人物"购买其推销商品所能带来的好处
提问接近法	通过直接提问来引起目标购买者的注意和兴趣，进而进入洽谈的推销方法	以提问的方式接近目标顾客，以回答或解释问题的方式与目标顾客洽谈
调查接近法	利用调查机会接近目标购买者，以推销商品的推销方法	突出推销重点，明确调查内容，争取对方协助；做好调查准备，注意消除对方的防备心理；运用恰当的调查方法，确保顺利接近

表7-4　　　　　　　　　　　　　　推销洽谈的方法一览表

推销洽谈的方法	含义	应用技巧
动意提示洽谈法	通过建议目标顾客立即购买的洽谈，来推销商品的推销方法	应直接指出对方的主要购买动机；提示语言应尽量简练、明确，以打动其心；应考虑对方的个性特征。例如："如果没有什么意见，请黄经理现在就拍板购买吧。"
直接提示洽谈法	通过劝说目标顾客购买所推销商品的洽谈，来推销商品的推销方法	直接提示推销重点；尊重目标顾客的个性特征，避免冒犯；所推销的商品必须有容易被目标顾客所接受的明显特征。例如："赵经理，请放心购买，这批货的质量绝对没有问题，如果您发现有质量问题，我们包退包换。"
相反提示洽谈法	通过利用反提示原理说服目标购买者购买所推销商品的洽谈，来推销商品的推销方法	相反提示必须能够引起相反反应；讲究语言艺术，注意提示分寸；尊重目标顾客，善意刺激；不宜用于反应迟钝或特别敏感的目标顾客。例如："这批货数量大，您能做主吗？"

表7-5　　　　　　　　　　　　　　推销成交的方法一览表

推销成交的方法	含义	应用技巧
请求成交法	通过直接请求目标顾客成交，来推销商品的推销方法	看准成交时机；主动请求成交；应持正确的成交态度；避免向目标顾客施加过高的成交压力。例如："林总经理，既然没有别的意见，就请您在合约上签字吧。"
假定成交法	通过假定目标顾客已经接受推销建议而直接要求目标顾客成交，以推销商品的推销方法	应密切注意各种成交信号；必须具有十足的成交信心；必须适时地把成交信号转化为成交行动；应该创造有利的成交氛围。例如："李经理，这是合同书。"

同步思考7-1

问题：成功的推销者认为真正的销售始于售后，为什么？

理解要点：人员推销是开展产品促销的重要手段，这主要是因为人员推销具有其他促销方法不具备的优点或作用。例如，销售针对性强，可以针对不同的顾客灵活机动地采用各种手段和方法；服务好，可以针对顾客的不同需求进行售前、售后的服务，帮助顾客解决各种疑难问题；成功率高，推销人员可以直接面对顾客交谈，从而创造需求、满足需求。

职业道德与企业伦理7-1

250定律：不得罪任何一个顾客

背景与情境：在每位顾客的背后，都站着约250个人，即与他关系比较亲近的人，包括同事、邻居、亲戚、朋友。如果一个推销员在年初的一个星期里见到50个人，其中只要有2个顾客对他的态度感到不愉快，到了年底，由于连锁影响就可能有500个人不愿意和这位推销员打交道，这就是乔·吉拉德的250定律。乔·吉拉德得出结论：在任何情况下，都不要得罪哪怕是一个顾客。

在乔·吉拉德的推销生涯中，他每天都将250定律牢记在心，抱定生意至上的态度，时刻控制自己的情绪，不因顾客刁难，或是不喜欢顾客，或是自己心情不佳等原因而怠慢顾客。乔·吉拉德说得好："你只要赶走一个顾客，就等于赶走了潜在的250个顾客。"

问题：假如你在推销过程中遇到有意刁难你、不讲道理的顾客，你会怎么办？

分析提示：众所周知，顾客都是上帝！乔·吉拉德的250定律已向营销人员表明：顾客永远都是主角。顾客不讲道理，营销人员不能以牙还牙，而要以自己的大度感化对方，只有始终"以顾客为核心"，奉行"顾客永远是对的"这样的工作理念，才能长远赢得顾客，才能向社会传递正能量。

本章概要

□ 内容提要与结构

▲ 内容提要

● 促销策划包括广告、公共关系、营业推广和人员推销四种手段。其中，广告、公共关系、营业推广是通过多种促销手段吸引顾客的促销方式，称为拉引策略。人员推销是面对顾客直接推销的促销方式，称为推动策略。促销策划是策划主体对以上四种促销手段的战略运筹、决策与运用。

● 广告策划的流程分为三个阶段：（1）调查分析阶段。（2）制订计划阶段。（3）执行计划阶段。

● 广告效果测评主要包括广告经济效果测评、广告心理效果测评和广告社会效果测评三种。

● 公共关系策划的形式：（1）组织行为策划。（2）组织环境策划。（3）组织形象策划。（4）改变公众态度和行为策划。

● 公共关系策划的程序：（1）综合分析，认识问题。（2）确定目标，制订方案。（3）分析评估，优化方案。（4）审定方案，准备实施。

● 公共关系策划的时机是公共关系活动成败的关键因素。时机的选择有两层意思：第一是选择时机要准确；第二是把握时机要及时。公共关系策划常用的媒介有印刷媒介、电子媒介、展示媒介、户外媒介、其他媒介。

● 营业推广策划就是根据企业营销目标，在充分研究市场的基础上，确定企业在某一阶段的营业推广目标，针对不同的促销对象，在适当的时机，选择富有创造性、激励性的营业推广方式，制订有效的营业推广促销行动方案。

● 人员推销策划的步骤：（1）明确推销任务，了解推销对象。（2）确定推销方案。（3）确定推销人员。（4）选择推销技术。

● 人员推销的常见策略包括试探性人员推销策略、针对性人员推销策略、诱导性人员推销策略。

▲ 内容结构

本章内容结构如图7-2所示。

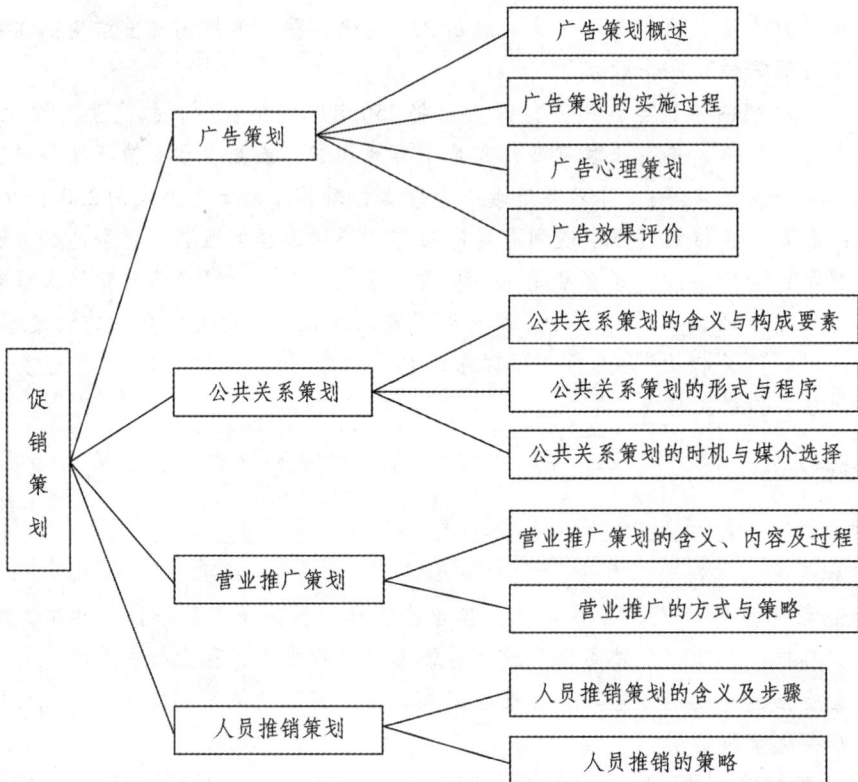

图7-2　本章内容结构

□ 主要概念和观念

▲ 主要概念

促销　拉引策略　推动策略　广告策划　公共关系策划

▲ 主要观念

推动策略　拉引策略

□ 重点实务和操作

▲ 重点实务

广告策划的一般流程与实施步骤 公共关系策划的时机与媒介选择

▲ 重点操作

促销策划知识应用

基本训练

□ 理论题

▲ 简答题

1）简述广告策划中的6M。

2）一个完整的广告策划包括哪些核心要素？

3）简述广告心理策划之原理。

4）公关策划有哪些构成要素？

5）公关策划常用哪些媒介？简述常用大众媒介的特点。

▲ 讨论题

如何选择公共关系策划中的时机与媒介？

□ 实务题

▲ 规则复习

1）简述广告策划的实施过程。

2）简述公共关系策划的程序与策略。

3）简述营业推广策划的方式与策略。

4）简述人员推销策划的策略与技巧。

▲ 业务解析

背景资料：瑞士雀巢咖啡在准备进入中国市场开展促销策划时选择的促销策略如下：①雀巢选择京、津、沪三个城市作为其进军中国的突破口，在城市电视台和中央电视台同时播出广告，通过集中、统一、有特色的密集性广告，传播了雀巢咖啡"味道好极了"的良好品牌形象；②雀巢在京、津、沪三个城市多次举办名流品尝会，并为人民大会堂和一些重要会议免费提供咖啡，形成了名流只喝"雀巢"的时尚；③采用受中国消费者欢迎的买一赠一、买咖啡送伴侣等形式。

问题：请你运用促销策划的相关知识，分析瑞士雀巢咖啡是如何通过选用恰当的促销方式成功进入中国市场的。

□ 案例题

▲ 案例分析

精心准备的促销策划活动为何会失败？

背景与情境：20××年初，一位减肥用品经销商在浙江省南部一个富裕的县级市举办了主题为"减肥效果万人大公证"的促销策划活动，活动的主要过程如下：

（1）活动时间："3·15"消费者权益日。

（2）活动地点：仁寿堂大药店门前。

（3）活动内容：3月15日只需要花18元，就可以购买价值49元的××减肥胶囊。

（4）活动前媒体宣传：①3月12日、14日分别在当地《××日报》进行宣传促销活动。②在当地人民广播电台，从3月10日开始至15日发布30秒钟的广告促销活动，其中90%的广告内容为介绍产品功能，广告最后加上活动通知。时间从早8点到晚9点每天25次滚动播放。③在仁寿堂门口挂跨街横幅一条，内容为活动通知，时间为3月8日至15日。

（5）活动经过：①现场促销员6名，由于报酬高，加上临时做了培训，因此促销员积极性很高，进入状态快。②为了增加活动气氛，使咨询顾客对活动内容及产品清晰明了，现场设大展板两块。顾客咨询时，促销员一边发宣传单，一边介绍活动内容及产品。

（6）活动结果：现场只来了50名咨询的顾客，其中32人当场购买产品，合计销售80盒。据事后统计，70%买3盒，15%买4盒，10%买2盒。

该经销商认为，活动从开始宣传到结束设计得很严密，与终端厂家的促销活动大致差不多。然而这次活动的结果与预期相差甚远，这使其大惑不解。

问题：

1）该经销商采取了哪些促销组合策略？

2）分析这次促销活动失败的主要原因。如果你是这次活动的策划者，你会怎样设计？

分析要求：同第1章本题型的"分析要求"。

▲ 善恶研判

商业促销中的道德风险

背景与情境：某年"十一"黄金周，西安金钟大厦举办了一次促销活动，活动内容是：敢当众脱掉外衣仅留贴身内衣的女性，就可以在商场免费穿走任何价格、任何款式的一件羽绒服。结果，十几位勇敢女子宽衣解带抢衣服，一时弄得舆论哗然。

问题：

1）本案例中存在哪些道德伦理问题？

2）试对上述问题做出你的善恶研判，请你结合道德营销的观念谈谈这个例子给我们的启示。

3）通过网上或图书馆等途径搜集你做善恶研判所依据的营销行业道德规范。

研判要求：同第1章本题型的"研判要求"。

□ 自主学习

自主学习-VII

【训练目的】

见本章"学习目标"中的"自主学习"。

【教学方法】

采用"学导教学法"和"研究教学法"。

【训练要求】

1）以班级小组为单位组建学生训练团队。

2）各团队依照本教材"附录三"的附表3中"自我学习"（中级）的"基本要求"和各技能点的"参照规范与标准"，确定长期学习目标，制订《自主学习计划》。

3）各团队实施《自主学习计划》，系统体验对本教材"附录一"的附表1"领域"中"自我学习"（中级）各技能点的"知识准备'参照规范"所列知识和"文献综述"撰写规范的自主学习。

4）各团队以自主学习获得的"学习原理"、"学习策略"与"学习方法"知识为指导，通过院资料室、校图书馆和互联网，查阅和整理近三年以"促销策划"为主题的国内学术文献资料。

5）各团队以整理后的以"促销策划"为主题的文献资料为基础，撰写《"促销策划"最新文献综述》。

6）总结上述各项体验，撰写作为"成果形式"的训练课业。

【成果形式】

训练课业:《"自主学习-VII"训练报告》

课业要求:

1）内容包括：训练团队成员与分工；训练过程；训练总结（包括对各项操作的成功与不足的简要分析说明）；附件。

2）将《自主学习计划》和《"促销策划"最新文献综述》作为《"自主学习-VII"训练报告》的"附件"。

3）《"促销策划"最新文献综述》应符合"文献综述"规范要求，做到事实清晰、论据充分、逻辑清晰。

4）结构与体例参照本教材"课业范例"的"范例综-4"。

5）在校园网的本课程平台上展示班级优秀训练课业，并将其纳入本课程的教学资源库。

━ 单元考核 ➤

考核要求: 同第1章"单元考核"的"考核要求"。

第8章
分销渠道策划

学习目标

通过本章的学习，应该达到以下目标：

理论知识：学习和把握分销渠道策划的概念、内容、价值、功能、类型，渠道管理的概念，分销渠道创新的主要动力来源，渠道发展趋势等陈述性知识，并能用其指导"分销渠道策划"的相关认知活动。

实务知识：学习和把握分销渠道业务流程，分销渠道策划需要考虑的因素、分销渠道策划的原则与程序，分销渠道的结构设计、选择与评估，分销渠道的激励、扶持、检查与调整，管理策划，以及"业务链接"等程序性知识，并能用其规范"分销渠道策划"的相关技能活动。

认知弹性：运用"分销渠道策划"的理论与实务知识研究案例，对"引例"、"同步案例"和"法国TL公司的渠道管理策略"等业务情境进行多元表征，培养和提高在特定情境中分析问题的能力；依照相关行业规范或标准，分析"职业道德与企业伦理8-1"和"水平渠道冲突"等案例中企业或其从业人员行为的善恶，强化学生的职业道德素质。

实训操作：参加"'分销渠道策划'知识应用"的实践训练。在了解和把握本实训所及"能力与道德领域"相关技能点的"规范与标准"的基础上，通过切实体验"'分销渠道策划'知识应用"各实训任务的完成，系列技能操作的实施，相应《实训报告》的准备、撰写、讨论与交流等有质量、有效率的活动，强化相关选项的"职业核心能力"，并通过"认同级"践行相关选项的"职业道德"行为规范，促进健全职业人格的塑造。

引例　新增渠道的烦恼

背景与情境：20多年前，绿能公司的创始人开始在楼宇智能化领域开疆拓土。多年以来，绿能的销售一直是两条腿走路：一是依靠公司的大客户销售部门；二是依靠遍布中国大江南北的经销商网络。经过多年的打拼，绿能占据了全国一半以上的市场份额。

一年前，公司宣布成立新渠道部门，试图借助网络和电话销售中心的力量为客户服务，公司副总裁亲自兼任该部门的主管。公司管理层的目的是：一方面，利用新渠道更好地为客户做好售前咨询和售后服务的工作；另一方面，通过新渠道扩大销售成果，占领更大的市场份额。公司的如意算盘能成功吗？

新渠道推出一年以后，公司管理层发现，不但销售业绩没有明显增加，大客户销售部门和经销商渠道还怨声载道，就连新渠道部门内部也是不满之声迭起。

先来看看新渠道部门的情况。新渠道部门有销售任务，并且每位员工都有业绩压力，但令人不悦的是，员工的工作有一多半成了客户的售前咨询。问的人多，买的人少。有些客户，新渠道部门的员工接了他几十通电话，就是不下单。

如果只是工作辛苦点，也就罢了。新渠道部门的员工还发现自己在无形中成了众矢之的。大客户销售部门和经销商从来不配合新渠道部门的工作。新渠道部门的员工偶尔做成了一个单子，大客户销售部门却说他们没眼光，把一个本来有潜力成为大单的客户给放掉了。如果真把这些销售线索给大客户销售部门呢？大客户销售人员又瞧不上眼。不仅如此，新渠道部门还经常被经销商投诉，经销商指责新渠道部门的员工将其经营多年的老客户转到了其他经销商那儿。新渠道部门员工的烦恼真是一抓一大把。

大客户销售部门这边呢，埋怨也不少。在大客户销售部门员工眼中，在绿能做销售，你不光要有很强的心理承受能力，还要有过硬的技术。绿能的销售人员不光是在卖产品，也是在为客户做整套的技术解决方案。因为带着这样的想法，所以从新渠道部门诞生的那天开始，大客户销售部门的员工就不看好这个新部门的发展。大客户销售部门的员工不相信自己多年来的耕耘，会被电话和网络上的几句交谈轻松取代。

一年下来，新渠道部门的销售业绩仿佛也证明了大客户销售部门员工的看法。那个由年轻人组成的新部门不但没给公司做出任何贡献，还净给公司添乱，绿能根本就不该人云亦云，搞这样一个所谓大势所趋的新渠道部门。

对于新渠道部门的成立，最伤心的就数为绿能拼打多年的经销商了。经销商们都产生了这样的疑惑：绿能是不是要搞直销了？是不是准备把我们这些经销商抛弃了？

最让经销商反感的是新渠道部门的透明价格机制。因为有了网上透明的价格，经销商的利润被削薄了很大一块儿。在经销商眼里，新渠道部门的出现把客户给喂精了。有的客户一旦要买绿能的产品，就首先给新渠道部门打电话，拿个底价再来跟经销商谈生意。由于利润被摊薄，很多经销商已经心生退意。

面对这种状况，绿能的决策层应该怎么办？新渠道到底有没有必要继续存在下去？如果新渠道果真是大势所趋，绿能又该采取哪些措施来保证其顺利运转下去？

资料来源　佚名. 案例：新增渠道的烦恼［EB/OL］.［2016-06-22］. https://wenku.baidu.com/view/cdc51fb77e21af45b207a864.html.

分销渠道策划是在企业营销战略指导下的营销策划的重要组成部分之一，它与产品策划、价格策划和促销策划既相互区别又相互联系。本章将系统地阐述分销渠道策划的内容、分销渠道结构策划和分销渠道管理策划。

8.1 分销渠道策划概述

在通过对市场需求、竞争态势和企业自身实力的分析决定了采用何种营销战略，以及设计和生产什么样的产品之后，企业应决定采用何种分销渠道将产品销给目标客户，这既是企业管理者要做的重要决策之一，也是企业对渠道成员的一项重要承诺。分销渠道是企业重要的外部资源，企业分销渠道的建立通常需要很多年的积累与总结。因此，一个企业使用直接渠道还是间接渠道、大型经销商还是小型经销商、企业对经销商的培训和激励政策如何等，都将影响企业产品的定价、促销推广及广告决策。

8.1.1 分销渠道策划的含义

分销渠道策划是企业创建全新的市场分销渠道，或改进现有分销渠道的过程中所做的决策。**分销渠道策划**是指如何选择、设计、管理分销渠道，也就是说如何合理选择、设计、管理产品从生产者转移到消费者或用户所经过的路线和通道。分销渠道策划包括确定分销渠道目标、设计分销渠道结构、评估分销渠道方案、选择分销渠道成员、遵循分销渠道原则等内容。企业进行分销渠道策划时，既要考虑分销渠道的价值、功能、流程、类型，还要考虑企业、产品、市场、竞争、消费者等诸多因素，高效的分销渠道是企业获取竞争优势的重要手段之一。

分销渠道是指产品或服务在从生产者向消费者转移的过程中，取得这种产品或服务的所有权或帮助所有权转移的所有企业与个人。分销渠道成员既包括经销商（含批发商、零售商等，取得所有权），代理商和后勤管理组织（帮助转移所有权）等，也包括处于渠道起点和终点的生产者与最终消费者或用户，但不包括供应商、辅助商。在整个过程中，商品所有权的转移和价值形式的运动，使产品从一个所有者手中转移到另一个所有者手中，此为商流；伴随着商流，还有产品实体的空间移动，称为物流。分销渠道具有整体性、利益性和稳定性。此外，分销渠道中还有资金流、信息流等，它们共同构成了一个闭环体系，如图8-1所示。

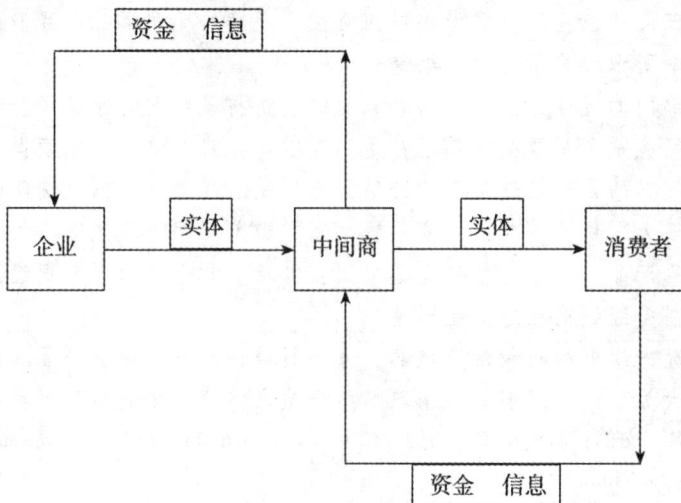

图8-1 闭环体系

　　分销渠道是物流、资金流、信息流、实体流的综合渠道，企业通过其实现产品实体从生产者到消费者的转移，实现信息从生产者到达消费者，同时也把消费者的信息传递给生产者。

　　分销渠道业务流程是指分销渠道成员一次执行的一系列功能，是描述各成员活动或业务的概念。正向流程是从生产者流向中间商和消费者，如商流、物流、促销流；反向流程是从用户流向中间商和生产者，如资金流和信息流；双向流程发生在分销渠道每两个交易成员之间，如谈判、融资和分担风险的流程。分销渠道业务流程如图8-2所示。除了包含商流、物流、资金流、信息流和促销流等几大重要的功能外，分销渠道业务流程还可以详细分为三种渠道，即销售渠道、交货渠道和服务渠道，这三种渠道是不可能由一个企业来完成的。

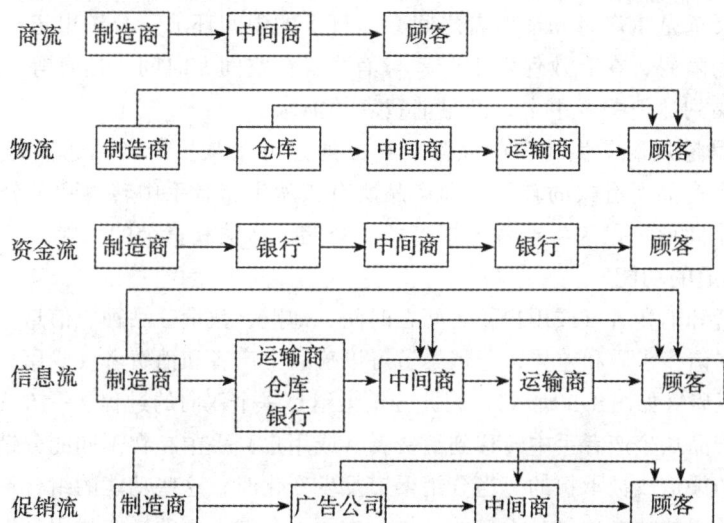

图8-2　分销渠道业务流程

　　（1）商流，是指产品所有权或持有权从一个渠道成员向另一个渠道成员转移的过程。

　　（2）物流，是指产品从生产者转移到用户的运动过程，主要指产品的运输和存储。物流与商流的最大区别在于是否伴随所有权的转移。

　　（3）资金流，是指产品在渠道成员间流动的过程。

　　（4）信息流，是指在分销渠道中，各渠道成员间相互传递信息的过程。信息流的重要性在于可以将分销渠道中直接接触消费者的终端，以及消费者的需求和偏好及时、准确地反馈给生产者，以确保产品满足消费者的需求。

　　（5）促销流，是指通过广告、人员推销、销售促进等活动，对分销渠道成员施加影响的过程。促销流从生产者流向中间商称为渠道促销，促销流从生产者或中间商流向用户称为用户促销，渠道成员都承担对用户促销的责任。

同步思考8-1

　　问题：汽车4S店为什么这么称呼？作为分销渠道，其主要业务流程是怎样的？

　　理解要点：4S店是集汽车销售、维修、配件和信息服务于一体的销售店。4S店是一种以"四位一体"为核心的汽车特许经营模式，包括整车销售（sale）、零配件（spare part）、售后服务（service）、信息反馈（survey）等。其业务流程分为：顾客采购过程中产生了商流——顾客交钱完成了产品所有权的转移；顾客交钱产生了逆向物流中的资金流；购买过程中4S店和顾客的交流，实现了信息反馈给汽车制造厂家的信息流；4S店进货产生了物流——供应商将产品和配件配送到店；在汽车的销售、保养和维修服务中，4S店采取各种措施实现了促销流。

8.1.2 分销渠道的价值和功能

1）分销渠道的价值

（1）分销渠道能为企业带来长久的竞争优势。对大多数生产者来说，分销渠道是企业关键的资源。依靠系统的战略、结构、关系和人员建立的分销渠道优势，是竞争对手在短期内无法模仿和获得的。

（2）分销渠道是生产者和消费者之间必不可少的中间环节。分销渠道可以疏通生产者和消费者之间的障碍，在有效保障生产者与消费者在空间、时间、信息等方面充分交流的基础上，使产品到达消费者手中，满足消费者的需求。

（3）分销渠道规避了生产者的风险。产品通过分销从生产者到达消费者（或用户）手中时，引发了产品所有权的转移，即产品所有权从生产者手中转移到了分销渠道成员手中，因此渠道中间商可以为生产者分担市场、仓储、运输和资金的风险。

2）分销渠道的功能

由于生产者和消费者（或用户）之间在时间、地点、数量、品种、信息、产品价值、所有权等方面存在诸多矛盾和差异，分销渠道可以疏通生产者和消费者（或用户）在时间、空间、信息上的阻碍（如图8-1所示），因此分销渠道是一个双向的过程。一方面，渠道成员执行的功能是把产品从生产者手中转移到消费者（或用户）手中，在不同的分销渠道中，这些功能是由不同的渠道成员承担的。当分销渠道发生变化时，这些功能的组合形式可能有所不同，但是需要承担的功能总量是不变的。另一方面，分销渠道的逆向过程又把资金和信息通过分销渠道回流到生产厂家，获取了生产所需的资金、重要的市场信息和消费者信息，为企业的生产和营销活动提供重要的支持。

分销渠道的功能概括如下：

（1）搜集和传播信息。搜集、分析、整理与用户、竞争者及与营销环境有关的信息，并将这些信息及时传递给分销渠道各成员，最终汇集至生产者那里，从而为生产者的生产、定价和促销提供有价值的参考信息。

（2）促销。根据用户的需求有针对性地向用户发送和传播产品或服务的信息，并以各种富有说服力、具有吸引力的手段吸引用户。

（3）寻找顾客。为生产者寻找到不同细分市场和业务形式的潜在目标用户，解决生产者不知如何接触用户、用户不知在哪里能找到所需产品的问题。

（4）配送商品。按用户要求分类整理、供应产品，以提高产品的让渡价值。

（5）谈判。在渠道成员间就产品价格及其他交易条款，按互惠互利的原则彼此协商、沟通达成交易协议，以实现所有权或者持有权的转移。

（6）物流。为产品从生产者到用户手中提供运输、仓储、库存服务。

（7）融资。获得并分配资金，以负担渠道各项工作所需的费用。在产品销售过程中，分销渠道成员需要通过银行或金融机构提供货款支付服务。

（8）分担风险。分销渠道各成员在分享利益的同时，还要共同承担由产品销售、市场波动等各种不可控因素所带来的风险。

同步案例8-1

三只松鼠都开实体店了，你还只盯着电商做生意?!

背景与情境： 2012年，在线下做了十几年坚果品牌的章燎原面临着一个新世界——新兴的消费群体爱上网购。这位坚果行业的老兵果断披上"互联网的外皮"，利用网络渠道打造线上坚果品牌——三只松鼠，向他干了10多年的线下世界开战。

刚过去的2015年，三只松鼠至少完成了两大转变：由单纯的坚果品类到多品类的扩张，把三只松鼠从一门小生意转变成大生意；章燎原的关注重心从生意转到管理，在三只松鼠内部推出了"11545"文化行动纲领。也是在2015年，三只松鼠获得了峰瑞资本投资的3亿元人民币D轮融资，销量达到25亿元人民币，是2014年的两倍多。

在线上打拼了几年后，2016年，章燎原又有了新的目标——到线下去。在他看来，零售全渠道是必然趋势，因为消费者在哪里，三只松鼠就要到哪里。

资料来源　搜狐财经：三只松鼠都开实体店了，你还只盯着电商做生意?! [EB/OL]. [2016-01-11]. http://www.sohu.com/a/53868961_352094.

问题： 三只松鼠从线下到线上，又从线上到线下的原因是什么？

分析提示： 渠道的选择需要分析消费者的偏好，通过渠道变化，做到消费者在哪里企业就在哪里，寻找到消费者，并有效地生存与发展。

8.1.3　分销渠道的类型

分销渠道按照不同的标准可分为不同的类型。**直接渠道**（也称零阶渠道），是指没有中间商参与，生产者直接将产品销售给用户的渠道类型。**间接渠道**是指有一级或多级中间商参与，产品需要经过一个或多个中间环节销售给用户的渠道类型。

1）按中间商的层级数划分

按产品从生产者转移到用户的过程中所包含的中间商购销环节的多少，分销渠道可分为零阶渠道、一阶渠道、二阶渠道和三阶渠道（也称多阶渠道）等，如图8-3所示。

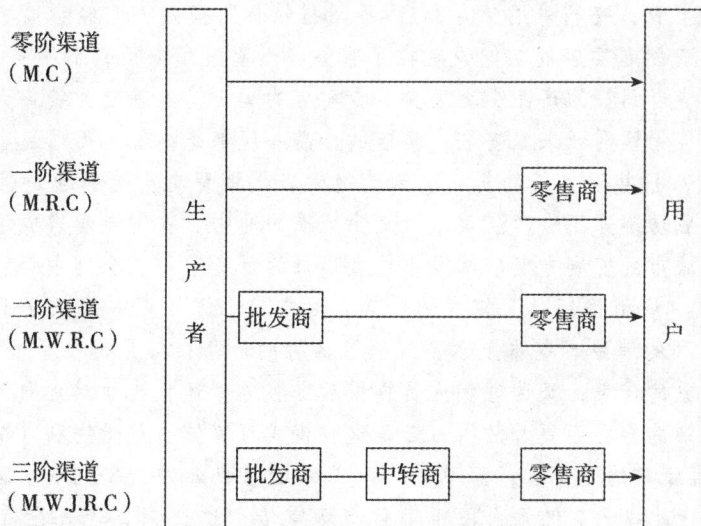

图8-3　按中间商的层级数划分渠道

在工作中，一般把零阶渠道和一阶渠道归为短渠道，把二阶渠道和三阶渠道归为长渠道。长渠道与短渠道的优劣势对比见表8-1。

表8-1   长渠道与短渠道的优劣势对比表

类型	优点及适用范围	缺点及基本要求
长渠道	市场覆盖面广；企业可以将渠道优势转化为自身优势；一般消费品销售较为适宜；可以减轻企业的费用压力	厂家对渠道的控制程度较低；增加了渠道服务水平的差异性和不确定性；加大了对经销商进行协调的工作量
短渠道	厂家对渠道的控制程度较高；专利品、贵重商品较为适用	厂家要承担大部分或部分渠道功能，必须具备足够的资源；市场覆盖面较窄

业务链接8-1

安利的营销渠道模式

安利采用的是多层次直销模式。直销分为单层次直销和多层次直销两种模式。单层次直销模式与多层次直销模式的根本区别在于：在单层次直销模式下，直销商只能从自己的销售额中获得提成；在多层次直销模式下，直销商可以从自己招募的团队成员的销售额中获得报酬。

从全球范围来看，安利的销售模式分为三种：（1）专卖店+雇用推销员（主要集中在中国）；（2）捷星电子商务+IBO（主要集中在北美地区）；（3）传统的直销商模式（主要集中在除中国和北美以外的其他地区）。这三种模式的本质都是多层次直销模式。2005年，《直销管理条例》正式颁布，安利的多层次直销模式并没有获得中国认可。安利不得不宣布将多层次直销模式调整为单层次直销模式，即采用"专卖店+雇用推销员"的销售模式。然而，安利并没有真正放弃多层次直销模式。安利采用"专卖店+雇用推销员"模式后，逐渐在中国建立起180多家专卖店，同时在中国招募18万名直销人员。

尽管从形式上看，安利采用"专卖店+雇用推销员"模式，已经背离了其多层次直销模式，但事实上安利专卖店的功能设定在了服务与形象展示方面，而不是产品销售方面。这些专卖店向消费者销售的产品少之又少，专卖店的真正功能就是为销售大军服务及把安利与臭名昭著的传销区别开来。安利专卖店的产品一般都是全价，而通过直销员购买的产品基本上可以打八折甚至更低的折扣，因此绝大多数消费者会选择通过推销员来购买产品。这样，安利成功避开了专卖店渠道对直销渠道的冲击。安利专卖店成了安利直销员的后勤基地，每个城市的安利专卖店都是当地直销员的提货中心、仓储中心、信息中心和培训中心。"专卖店+雇用推销员"模式的优势主要有三个方面：一是保证了产品质量，通过直销模式，安利的消费者基本上拿不到假冒伪劣的产品；二是提供了很好的销售渠道，店铺既是公司形象的代表，又为营销人员提供后勤服务，还直接面对普通消费者，消费者和政府都因为店铺的存在而更加放心；三是这种模式可直接受益于安利（中国）积极的市场推广手法。"直销靠的是口碑，而不是广告。"在过去两年中，安利（中国）光为纽崔莱（营养补充食品）就投入2亿元人民币进行市场宣传，这让销售代表在营销时更加如鱼得水。

在创造新的直销模式的同时，安利（中国）还加强对营销队伍的管理，通过培训和严格的奖惩制度来规范销售代表的行为，这使得违规现象得到较好的控制。2002/2003财政年度，安利（中国）共查处各类违规行为1 649起，共处分营销人员2 317人，其中被取消营销人员资格的有509人。

正确的应对策略，加上严格的人员管理，打造出了安利产品在消费者心目中的良好形象。现在安利（中国）面临的最大挑战，是如何在短期内提高生产能力，解决产品在中国市场供不应求的问题。

目前，安利（中国）在广州建有16条生产线，即使满负荷开工仍然不能完全满足市场需要，一些销售店铺原准备3个月的存货在2天之内就一抢而空，当然这主要是直销员的恐慌性突击抢购造成的。

经过短短9年的发展，中国已经超过拥有45年发展历史的美国市场，成为安利在全球的最大市场。

资料来源 陈哲鑫. 营销渠道管理——安利的营销渠道案例分析［EB/OL］.［2016-06-14］. https://wenku.baidu.com/view/0f4dac1c08a1284ac9504370.html? from=search.

2）按同一层级中间商的数量化分

根据在渠道中各环节使用同类型中间商数量的多少，分销渠道可分为独家分销渠道（也称为窄渠道）、密集分销渠道（也称为宽渠道）和选择分销渠道三种，见表8-2。

表8-2 **独家分销渠道、密集分销渠道和选择分销渠道对比表**

分销渠道类型	含义	优点	缺点
独家分销渠道	在既定市场区域内，每个渠道层面只有一家经销商运作	竞争程度低；厂家与经销商的关系较为紧密；适用于专用产品的分销	缺乏竞争，顾客满意度可能会受到影响；经销商对厂家的反控制能力较强
密集分销渠道	凡是符合厂家要求的经销商均可参与分销	市场覆盖率高；比较适用于快速消费品的分销	经销商之间的竞争容易导致市场混乱，渠道的管理成本比较高
选择分销渠道	从申请者中选择一部分作为经销商	优缺点介于独家分销渠道和密集分销渠道之间	

3）按企业选择渠道模式的种类划分

根据企业选择渠道模式种类的多少，分销渠道可分为单渠道与多渠道两种。单渠道是指生产者在一定的目标市场中，只选择一种分销渠道的模式。多渠道是指生产者在一定的目标市场中，选择多种分销渠道的模式。生产者在建立分销渠道时多采用多渠道模式。多渠道模式的优点是能降低销售成本，增加市场覆盖面；缺点是渠道合作困难，易产生渠道冲突。

上述分销渠道类型的变化，主要体现渠道层级、宽度、广度的变化方面。

8.2　分销渠道结构策划

分销渠道设计决策是企业的一项重要战略决策，需要与企业的营销目标、地区市场机会和条件相适应。分销渠道结构策划主要是通过设计分销渠道获取企业的竞争优势。

8.2.1　分销渠道结构策划的原则

1）客户导向原则

企业欲求发展，必须将客户要求放在第一位，树立以客户为导向的经营思想。这需要通过周密细致的市场调查研究，不仅要提供符合客户需求的产品，还必须满足客户在购买时间、地点以及售后服务方面的需求。

2）最大效率原则

企业选择合适的分销渠道模式，目的在于提高产品流通的效率，不断降低流通过程中的费用，使分销网络的各个阶段、各个环节、各个流程的费用合理化，从而降低产品成本，取得市场竞争优势，获得最佳效益。

3）发挥企业优势原则

现代市场经济的竞争，早已是整个规划的综合性网络的整体竞争。企业应依据自己的特长，选择合适的渠道模式，以实现最佳的经济效益，获得良好的客户反应。同时，企业应发挥自身的优势，以保证渠道成员的合作，贯彻企业自身的战略方针与政策。

4）合理分配利益原则

这是渠道合作的关键，利益分配的不公常常是渠道成员矛盾冲突的根源。因此，企业应该设置一整套合理的利益分配制度，根据渠道成员负担的职能、投入的资源和取得的成绩，合理分配渠道合作所带来的利益。

5）协调及合作原则

渠道成员之间不可避免地存在竞争，在建立、选择分销渠道模式时，企业要充分考虑竞争的强度。既要鼓励渠道成员之间的有益竞争，又要积极引导渠道成员的合作，协调其冲突，加强与各渠道成员的沟通，努力使各条渠道有序运行，实现既定目标。

6）覆盖适度原则

企业还应考虑及时、准确地送达的商品是否能销售出去，是否有足够的市场覆盖率以支持针对目标市场的销售任务。不能一味地只强调降低分销成本，这样可能会导致销售量下降、市场覆盖率不足。在分销渠道模式的选择过程中，企业也应避免扩张过度、分布范围过宽或过广，以免造成沟通和服务的困难，甚至无法控制和管理目标市场。

7）平衡可控原则

企业的分销渠道模式一旦确定，便需要花费相当大的人力、物力和财力去建立与巩固，整个过程是复杂且缓慢的。所以，企业要平衡各部分利益，轻易不要更换渠道模式及渠道成员。只有保持渠道的相对稳定，才能进一步提高渠道的效益。畅通有序、覆盖适度，是分销渠道稳固的基础。

同步思考8-2

互动问题： 2004年，格力电器与国美电器宣布"分手"，这其实是一场不同销售渠道之间的较量。格力的"新兴连锁销售"与国美的"传统代理商销售"，谁将主导家电流通渠道呢？

理解要点： 家电大卖场多处于商业旺地，场租成本高，再加上广告宣传、销售、配送、售后等方面的运作成本，总成本是一个不小的数目，而高成本、低售价只能靠压榨制造商去实现。另外，这些家电大卖场多设在大中城市，对于广大的农村市场来说，这样单一的渠道显然不能满足企业扩大销售的要求。

8.2.2　分销渠道结构策划的程序

每个行业、企业都有自己的特性，因此分销渠道结构策划的程序也不尽相同。分销渠道结构策划的程序如图8-4所示。

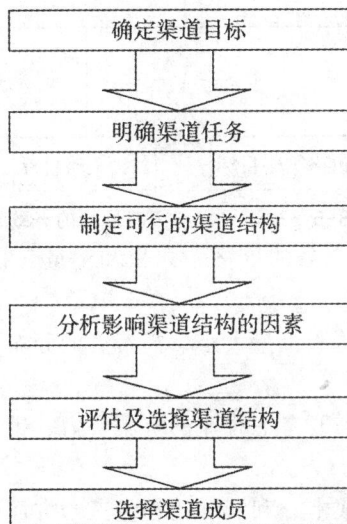

图8-4　分销渠道结构策划的程序

1）确定渠道目标

渠道目标是分销渠道设计者对渠道功能的预期，体现了企业的营销战略目标。分销渠道设计应达到畅通高效、覆盖适度、稳定可控、协调平衡等目标。除上述因素外，确定渠道目标时还要考虑经济环境、产品、顾客特性、中间商的优劣、竞争等因素的影响。

渠道目标描述要具体，使目标执行人员能够准确了解分销渠道在企业整体营销战略和营销组合中的作用，同时要评估所制定的渠道目标与企业的营销战略、营销目标、营销策略是否一致。在进行渠道目标一致性评估时，要做到从大到小，即首先检查渠道目标与公司层的企业战略目标是否一致，然后检查渠道目标与职能层的营销策划目标是否一致，最后检查渠道目标与操作层的产品、价格、营销策略目标是否一致，并且要注意公司层、职能层、操作层的横向相关性和互为影响性，如图8-5所示。

2）明确渠道任务

分销渠道设计者应根据分销渠道的销售、沟通、仓储、融资、承担风险等职能，详细说明分销渠道应承担的任务。

3）制定可行的渠道结构

在确定了渠道目标、明确了渠道任务之后，渠道设计者应思考如何制定可行的渠道结构。

4）分析影响渠道结构的因素

企业在设计渠道结构时，必须对下列几个影响渠道结构的因素进行系统分析和判定：

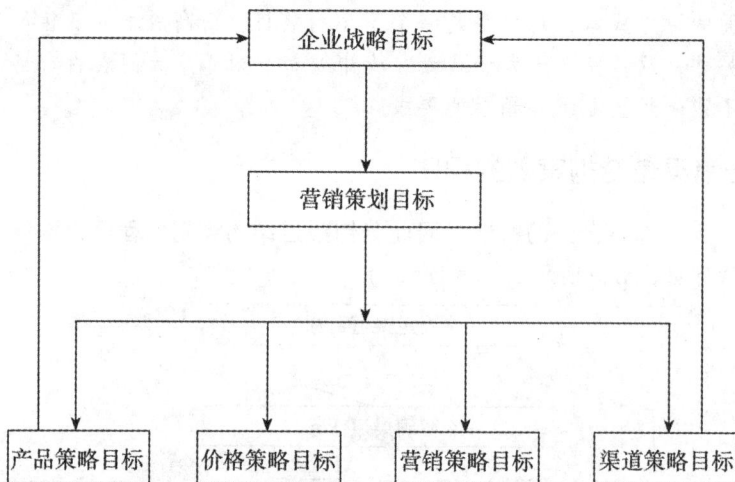

图8-5 战略目标与策略目标的一致性

（1）产品因素：需要考虑产品的价格、体积和重量、技术性、易毁损性和保质期等因素。

（2）市场因素：需要考虑购买批量大小、消费者的分布、消费者的购买习惯和心理等因素。

（3）生产企业本身因素：需要考虑企业的资金实力、销售能力、服务能力和发货限制等因素。

（4）经济效益：需要考虑成本、利润和销售量三个方面的因素。

（5）中间商特性：不同中间商的实力、特点不同，如不同的中间商在广告、运输、储存、信用、联系人员、送货频率等方面具有不同的特点，从而影响了企业对分销渠道的选择。

5）评估及选择渠道结构

渠道设计者综合考虑上述因素后，应设计出几种分销渠道结构。究竟选择哪种渠道结构，还需要对已设计的渠道结构进行评估。渠道结构评估的实质是从那些看起来似乎合理但又相互排斥的方案中选择最能满足企业长期目标的方案。

评估渠道结构应遵循经济性、可控性和适应性的原则，选择渠道结构可采用财务方法、交易成本分析法和经验法。

6）选择渠道成员

分销渠道需要选用适合的渠道成员才能发挥出最大的效能。优质的分销渠道成员与健全的分销渠道网络，是企业重要的外部资源，也是企业建立稳定分销渠道的基础。企业在建立分销渠道时应慎重选择分销渠道成员。

（1）寻找潜在的渠道成员。寻找潜在的渠道成员有两种方法，分别是内部信息源和外部信息源。内部信息源即从现有分销渠道成员或销售队伍中获得潜在的渠道成员信息，也可以利用公司内部人力资源关系网获得潜在的渠道成员信息。外部信息源包括行业协会、商会、展会、广告等。

（2）确定选择渠道成员的原则及标准。要想选择既符合分销渠道战略又能完成分销任务的渠道成员，应先确定选择渠道成员的原则，再确定选择渠道成员的标准。

选择渠道成员应遵循易于进入目标市场、与企业形象匹配、有益于产品销售、可建立战略伙伴关系四项原则。

选择渠道成员的标准包括财务状况、信用、销售力、产品线、声誉、管理能力、经营状况和规模等。

（3）评估确定渠道成员。依据各项评估标准的重要性进行加权，对每个潜在的渠道成员进行打分，选择得分最高的渠道成员。

同步案例8-2

好产品的渠道选择困惑

背景与情境：某企业是食品类生产企业，该企业依靠自己原有的产品，生产出了具有自己专利技术的深加工产品。这种产品的价格远比市场上同类产品的价格高，但该企业对自己的产品颇为自信，自认为好产品一定会有好销路。企业领导人苏总却有些郁闷，因为他面临着一个为难的选择：该如何销售产品呢？是自建专卖店还是找分销商？是采用网络销售还是采用传统渠道？

问题：苏总究竟应该选择什么样的分销渠道呢？

分析提示：在新产品上市的时候，企业究竟应选择什么样的销售渠道，需要结合当时当地的市场情况、企业的整体营销策略，以及经销商的具体情况来分析。第一，分析企业目标消费群体的消费心理和习惯；第二，分析企业的渠道营销策略；第三，分析企业的产品特性；第四，分析企业产品的市场容量；第五，寻找与目标客户类似的经销商进行合作。

8.3 分销渠道管理策划

分销渠道是制造商的一项重要无形资产，关乎制造商的生死存亡。渠道成员间的通力合作，可以确保制造商的物流、资金流、信息流顺畅，保证渠道成员实现多赢。

渠道管理是指制造商为实现企业营销目标对现有渠道进行管理，确保渠道成员间、企业和渠道成员间相互协调、通力合作的一切活动。因此，渠道管理是企业管理中非常重要的一项内容，有效的渠道管理能够维护和促进渠道成员间的相互关系，确保渠道成员的利益，促进渠道成员相互合作，保证产品持续成长。

业务链接8-2

传统经销商的明天

庄老板是国内某著名家居照明企业在南方某中心城市的经销商，最近，他与该家居照明企业产生了激烈的冲突，因为进入该城市不久的国际连锁超卖巨头——百安居使他受到了前所未有的冲击：首先，他原有的零售客户生意萎缩，传统终端的走货越来越少；其次，零售价格下滑，他的利润空间被压缩；最后，该家居照明企业应百安居的要求开始直供，这部分销量不能记入他的返利销量中。庄老板把怨气都发泄到了该家居照明企业身上，要求其停止直供，并管控价格，提高返利幅度。然而，该家居照明企业的回答是：传统的专业灯具市场已经萎缩，而百安居的销量越来越大，并且要再开4家分店，企业也是迫不得已，必须要与百安居合作，不然竞争对手抢先进入，可能整个市场就丢了。此外，给经销商的价格已经比直供百安居的价格低了许多，不能再降价了。

资料来源　佚名. 渠道管理案例分析［EB/OL］.［2014-07-16］. https://wenku.baidu.com/view/1618acbe551810a6f524866e.html.

8.3.1　分销渠道的激励与扶持

分销渠道管理的重要内容之一就是激励渠道成员。激励渠道成员是指制造商为了调动分销渠道成员的积极性，促进渠道成员通力合作，最终达成分销渠道目标所采取的措施。分销渠道成员与制造商的需求是不同的，中间商并不认为自己是制造商雇用的供应链上的一员，其把所有产品都看作一个整体，关心的是客户需要的产品。若无激励措施，经销商不会保留单一的销售记录，制造商也无法获得自己产品的销售信息。渠道管理就是不断加强渠道成员与制造商的关系，针对渠道成员的需求提供持续的激励与扶持。

分销渠道的激励与扶持是指制造商部分参与经销商的经营管理工作，保证经销商把更多的精力投入本企业产品的销售工作中，让经销商感受到与制造商合作的价值。

分销渠道的激励与扶持主要有两种方法：一是利用返利、折扣等直接激励方式激发经销商的积极性；二是利用产品、终端、客户管理等间接激励方式激发经销商的积极性。

1）直接激励

直接激励是指通过提供物质奖励和金钱奖励来肯定经销商在销售量和市场规范操作方面的成绩。返利、价格折扣、促销活动、市场基金等是最常用的直接激励方法。

（1）返利。返利有过程返利和销量结果返利两种形式。过程返利是一种直接管理销售过程的激励方法，主要用于考察市场销售的规范性。在制定返利政策时，企业要综合考虑返利的标准（品种、数量、额度、等级水平），形式（货物、钱），时间（起止日期，返利月、季、年）及相关的附属条件。

（2）价格折扣。价格折扣是指制造商针对经销商需要制定不同的价格优惠政策，如数量折扣、层级折扣、现金折扣、季节折扣等。

（3）促销活动。经销商非常欢迎促销活动。制造商可采用自己负担或与经销商共同分担的方法开展促销活动。在促销时要注意，促销目标、促销力度、促销内容、促销时间、考评方法、费用申报、活动管理的设计等应与企业营销目标保持一致。在促销活动中，制造商也要派人员协助经销商进行产品陈列、活动安排与培训等。

（4）市场基金。市场基金是指给经销商一个额度，以调动经销商经销合作的积极性，如合作基金、开拓基金、发展基金等。

2）间接激励

间接激励是指通过帮助区域代理商和其他经销商获得更好的管理销售方法，培养其追求更高挑战的技能，从而提高销售绩效，而这一过程也加深了合作双方的感情联系。常用的间接激励方法有以下几种：

（1）培训经销商。通过培养销售体系需要的专业人才，提高合作伙伴的管理水平、增值能力、销售推广能力和商务、宣传、服务的规范性，进而提升销售体系的竞争力，使合作伙伴与制造商共同成长。制造商的职责就是规划并建立渠道培训体系，策划并组织实施渠道培训。

（2）向经销商提供营销支持。帮助经销商建立进销存报表，做好安全库存数的确定和先进先出库存管理。进销存报表的建立，可以帮助经销商了解某一周期的实际销售数量和利润；安全库存数的确定，可以帮助经销商合理安排进货；先进先出库存管理可以减少即期品（即将过期的商品）的出现。

通过对经销商提供间接和直接激励，制造商可与经销商发展长期合作关系，但是对经销商的激励必须适度，过频的激励会降低激励的效果，过低水平的激励达不到预期的激励效果，过高水平的激励会提高制造商的成本。因此，应先评估后激励，实施激励措施前要先确定好激励的水平和频度，对不同的经销商采用不同的激励措施。

教学互动8-1

互动问题：

1）渠道成员和制造商的利益既存在一致性，又有分割的矛盾，对此你怎么看？

2）原有的白酒销售模式已经受到连锁门店销售的冲击，请分析连锁门店销售的优劣势。

要求：同教学互动1-1的"要求"。

8.3.2 分销渠道的检查与调整

分销渠道构建完成后并不是一劳永逸的，企业必须定期检查中间商的表现、评估渠道绩效，在此基础上对分销渠道的结构和政策进行必要的评估与调整，从而提高分销渠道的绩效，增强渠道的活力，实现企业的分销渠道目标。

1）分销渠道的检查

分销渠道建立起来后，企业必须定期按一定标准（如销售量达成情况、库存情况、破损处理情况、促销合作情况、货款结算情况、交货时间等）衡量中间商的绩效，评估是否需要取消那些影响渠道绩效的中间商。

（1）渠道绩效评估的流程。**渠道绩效评估是指制造商应用科学方法对其分销渠道系统的绩效进行客观考核与评价的过程。**渠道绩效评估的流程包括建立渠道绩效评估标准和制定渠道绩效评估制度。

①建立渠道绩效评估标准。建立渠道绩效评估标准是进行公平、公正的渠道绩效评估的基础，渠道绩效评估标准可采用历史比较法或区域比较法，从渠道组织、渠道运行、渠道服务、渠道经济性的角度来建立。

②制定渠道绩效评估制度。这是提高分销渠道效率的好方法，该制度的建立可使管理者认清分销渠道存在的不足，从而及时改进，保持分销渠道目标与企业营销目标的一致性。

（2）评估渠道绩效。从渠道管理组织、渠道运行状况、渠道服务质量和渠道经济效果四个方面进行渠道绩效评估。

2）分销渠道的调整

检查与评估分销渠道后，为了适应不断变化的环境，企业应及时改进影响渠道效率的渠道安排。分销渠道的调整涉及调整中间商、调整分销渠道、建立新的分销渠道三种方法。

（1）调整中间商，增加或减少个别的中间商。在产品生命周期的不同阶段，一直保持竞争优势的分销渠道是没有的。对于新产品，企业需要专门设计分销渠道，培养第一批用户，所以可以采用独家分销渠道；对于成熟期的产品，因其标准化程度高，消费者认可度高，所以可以采用密集分销渠道。

（2）调整分销渠道，增加或减少特定的分销渠道。现有分销渠道不可避免地会与理想的渠道出现差距，如果不调整现有渠道，渠道的能力就会随着时间的推移而减弱，消费者也会转向那些能满足他们需求的分销系统。因此，当消费者的购买行为发生变化时，企业必须及时调整分销渠道。

（3）建立新的分销渠道。这是指在一个特定的市场上，建立新的分销渠道。不断变化的营销环境使企业面临着越来越多的竞争者，通过单渠道销售产品已经越来越难，许多企业开始进行多渠道分销，以扩大市场覆盖面、增加销售、降低分销成本。

职业道德与企业伦理8-1

破解网络渠道与线下渠道冲突难题

背景与情境： 在电子商务已经如火如荼的今天，仍然有部分企业还在艰难抉择。诸多企业之所以迟迟不开展电子商务，其中一个最重要的原因是企业还没有想清楚如何解决网络渠道与其他传统线下渠道相冲突的问题，这个问题不想清楚，企业的电子商务战略必然是模糊的。当询问一家有着30年历史的国内著名服装企业的营销副总如何看待网络营销，及其在网络销售方面有什么计划时，这位副总一脸不屑，说网络给其带来了无限的烦恼，3年内，企业没有网络销售计划。这是一个典型的传统企业无法破解网络销售与线下渠道相冲突难题的案例。

到底应该如何破解这个难题呢？网络渠道与线下渠道是否可以和谐共生呢？我们首先分析一下这种冲突的本源所在：

（1）网络渠道与线下渠道面向的客户群体重叠

这是造成冲突的本源所在。除非网络上卖的产品和线下渠道卖的产品的终端消费者是完全区隔开的，否则这种冲突必定存在。如同专卖店渠道和商超渠道直接存在竞争一样，网络渠道作为新兴的渠道模式对传统渠道的挤压是必定存在的，并且网络渠道挟互联网之传播快速的优势及中间环节简化带来的价格优势，使传统渠道从直观上就对网络渠道存在敌意。

（2）由互联网的特性带来的价格冲击

这才是线下渠道反应激烈的本质！厂商通过网络渠道分销产品，即使销售不出去，对产品和企业的品牌也是有正面帮助的，从这个方面来分析，网络渠道对传统线下渠道应该是有正面帮助的，可是为什么线下渠道对网络渠道持怀疑态度甚至是抵触情绪呢？问题的本质就在于，通过网络渠道销售的商品由于不存在物流和仓储成本，也无须负担昂贵的营销成本，因此同样的产品在网络上售卖的价格要比线下零售店的价格便宜很多。来自淘宝的数据显示，网上开店和传统销售渠道相比，网店店主可以节省60%的运输成本和30%的运输时间，营销成本可以降低55%，渠道成本可以降低47%。综合上述成本因素考虑，同样的产品在线上和线下渠道存在20%～30%的差价完全正常。这实际上是很可怕的，20%的差价足以让线下渠道产业链产生很大的动荡。

资料来源 佚名. 破解网络渠道与线下渠道冲突难题［EB/OL］.［2015-10-25］. https：//wenku.baidu.com/view/d2569b6aba0d4a7303763a53.html？from=search.

问题：如何破解以网络渠道为首的新兴商业渠道对线下渠道的冲击？

分析提示：随着社会的发展，新兴的商业渠道已经对传统线下渠道产生了挤压，放眼看去，除了网络渠道外，DM直邮、呼叫中心、电视直销都对线下渠道产生了不小的影响，所以企业有必要摸索出一套行之有效的对策，以从容应对以网络渠道为首的新兴商业渠道的冲击。新兴商业渠道打破了原有线下渠道的地域区隔，并且在商业模式设计上带来了边际成本比较低的优势，所以企业如果没有及时建立与传统渠道下分销商的共赢机制，就很容易出现新、老渠道争夺同一批消费者、产品一样价格却不一样的现象。

8.3.3 分销渠道创新

1）渠道创新的动力

激烈的市场竞争促使企业不断进行技术、产品和促销等方面的创新。然而，在渠道方面，大多数企业仍沿用了经营初期传统的渠道模式和管理方式。经济的发展必然带来分销渠道的变革。面对市场经济从粗放型向集约型转变的新环境，传统渠道模式在效率、成本及可控性等方面的劣势日益突出，其"自我意识"和不稳定性对企业的经营效率、竞争力和经营安全形成的局限与威胁逐渐显现，因此对分销渠道的重新整合成为企业关注的话题。概括来说，分销渠道创新的动力主要来自以下方面：

（1）旧的渠道结构无法满足市场发展的需求。市场发展进入了新阶段，传统渠道模式已经难以适应新的要求。从渠道成员地位变化的角度来看，我国分销渠道的发展经历了从重视厂家阶段到重视经销商阶段，最终进入重视消费者阶段的过程。重视消费者阶段的特征是企业的一切活动都围绕着消费者展开，一切以消费者的满意为目标。这就要求企业要以最方便的途径让消费者购买到产品，要以最快的速度对消费者的购买需求和评价做出反应。然而，在传统的渠道模式下，由于中间商与厂家一般不是一对一的关系（属于买卖型关系而非合作型关系），且二者的利益关系是相对独立的，因此每个环节上的保价行为都会使双方形成对立，这就阻碍了厂家与消费者的直接沟通，影响了渠道的效率。

（2）分销渠道成本控制成为渠道管理的重点。竞争越充分，企业的利润越薄，因此渠道成本的控制就显得非常重要。近年来，我国市场的供求关系发生了极大的变化，许多领域供大于求，企业利润越来越低，已经进入微利时代，渠道利润空间也越来越小。此外，流通领域的进一步对外开放使国际流通巨头加紧在我国的扩张，这些状况都促使渠道成本的控制成为必然。

（3）对分销渠道的辐射力和控制力的要求更高。企业在经营初期是相当弱小的，资源也十分缺乏，这时利用经销商的网络资源推广产品是一种合理、有利的方式，当然付出的代价是形成了对经销商的依赖性。随着企业规模越来越大，品牌影响力不断增大，为了规避渠道风险并为后续产品奠定渠道基础，企业对渠道辐射力和控制力的要求会更高。一些企业甚至可以凭借自身的财力和市场管理经验组建自己的分销网络，如对经销商实行特许经营，把渠道成员纳入自己的规范、控制之内。因此，从市场竞争的需要和企业长远的利益来看，掌握渠道主动权具有十分重要的意义。

（4）新技术的出现和广泛运用。随着以互联网为代表的新技术和新经济模式的出现，新的销售模式也得到了广泛应用。此外，随着互联网在全球范围内的普及和物流运输业的发展，网购正为越来越多的人所追捧。这也不断催生了新的分销渠道模式。

2）渠道发展趋势

随着市场竞争的加剧，渠道创新的速度也越来越快。其中，以下变化将是未来分销渠道发展的主要趋势：

（1）大型化趋势。批发商、零售商作为分销渠道中的主要环节，正日趋大型化和规模化，众多"巨无霸"式的超大企业、连锁企业正发挥着越来越重要的作用，它们通过资源共享、批量采购、统一配送等方法，减少了配送环节、降低了配送成本，从而在激烈的市场竞争中有了更大的优势。

（2）多渠道组合。多渠道组合的概念最早是由两位英国渠道专家提出来的。其核心思想是建立两个或更多的营销渠道，以到达一个或多个目标市场。

多渠道组合的类型包括：①集中型组合方式。把多条分销渠道在单一的产品市场上进行组合，这些渠道彼此重叠、相互竞争。②选择型组合方式。针对不同的细分市场，采取不同的渠道模式进行产品分销，多种渠道之间既互不重叠，也互不竞争。③混合型组合方式。这是对上述两种组合方式的综合运用。

（3）网络分销。网络分销是指企业以电子信息技术为基础，以计算机网络为媒介和手段进行的各种分销活动的总称。网络作为一种全新的生产力，在控制成本、提高利润、市场信息反馈等方面具有明显优势。网络分销是具有极大经济潜力和使用价值的全新领域，必将成为分销渠道的发展趋势之一。

（4）以终端市场建设为中心。以终端市场建设为中心的表现就是直销（direct selling）。根据世界直销协会联盟的定义，直销是指以面对面且非定点的方式销售商品或服务，直销者绕过传统批发商或零售通路，直接从顾客接收订单。

（5）渠道结构扁平化。渠道结构扁平化就是尽量减少流通环节，以此来实现成本优势，还可以减少中间环节过多导致的信息失真。渠道结构扁平化有利于更好地满足消费者的需求，了解真实的市场信息；有利于管理和服务经销商，控制和驾驭经销商；有利于加大对消费者的宣传力度；有利于开展终端促销活动，消化库存，真正提高市场占有率；有利于塑造品牌。

⚊ **本章概要** ⇒

☐ 内容提要与结构

▲内容提要

● 分销渠道策划是指如何选择、设计、管理分销渠道，也就是说如何合理选择、设计、管理产品从生产者转移到消费者或用户所经过的路线和通道。分销渠道策划包括确定分销渠道目标、设计分销渠道结构、评估分销渠道方案、选择分销渠道成员、遵循分销渠道原则等内容。

● 分销渠道结构策划的程序如下：确定渠道目标；明确渠道任务；制定可行的渠道结构；分析影响渠道结构的因素；评估及选择渠道结构；选择渠道成员。

● 使渠道成员通力合作的方法是：激励与扶持渠道成员，与渠道成员建立伙伴关系，定期检查、评估渠道成员的表现和渠道绩效，及时调整、改进渠道。分销渠道策划也需要及时跟进最新趋势，创新分销渠道模式。

▲ 内容结构

本章内容结构如图8-6所示。

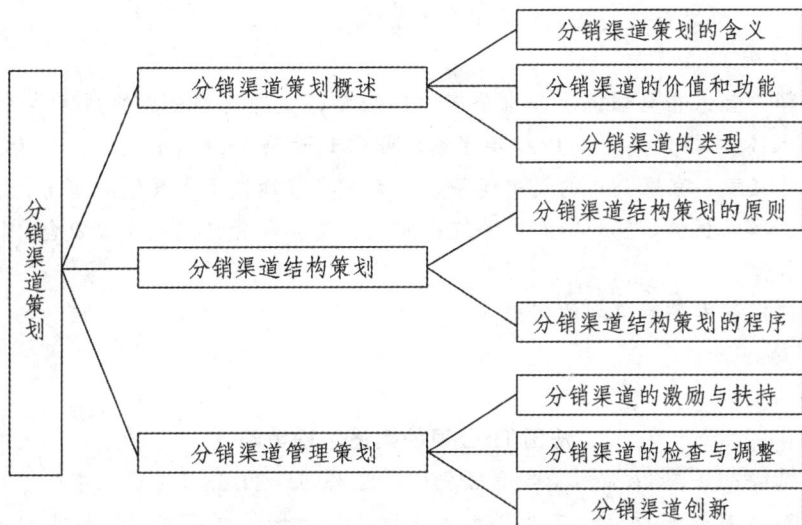

图8-6 本章内容结构

□ 主要概念与观念

▲ 主要概念

分销渠道策划　分销渠道　分销渠道业务流程　渠道管理　渠道绩效评估

▲ 主要观念

分销渠道结构策划　分销渠道管理策划

□ 重点实务和操作

▲ 重点实务

分销渠道结构策划的程序　分销渠道的激励与扶持

▲ 重点操作

分销渠道策划知识应用

基本训练

□ 理论题

▲ 简答题

1）简述分销渠道的价值、功能与类型。

2）影响渠道结构的因素有哪些？

3）简述分销渠道的发展趋势及其原因。

▲ 讨论题

1）什么样的分销渠道结构较为合理？

2）供应商选择渠道成员是单边决定吗？

□ 实务题

▲ 规则复习

1）简述分销渠道结构策划的流程。

2）分销渠道结构策划需要考虑哪些影响因素？

3）简述分销渠道结构策划的原则与程序。

4）简述渠道激励与扶持的具体做法。

▲ 业务解析

背景资料： 宜家在全球拥有多家分店。1992年，光顾这些分店的顾客共计9 600万人次，营业收入高达43亿美元。1994年宜家的销售额达到45.9亿美元，其中88.9%的销售收入来自海外经营。宜家公司的竞争优势是因为它系统地进行了营销渠道角色、关系和组织实务创新，所以获得了整合的经营系统，并且凭借参与者之间的有效配合，比以往更有效地创造了价值。

问题： 请你运用渠道策划的相关知识，具体分析宜家分销渠道建设成功的原因。

□ 案例题

▲ 案例分析

法国TL公司的渠道管理策略

背景与情境： 法国TL公司是世界领先的石油公司。TL公司自进入中国市场以来，车用小包装（2L、4L）润滑油、工业用特种润滑油的市场份额一直都比较小，落后于其他几个国际品牌。TL公司在1997年开始按传统营销策略拓展吉林省市场，2006年仅完成润滑油销售目标的25%，投入产出严重不成比例。

2010年，TL公司新的销售团队针对工业品客户"高关注程度"的购买特点，实施了三项改革：

第一，聘请经营某国际知名润滑油品牌多年的经销商建设全新的营销渠道。

第二，将营销重点由专有渠道向大众传媒拓展。于春季换油旺季在当地《交通之声》广播电台投放了1个月的广播广告，覆盖了诸多使用群体。

第三，选择"钻石3000#"作为明星单品，针对目标客户——出租车车主，将广告的核心诉求定为"使用3 000千米，机油不发黑"。

新策略实施3个月后，经销商出货额对比过去3个月平均增长了350%，相对上年同期销售额增长近400%，投入产出比为1∶13。销量的迅速提升吸引了诸多新、老合作伙伴，2010年吉林省的销量对比2009年增长超过100%。

TL公司聘请了经营某国际知名润滑油品牌多年的经销商，凭借该经销商多年的信誉和客户关系减轻了零售商和最终用户对试用新产品的顾虑；通过大众媒体进行传播，为购买者提供了一个新的获取信息的途径；通过"机油不发黑"的卖点打消车主的担心和顾虑。TL公司根据客户认知需求的差异规避决策风险，提高营销效率和决策质量，并在诸多环节上满足了客户"高关注"购买时"更希望降低购买风险"的心理需求，因此最终获得了成功。

资料来源　李杰侠，刘东昌. 工业品营销的颠覆认知 [J]. 销售与市场，2008（7）.

问题：

1）可供企业选择的分销渠道策略有哪几种？

2）这类公司通常应采取哪种分销渠道策略？

3）法国TL公司采取的是哪种分销渠道策略？与习惯做法相比，其成功之处在哪里？

分析要求：同第1章本题型的"分析要求"。

▲ 善恶研判

水平渠道冲突

背景与情境：某公司的新产品进入了市场，为了防止出现经销商一家独大、与厂家对抗的局面，该公司决定采用不设代理商，而是直接发展密集的零售经销商的渠道策略。然而，让公司大区经理高总犯愁的是，由于本产品属于拥有独特专利的产品，市场的反应很不一样。经销商A由于有一定的行业经验，加上市场营销工作做得好，尽管采用了高价进入市场的策略，甚至采用了远远高于公司指导价的定价，消费者仍趋之若鹜。与之相比，经销商B只是看好这个产品的功能和市场前景，但是在销售时，发现很多消费者对价格难以接受，于是决定降价以吸引客户。由此，在同一市场上，出现了两种不同的价格。高总该支持哪一方呢？经磋商，两家经销商均答应按照公司要求统一价格销售。可是在实际销售工作中，双方仍然各行其是。

问题：

1）本案例中的双方存在哪些道德伦理问题？

2）试对上述问题做出你的善恶研判。

3）通过网上或图书馆调研等途径搜集你做善恶研判所依据的行业规范。

研判要求：同第1章本题型的"研判要求"。

□ 实训题

"分销渠道策划"知识应用

【实训目标】

见本章"章名页"之"学习目标"中的"实训操练"。

【实训内容】

专业能力训练：其"领域"、"技能点"、"名称"及其"参照规范与标准"见表8-3。

职业核心能力和职业道德训练：其内容、种类、等级与选项见表8-4；各选项操作的"参照规范与标准"见本教材"附录三"的附表3和"附录四"的附表4。

【实训任务】

1）对"分销渠道策划"专业能力的各技能点，依照其"参照规范与标准"，实施应用相关知识的基本训练。

2）对"职业核心能力"选项，依照其"参照规范与标准"，实施应用相关知识的"中级"强化训练。

3）对"职业道德"选项，依照其"参照规范与标准"，实施"认同级"相关训练。

【组织形式】

1）以小组为单位组成营销策划团队。

2）各营销策划团队结合实训任务进行适当的角色分工，确保组织合理和每位成员的积极参与。

表 8-3 专业能力训练领域、技能点、名称及其参照规范与标准

领域	技能点	名称	参照规范与标准
"分销渠道策划"知识应用	技能点 1	"'分销渠道策划概述'知识应用"技能	1）能全面理解和把握"分销渠道策划概述"的相关知识。 2）能从"分销渠道策划概述"的特定视角理解并应用相应知识，有质量、有效率地完成以下操作： （1）分析"分销渠道策划概述"的如下业务运作现状，即其成功、不足及尚待解决的各种问题： ①充分考虑和尽可能实现分销渠道的价值，使其为企业增加竞争优势，疏通生产者和消费者之间的障碍，规避生产者的风险。 ②充分发挥分销渠道的功能，使其为企业承担搜集和传播信息、促销、寻找顾客、配送商品、谈判、物流和分担风险等任务。 ③按中间商的层级数、同一层级中间商的数量和企业选择渠道的模式，准确划分并根据需要扬长避短地选择分销渠道。 （2）就其不足和存在的问题，提出优化建议和解决方案
	技能点 2	"'分销渠道结构策划'知识应用"技能	1）能全面理解和把握"分销渠道结构策划"的理论与实务知识。 2）能从"分销渠道结构策划"的特定视角理解并应用相应知识，有质量、有效率地完成以下操作： （1）分析"分销渠道结构策划"的如下业务运作现状，即其成功、不足及尚待解决的各种问题： ①依照相关规则进行程序化运作。 ②全面评估和适当选择渠道结构。 ③兼顾相关因素，慎重选择分销渠道成员。 （2）就其不足和存在的问题，提出优化建议和解决方案
	技能点 3	"'分销渠道管理策划'知识应用"技能	1）能全面理解和把握"分销渠道管理策划"的理论与实务知识。 2）能从"分销渠道管理策划"的特定视角理解并应用相应知识，有质量、有效率地完成以下操作： （1）分析"分销渠道管理策划"的如下业务运作现状，即其成功、不足及尚待解决的各种问题： ①采取适当方法，有效激励和扶持经销商。 ②定期检查和适当调整中间商。 ③通过大型化、多渠道组合、发展网络分销和渠道结构扁平化等途径进行分销渠道创新。 （2）就其不足和存在的问题，提出优化建议和解决方案

表 8-4 职业核心能力和职业道德的训练内容、种类、等级与选项表

内容	职业核心能力						职业道德						
种类	自我学习	信息处理	数字应用	与人交流	与人合作	解决问题	革新创新	职业观念	职业情感	职业理想	职业态度	职业良心	职业作风	职业守则
等级	中级	中级	中级	中级	中级	中级	中级	认同级	认同级	认同级	认同级	认同级	认同级	认同级
选项		√		√	√	√	√	√			√	√	√	√

【指导准备】

知识准备：

学生通过自主学习，预习如下知识：

1）分销商系统知识。

2）"分销渠道策划"的理论与实务知识。

3）本教材"附录一"的附表1中，与本章"职业核心能力"选项各技能点相关的"'知识准备'参照范围"所列知识。

4）本教材"附录三"的附表3中涉及本章"职业核心能力"选项，以及"附录四"的附表4中涉及"职业道德"选项的"参照规范与标准"知识。

操作指导：

1）教师向学生阐明"实训目的"、"实训任务"和"知识准备"。

2）教师就"知识准备"中的第（3）、（4）项，对学生进行培训。

3）教师指导学生制订《实训方案》。

4）教师指导学生撰写相关《实训报告》。

【情境设计】

将学生分成若干营销策划团队，分别选择一家已开展分销渠道策划业务的企业（或校专业教育实训基地），结合课业题目，从"'分销渠道策划'知识应用"的视角，对该企业（或校专业教育实训基地）的分销渠道策划运作现状进行调查研究，分析其成功经验与不足，在此基础上为其量身定制基于"'分销渠道策划'知识应用"的《××企业分销渠道策划优化方案》，通过系统体验各项相关操作，完成本次实训的各项任务，撰写《"分销渠道策划"知识应用实训报告》。

【实训时间】

本章课堂教学内容结束后的双休日和课余时间，为期一周。

【操作步骤】

1）将学生组成若干营销策划团队，每个团队确定1人为队长，结合项目需要进行角色分工。

2）教师对各团队进行产品类别划分培训，确定可作为其"'分销渠道策划'知识应用"训练的产品类别。

3）各团队根据产品类别、"实训任务"、"情境设计"和课业题目，讨论和制订本次《实训方案》。

4）各团队实施《实训方案》，应用"分销渠道策划"知识，系统体验如下操作：

（1）针对该产品类别，从"分销渠道策划"的特定视角，就表8-3各"技能点"列示的诸多业务运作现状进行调查、研究与评估，分析其成功、不足及尚待解决的问题。

（2）依照"技能点1"的"参照规范与标准"，从"'分销渠道策划概述'知识应用"的特定视角，就该企业营销策划运作中存在的不足，提出优化建议或解决方案。

（3）依照"技能点2"的"参照规范与标准"，从"'分销渠道结构策划'知识应用"的特定视角，就该企业营销策划运作中存在的不足，提出优化建议或解决方案。

（4）依照"技能点3"的"参照规范与标准"，从"'分销渠道管理策划'知识应用"的特定视角，就该企业营销策划运作中存在的不足，提出优化建议或解决方案。

5）各团队总结（1）～（4）项操作体验，撰写基于"'分销渠道策划'知识应用"的《××企业分销渠道策划优化方案》。

6）在"'分销渠道策划'知识应用"的"专业能力"基本训练中，依照表8-4中相关训练选项的"参照规范与标准"，融入"职业核心能力"的"中级"强化训练和"职业道德"的"认同级"相关训练。

7）各团队综合以上阶段性成果，撰写《"分销渠道策划"知识应用实训报告》。其内容包括：实训组成员与分工；实训过程；实训总结（包括对专业能力训练、职业核心能力训练和职业道德训练成功与不足的分析说明）；附件（指阶段性成果全文）。

8）在班级讨论、交流和修订各团队的《"分销渠道策划"知识应用实训报告》，使其各具特色。

【成果形式】

实训课业：《"分销渠道策划"知识应用实训报告》。

课业要求：

1）"实训课业"的结构与体例参照本教材"课业范例"中的范例综-3。

2）将《××企业分销渠道策划优化方案》以"附件"形式附于《"分销渠道策划"知识应用实训报告》之后。

3）在校园网的本课程平台上展示经过教师点评的班级优秀《"分销渠道策划"知识应用实训报告》，并将其纳入本课程的教学资源库。

══ 单元考核 ══

考核要求：同第1章"单元考核"的"考核要求"。

综合训练与考核

— 综合训练 ➡➡

☐ 案例题
▲ 案例分析

快速发展的香飘飘奶茶

背景与情境： 浙江香飘飘食品有限公司董事长蒋建琪在 2004 年偶然想到了开发杯装奶茶的创意。杯装奶茶是具有开创性的产品，他先是低调地进行市场测试，取名"香飘飘"。在进入全国市场销售时，广告宣传迅速跟进，产品一炮而红，创造了一个能让其成为第一的新领域，之后便迅速注册了公司。

香飘飘走红之后，各种奶茶产品铺天盖地地冒了出来。其中最有力的竞争者，就是喜之郎推出的优乐美奶茶。喜之郎的规模是香飘飘的十几倍，双方投入的资源根本不是一个量级。香飘飘的代言人是陈好，而喜之郎请的是周杰伦。香飘飘只有 100 多个营销人员，喜之郎则有 1 000 多人。喜之郎的销量步步紧逼，香飘飘的形势岌岌可危。

经过一番筹划，香飘飘做出了营销策略方面的重大调整：第一，砍掉一切与杯装奶茶不相关的业务，聚焦奶茶。香飘飘痛下决心关掉了前景光明的方便年糕项目，卖掉了设备；两家奶茶店也转手了；房地产项目正常结束后，也不再涉足；在奶茶领域，也进一步聚焦，减少品种。第二，为香飘飘定位，向消费者传达香飘飘是杯装奶茶的开创者和领导者，是全国销量最大的企业这一关键信息。特劳特公司为香飘飘设计了新的广告词——"香飘飘奶茶，一年卖出 3 亿多杯，杯子连起来可绕地球一圈"。第三，原材料价格上涨时，香飘飘率先提价。2010 年，在竞争白热化的情况下，提价似乎是自杀之举，但香飘飘的掌舵人认为，行业要健康发展，一定要有利润空间，这样才会吸引更多竞争者进入这个行业。如果大家都采用低价格参与竞争，难免会有企业弄虚作假，最终会毁了整个行业。

此番调整之后，香飘飘奶茶的销量从 2008 年的 3 亿多杯一下子跃升到 2009 年的 7 亿多杯，2010 年又跃升到 10 亿多杯，一直到今天的 12 亿杯，广告词也从"绕地球一圈"，到"绕地球两圈"，再到"绕地球三圈"……

香飘飘从一个年收入 3 000 万元的小企业迅速成长为年营业额 24 亿元的全国知名企业，击退了规模超过自己十几倍的对手。

资料来源　柯恩.香飘飘如何用定位打败巨头 [EB/OL]. [2013-06-26]. http://www.ceconline.com/strategy/ma/8800067494/01/.

问题：

1）以香飘飘为例讨论快消品营销策划的一般规律。

2）香飘飘的发展经历了哪些阶段？

3）香飘飘快速发展的关键因素有哪些？

分析要求：同第1章本题型的"分析要求"。

▲ 善恶研判

餐饮"霸王条款"的论战

背景与情境：2013年12月9日，北京市工商行政管理局发布餐饮行业6种不公平格式条款，包括"严禁自带酒水""包间最低消费"等，逾期不改者最高罚款3万元。随后，餐饮企业和工商行政管理部门之间展开了持久论战。

2013年12月12日，中国烹饪协会派专员向国家工商行政管理总局、商务部、国家发展和改革委员会递交了公开信，认为"餐饮霸王条款认定缺乏依据"，指责北京市工商行政管理局的行政干预违背了改革原则，要求北京市工商行政管理局整改致歉。

2013年12月13日，国家工商行政管理总局公开回应表示，对于利用合同格式条款侵害消费者合法权益的违法行为，各级工商部门要以法律为准绳、以事实为依据，依法规范，依法查处。北京市工商行政管理局逐条回应中国烹饪协会的指责。

2014年1月5日，论战再次升级，中国旅游饭店业协会与中国烹饪协会称，已向全国人大发出《关于请求全国人大就餐饮行业争议条款适用法律的相关问题作出解释的公开信》，请求全国人大对餐饮（住宿）企业是否有权谢绝消费者自带酒水、设置包间最低消费等适用法律的相关问题进行解释。

资料来源 彭阳.北京两协会就工商禁餐饮业霸王条款致信全国人大［EB/OL］.［2014-01-06］. http: //shipin.gmw.cn/2014-01/06/content_10026107.htm.

问题：

1）本案例存在哪些道德伦理问题？

2）试对上述问题做出你的道德研判？

3）对照本教材"附录三"的附表3和网上调研资料，说明你的道德研判所依据的行业道德规范。

4）请从文明经商与道德研判的角度对"餐饮'霸王条款'的论战"的内容做出评价。

研判要求：同第1章本题型的"研判要求"。

□ 实训题

"市场营销策划"知识综合应用

【实训目标】

引导学生参加"'市场营销策划'知识综合应用"实践训练。在全面了解和把握本实训"知识准备"所列知识的基础上，通过切实体验"'市场营销策划'知识综合应用"各实训任务的完成，系列技能操作的实施，相应《优化方案》和《实训报告》的准备、撰写、讨论与交流等有质量、有效率的活动，培养"'市场营销策划'知识综合应用"的专业能力，强化其"职业核心能力"（"中级"全选项），并通过践行"职业道德"（"认同级"全选项）行为规范，促进健全职业人格的塑造。

【实训内容】

专业能力训练：其"领域"、"技能点"、"名称"及其"参照规范与标准"见表综-1。

表综-1　　　　　**专业能力训练领域、技能点、名称及其参照规范与标准**

领域	技能点	名称	参照规范与标准
"市场营销策划"知识综合应用	技能点 1	"'市场营销策划概论'知识应用"技能	1) 能全面理解和把握"市场营销策划概论"的理论与实务知识。 2) 能应用上述知识，有质量、有效率地进行系列相关操作
	技能点 2	"'市场调研策划'知识应用"技能	1) 能全面理解和把握"市场调研策划"的理论与实务知识。 2) 能应用上述知识，有质量、有效率地进行系列相关操作
	技能点 3	"'企业战略策划'知识应用"技能	1) 能全面理解和把握"企业战略策划"的理论与实务知识。 2) 能应用上述知识，有质量、有效率地进行系列相关操作
	技能点 4	"'市场细分与定位策划'知识应用"技能	1) 能全面理解和把握"市场细分与定位策划"的理论与实务知识。 2) 能应用上述知识，有质量、有效率地进行系列相关操作
	技能点 5	"'产品策划'知识应用"技能	1) 能全面理解和把握"产品策划"的理论与实务知识。 2) 能应用上述知识，有质量、有效率地进行系列相关操作
	技能点 6	"'价格策划'知识应用"技能	1) 能全面把握"价格策划"的理论与实务知识。 2) 能应用上述知识，有质量、有效率地进行系列相关操作
	技能点 7	"'促销策划'知识应用"技能	1) 能全面理解和把握"促销策划"的理论与实务知识。 2) 能应用上述知识，有质量、有效率地进行系列相关操作
	技能点 8	"'分销渠道策划'知识应用"技能	1) 能全面理解和把握"分销渠道策划"的理论与实务知识。 2) 能应用上述知识，有质量、有效率地进行系列相关操作

职业核心能力和职业道德训练：其内容、种类、等级与选项见表综-2；各选项操作的"参照规范与标准"见本教材"附录三"的附表 3 和"附录四"的附表 4。

表综-2　　　　**职业核心能力和职业道德训练的内容、种类、等级与选项表**

内容	职业核心能力							职业道德						
种类	自我学习	信息处理	数字应用	与人交流	与人合作	解决问题	革新创新	职业观念	职业情感	职业理想	职业态度	职业良心	职业作风	职业守则
等级	中级	中级	中级	中级	中级	中级	中级	认同级	认同级	认同级	认同级	认同级	认同级	认同级
选项	√	√	√	√	√	√	√	√	√	√	√	√	√	√

【实训任务】

1）对表综-1所列专业能力的各技能点，依照其"参照规范与标准"，实施阶段性基本训练。

2）对表综-2所列"职业核心能力"选项，依照本教材"附录三"的附表3中的"参照规范与标准"，实施"中级"强化训练。

3）对表综-2所列"职业道德"选项，依照本教材"附录四"的附表4中的"参照规范与标准"，实施"认同级"相关训练。

【组织形式】

1）以小组为单位组成营销策划团队。

2）各营销策划团队结合实训任务进行恰当的角色分工，确保组织合理和每位成员的积极参与。

【指导准备】

知识准备：

1）本教材各章的理论与实务知识。

2）本教材"附录一"的附表1中，"职业核心能力"（"中级"全选项）各技能点"'知识准备'参照范围"所列知识。

3）本教材"附录三"的附表3中，"职业核心能力"（全选项）各技能点，以及"附录四"的附表4中"职业道德"（"认同级"全选项）各素质点的"参照规范与标准"知识。

操作指导：

1）教师向学生阐明"实训目的"、"实训任务"和"知识准备"。

2）教师就"知识准备"中的第（2）、（3）项，对学生进行培训。

3）教师指导学生制订《实训方案》。

4）教师指导学生撰写相关《实训报告》。

【情境设计】

将学生组成若干营销策划团队，分别选择一家已开展市场营销策划的企业（或校专业教育实训基地），结合课业题目，从"'市场营销策划'知识综合应用"的视角，对该企业（或校专业教育实训基地）市场营销策划综合运作现状进行调查研究，分析其成功经验与不足，在此基础上为其量身定制"基于'市场营销策划'知识综合应用"的《××企业市场营销策划优化方案》，通过系统体验各项相关操作，完成本次实训的各项任务，撰写《"市场营销策划"知识综合应用实训报告》。

【实训时间】

课堂教学内容结束后可安排两周时间进行综合实训。

【实训步骤】

1）将学生组成若干营销策划团队，每个团队确定1人为队长，结合项目需要进行角色分工。

2）各团队根据"实训任务"、"情境设计"和课业题目，讨论和制订本次《实训方案》。

3）各团队实施《实训方案》，应用本教材各章的理论与实务知识，系统体验如下操作：

（1）分别选择一家已开展市场营销策划业务的企业（或校专业教育实训基地），从"'市场营销策划'知识综合应用"的全方位视角，就表综-1各技能点列示的全方位业务运作现状进行调查、研究与评估，分析其成功、不足及尚待解决的问题。

（2）依照"技能点1"的"参照规范与标准"，从"'市场营销策划概论'知识应用"的特定视角，就该企业市场营销策划运作中存在的不足，提出优化建议或解决方案。

（3）依照"技能点2"的"参照规范与标准"，从"'市场调研策划'知识应用"的特定视角，就该企业市场营销策划运作中存在的不足，提出优化建议或解决方案。

（4）依照"技能点3"的"参照规范与标准"，从"'企业战略策划'知识应用"的特定视角，就该企业市场营销策划运作中存在的不足，提出优化建议或解决方案。

（5）依照"技能点4"的"参照规范与标准"，从"'市场细分与定位策划'知识应用"的特定视角，就该企业市场营销策划运作中存在的不足，提出优化建议或解决方案。

（6）依照"技能点5"的"参照规范与标准"，从"'产品策划'知识应用"的特定视角，就该企业市场营销策划运作中存在的不足，提出优化建议或解决方案。

（7）依照"技能点6"的"参照规范与标准"，从"'价格策划'知识应用"的特定视角，就该企业市场营销策划运作中存在的不足，提出优化建议或解决方案。

（8）依照"技能点7"的"参照规范与标准"，从"'促销策划'知识应用"的特定视角，就该企业市场营销策划运作中存在的不足，提出优化建议或解决方案。

（9）依照"技能点8"的"参照规范与标准"，从"'分销渠道策划'知识应用"的特定视角，就该企业营销运作中存在的不足，提出优化建议或解决方案。

4）各团队总结（1）～（9）项操作体验，撰写基于"'市场营销策划'知识综合应用"的《××企业市场营销策划优化方案》。

5）在上述基本训练中，依照表综-1中全选项的"参照规范与标准"，融入"职业核心能力"的"中级"强化训练和"职业道德"的"认同级"相关训练。

6）各团队综合以上阶段性成果，撰写《"市场营销策划"知识综合应用实训报告》。其内容包括：实训组成员与分工；实训过程；实训总结（包括对专业能力训练、职业核心能力训练和职业道德训练的分析说明）；附件（指阶段性成果全文）。

7）在班级讨论、交流和修订各团队的《"市场营销策划"知识综合应用实训报告》，使其各具特色。

【成果形式】

实训课业：《"市场营销策划"知识综合应用实训报告》。

课业要求：

1）将《××企业市场营销策划优化方案》以"附件"形式附于《"市场营销策划"知识综合应用实训报告》之后。

2）在校园网的本课程平台上展示经过教师点评的班级优秀《"市场营销策划"知识综合应用实训报告》，并将其纳入本课程的教学资源库。

综合考核

考核要求：同第1章"单元考核"的"考核要求"。

□ 案例题
▲ 案例分析

营造爱情神话的哈根达斯

背景与情境：哈根达斯是冷饮品牌经营的典范，在快速消费品品牌营销策划方面，有许多值得学习之处。

1）将享受做成艺术和经典

在品牌林立的冰激凌市场上，当大部分冰激凌品牌都在街口的流动雪糕车上销售，用低价和好口味吸引更多回头客时，诞生于1961年的哈根达斯却将自身定位为顶级雪糕的代表，以自我沉醉、愉悦万分的感官享受作为卖点，占领高端消费市场。这种策略使其成功占领欧洲市场。目标顾客是出入高级餐厅和高档卖场的奢侈品消费人群，哈根达斯精心为其打造以"尊贵"著称的冰品，采取了比同类竞争品牌高出30%~40%的定价策略。其装修精致的咖啡馆式店面设在繁华的小资生活区，这使得哈根达斯迅速脱颖而出，对艺术活动的频繁参与同样显示了哈根达斯对不凡品位的追求。

2）赋予产品象征意义

哈根达斯为冰激凌甜蜜香滑的口感赋予了各种带有浓情意味的象征——情人的亲吻、指尖的缠绕、绵长温柔的拥抱，进而将品牌的目标顾客从尊贵一族调整为对爱情怀有旖旎幻想的女性族群。围绕着情人品牌形象与尊贵冰品的定位，哈根达斯在营销上的低调路线赋予了其神秘与矜持感，契合情人间"我在你眼中独一无二"的情感需求。

3）产品宣传主题清晰

1996年，当哈根达斯在上海开第一家店的时候，一句"爱她，就带她去哈根达斯"的广告词瞬间在年轻群体中引发情感共鸣。现在，在消费文化日渐成熟的中国城市，越来越多的居民已经有足够的消费能力回应哈根达斯的品牌内涵。哈根达斯的尊贵定位和情感内涵在中国已不再是小众得以独享的韵味。

2009年，哈根达斯推出了"一起融化"（melt together）的新主题，并且鲜有地推出了一则电视广告，这是哈根达斯继4年前的"慢慢融化"（slow melt）后在电视广告上的又一大动作。

4）具有较大盈利空间的价格策略

哈根达斯进军欧洲市场时，采取了撇脂定价策略，其价格比同类竞争品牌高出30%~40%。

5）情感内涵的延伸

从最初的"爱她，就带她去哈根达斯"，显示出对于爱情中"归属感"的强调，到

2004 年"慢慢融化"中对于"沉醉"时刻的彰显,到 2009 年"一起融化"中对于"分享"这种更深层次情感内涵的传达,哈根达斯所传递的"情人之爱"的品牌内涵在不断升华,现在它更注重在精神层面培育爱情的意义。

由于越来越多的人有机会尝试哈根达斯,为了保持尊贵、神秘的品牌气质,哈根达斯的情感内涵深化使其更贴近目标客户在情感上"与人不同""体验弥足珍贵"的诉求。

互联网的出现,不仅使消费者购买商品更加便捷,也使消费者拥有了更多的选择,从而对传统零售企业造成了不小的打击。今天,哈根达斯面对电子商务的挑战,是否也需要调整战略呢?

资料来源 佚名.哈根达斯:传情盛物如何做营销?[EB/OL].[2013-12-31]. http://www.gtobal. com/info/detail-564469-p1.html.

问题:

1)以哈根达斯营销策划的成功为例讨论快消品营销策划的一般规律。

2)如果你是哈根达斯的中国市场经理,请提出一个可以解决电子商务冲击的策划方案,说明该方案中相关策划的理论依据。

分析要求:同第 1 章本题型的"分析要求"。

"营造爱情神话的哈根达斯"案例分析提纲

(项目组组长: 项目组成员:)

1)关于"知识点"分析

(1)小组成员分别分析快消品哈根达斯的营销策略。

(2)小组讨论各成员整理的本案例涉及的"知识点",由组长汇总。

(3)小组讨论本案例"背景与情境"涉及哪些知识点。

(4)组长汇总讨论(3)的内容,形成阶段性成果。

2)关于"快消品现状"分析

(1)小组成员应用本案例相关"知识点"的知识,逐一分析"快消品现状"。

(2)小组讨论各成员分析的"快消品现状",由组长汇总。

3)关于"营销经理策划方案"设计

(1)小组成员模拟本案例中的营销经理,应用本案例涉及的快消品营销策划知识,研究设计"营销经理策划解决方案"。

(2)小组讨论各成员设计的"营销经理策划解决方案",由组长汇总。

4)撰写、讨论与交流《案例分析报告》

(1)组长组织组员,综合以上阶段性成果,形成《案例分析报告》。

(2)在班级讨论、交流各组的《案例分析报告》。

(3)小组修改《案例分析报告》,提交教师点评。

"营造爱情神话的哈根达斯"案例分析报告

案例分析人:＿＿＿＿＿＿＿＿ (＿＿＿＿＿＿级＿＿＿＿＿＿专业＿＿＿＿＿＿班)

指导教师:＿＿＿＿＿＿＿＿ (＿＿＿＿＿＿学院＿＿＿＿＿＿系)

1)本案例涉及的本教材各章"知识点"

本案例从快消品哈根达斯的角度,研究了快消品在开展市场营销策划时的战略,营造的爱情神话已发展为不可复制的标杆,哈根达斯如手持弓箭的爱神丘比特,成为"情人之爱"最广为人知的代言之一。

本案例涉及的"知识点"主要有以下方面：

（1）战略策划，实施差异化战略。

（2）目标市场策划，包括产品的市场细分、目标顾客选择与调整、市场定位与竞争策划。

（3）产品策划，包括产品开发、品牌开发与塑造策划等。

（4）价格策划，制定价格的策略选择。

（5）促销策划，随着时代的发展，营造独一无二的氛围，始终对目标顾客具有强大的吸引力。

2）知识应用（Ⅰ）："快消品现状"分析

快消品现状有以下几个方面：

（1）快速消费品（FMCG）是指那些使用寿命较短、消费速度较快的消费品。它们依靠消费者高频次和重复的使用来获得利润和实现价值，是目前市场上竞争比较激烈的产品，如白酒、牛奶、葡萄酒、食用油、香烟、方便面、饮料、瓶装水、饼干等。对很多人来说，与耐用消费品相比，FMCG是一个独特的、相对完整和富有特征的领域。时至今日，快速消费品行业已经发展成为全球第一大产业，它的通路、广告和公关都具有不同的特色。

（2）理解推动快消品购买行为的原因。快消品企业具有品牌建设方面的新想法，能够触摸到目标市场的情感需求，赋予产品象征意义。

（3）市场定位的转换。准确理解顾客需求，以便在同类产品中找准定位，找出目标顾客群，占据更大的市场份额。哈根达斯先是针对出入高级餐厅和高档卖场的奢侈品消费人群，为其精心打造以"尊贵"著称的冰品，然后将消费人群调整为对爱情怀有旖旎幻想的女性族群。

（4）促销方式与众不同。哈根达斯主要出现在高级酒店和餐厅，对艺术活动的频繁参与，同样显示了它对不凡品位的追求。

（5）情感内涵的延伸。哈根达斯在欧美市场大获成功，除了对于"尊贵"及"罕有"品牌气质的强调以外，与浪漫爱情的关联也成为其成功的关键要素。这种定位使产品与目标客户间的情感得以维系，无论是该品牌广告中对于"爱她，就带她去哈根达斯"的极尽渲染和强调，还是顾客在品味冰品时脑中泛起的种种联想，都将顾客群体更牢固地锁定在幻想、渴望、尝试和享受中。

（6）电子商务的发展。电子商务对传统销售渠道已经形成了巨大的挑战，必须应对。

3）知识应用（Ⅱ）："营销经理策划方案"设计

营销经理设计的策划方案主要包括：

（1）参与变革，哈根达斯需要参与到互联网带来的变革之中，这需要运用战略策划调整理论，以及由此引发的竞争策划、促销策划、价格策划、渠道策划理论中的调整理论。

（2）针对互联网用户，设计新款产品，培养顾客对新渠道设计的认同感，提高市场影响力。

（3）树立互联网思维模式，拟订市场营销策划方案，追求较好的经济效益回报。

（4）针对组织经营战略变革过程中涉及的相关部门进行培训，以适应新环境的挑战。

（5）做好经营战略变革过程中市场营销策略的调整，虽然要有别于一般产品追求市场覆盖率、方便消费者购买的做法，但是也要设计好产品的服务策略。

范例综-2

▲ 善恶研判

夺命快递

背景与情境： 2013年11月28日深夜，潍坊捷顺通快递有限公司（圆通速递在当地的加盟公司，下称捷顺通公司）工作人员在卸载由武汉发往潍坊的快件运输车时，嗅到刺激性气味，两名员工呕吐。公司作业现场负责人随即疏散员工，并将上述两名员工送医院医治，同时将车辆放置通风处。29日清晨，捷顺通公司与武汉发件企业取得联系，将呕吐员工症状告知发件企业，发件企业称该液体为氯乙腈，对人体危害较小。随后，捷顺通公司于29日晚对通风放置的车辆再次进行快件处理，又有3名员工出现胸闷等症状，公司将3名员工送至潍坊市附属医院观察治疗。

30日早上，捷顺通公司致电发件企业询问寄递物品到底是何物，湖北方面寄件人称为氟乙酸甲酯，不是上次告知的氯乙腈。随后，捷顺通公司报警，同时联系119对污染源进行处理。在5名工作人员出现不同程度的中毒症状后，快递公司没有按照有关规定和程序向当地邮政管理部门报告，而是自行对疑似污染快件进行了隔离，并于11月29日10时左右将同一车次的其他快件先后投出。直到30日中午，才报告潍坊市邮政管理局。

12月2日下午，捷顺通公司又向潍坊邮政管理局报告称，同一车次已先期发往广饶县的某快件收件人29日收件后头晕恶心，送医院治疗后死亡。同日，山东省邮政管理局督导组到达潍坊督办广饶居民死亡事件及同车次1 844件快件的排查情况。4日早上，1 844件快件全部排查完毕，发现问题件4件，除广饶死亡1例外，另有胶州、寿光2位收件人收货后有头晕、恶心等异常反应，黄岛1位用户收到鞋子后有异味拒收退回。

据查，由武汉同一网店发往潍坊的鞋子共69票，通过对此69票重点逐一追查，发现其中13票作为污染件封存留仓，56票已经发出。发出去的56票，除发现的4起问题件外，其他52件均无异常。另据通报，除污染源外，相关部门对前期遭受污染的153件快件，均按程序进行了处理。圆通速递官网11月20日发布的"关于广饶事件的声明"称，湖北荆门一家化工企业经圆通速递当地加盟网点向山东某制药厂寄递一件物品，称该物品无毒无害，收件人员按照公司制度对该物品进行了验视。

据介绍，氟乙酸甲酯是一种在制药等领域广泛应用的有毒液体，出现过致人死亡的极端案例。该化学品由湖北某化工厂经当地圆通快递收寄点寄往山东省潍坊市某制药厂，邮寄过程中由于种种原因，造成外包装破损，致使液体泄漏。

资料来源　佚名.快递为何会致人死亡：圆通明知是"问题快递"还投递［EB/OL］.［2013-12-21］. http://finance.ifeng.com/a/20131221/11315320_0.shtml.

问题：

1）本案例中，快递公司与湖北荆门化工企业各自存在哪些职业道德方面的问题？

2）试对上述问题做出你的善恶研判。

3）对照本教材内容和网上调研资料，说明你做善恶研判所依据的行业道德规范。

4）请对本案例中快递公司与湖北荆门化工企业的行为做出评价。

研判要求：同第 1 章本题型的"研判要求"。

"夺命快递"研判提纲

（项目组组长：　　　　　　　　项目组成员：　　　　　　　　　　　　）

1）关于"道德伦理问题"分析

（1）小组成员分别分析研究本案例中快递公司与湖北荆门化工企业的道德伦理问题。

（2）小组讨论各成员整理的本案例中快递公司与湖北荆门化工企业涉及的道德伦理问题。

（3）小组讨论快递公司与湖北荆门化工企业的行为。其行为导致了收件人死亡，快递公司多名员工送医院治疗，这第一违背了企业的经营目标——客户利益至上；第二违背了诚信原则；第三危害了社会公共安全。

（4）组长汇总讨论（3）的分析内容，形成阶段性成果。

2）关于"善恶研判"分析

（1）小组成员应用本案例，对两家企业的道德伦理问题逐一进行"善恶研判"。

（2）小组讨论各成员分析的"善恶研判"，对两家企业违背道德伦理的行为进行批判。

（3）组长汇总讨论（2）的分析内容，形成阶段性成果。

3）关于"做善恶研判所依据的行业规范"分析

（1）小组成员分别通过网络及图书馆查找资料，研究"做善恶研判所依据的行业规范"。

（2）小组讨论物流企业经营与生产企业管理应该有的职业操守。

（3）组长汇总讨论（2）的分析内容，形成阶段性成果。

4）关于"对案例做评价"分析

（1）小组成员分别对该案例进行评价。

（2）小组讨论各成员的"评价"。

（3）组长汇总讨论分析（2）的内容，形成阶段性成果。

5）撰写、讨论与交流《善恶研判报告》

（1）组长组织组员，综合以上阶段性成果，形成《善恶研判报告》。

（2）在班级讨论、交流各组的《善恶研判报告》。

（3）小组修改《善恶研判报告》，提交教师点评。

"夺命快递"善恶研判报告

1）案例综述

案例主要讲述了湖北荆门一家化工企业通过圆通快递向制药厂快递化学品，并称该物品无毒无害，发现问题后谎称该物品为氯乙腈，对人体危害较小。圆通快递未认真履行验视义务，并且在员工出现中毒症状后，没有按照有关规定和程序向当地邮政管理部门报告，而是自行对疑似污染快件进行了隔离，并将同一车次的其他快件先后投出，从而发生了受污染快递致当事人死亡的事件。

这反映了快递行业既缺乏应有的职业道德，也缺乏清晰的发展战略。

2）问题分析

（1）湖北荆门化工企业明知氟乙酸甲酯液体有毒，却谎称该物品无毒无害，在对快递公司隐瞒真相的情况下，将产品进行邮递。该企业丧失了基本的职业道德底线，存在危害社会公共安全的主观故意，从而导致了悲剧的发生。

（2）圆通快递公司没有履行基本的验视制度，其行为丧失了职业道德。在该公司员工出现中毒症状后，仍然没有警醒意识，未采取有效措施，任凭有毒快递流通到消费者手中，导致"夺命快递"事件的发生，这是严重的丧失职业道德的行为，置员工和公众的安全于不顾。

（3）研判依据有三：其一，湖北荆门化工企业明知所寄液体有毒，却当作无毒无害物品实施快递；当快递企业员工出现身体不适之后，快递企业追问该化工企业快递物品为何物时，仍然没有唤起该企业的责任意识，该企业再次谎称所寄出物品是氯乙腈，这有违基本的"职业良心"。其二，圆通快递没有履行验视制度，有违职业道德、行业规范和邮政法规。其三，当员工出现中毒症状时，圆通快递自行对疑似污染快件进行了隔离，并于同日将同一车次的其他快件先后投出。其四，圆通快递的运输过程存在野蛮装卸的嫌疑，造成外包装破损，致使液体泄漏，污染到其他快件，最终导致恶性事件发生。

（4）从以上研判来看：湖北荆门化工企业人员、圆通快递收件人员、圆通快递运输人员等的"职业观念"存在较大的问题；其"职业良心""职业守则"的某些要素连"顺从级"都未达到。

3）结论

（1）保证商品的安全性与品质是每个企业基本的职业道德，也是每一位企业员工应该遵守的行为规范和准则。湖北荆门化工企业瞒报邮寄物品，圆通快递无视验视义务，运输过程操作不当，使有毒物品泄漏，直接危害到公共安全，系严重违法行为。

（2）职业道德在工作过程中发挥着重要作用，我们不仅要熟悉并努力地践行，而且要熟练地掌握所需的法律及专业背景知识。

（3）本道德研判对我们有很好的教育启示意义。践行道德规范就要知法守法、诚信为本、实事求是、善待顾客、善待物品，开展业务需要有职业观念、职业良心并遵守职业守则。

范例综-3

□ 实训题

"市场营销策划"知识综合应用

【实训目标】

引导学生参加"'市场营销策划'知识综合应用"的实践训练。在了解和把握本实训相关技能点的"参照规范与标准"的基础上，通过系列规范化技能操作的实施，相应《优化方案》和《实训报告》的撰写、讨论与交流等有质量、有效率的活动，培养"'市场营销策划'知识综合应用"的专业能力和"职业核心能力"（"中级"全选项），强化职业道德（"认同级"全选项）教育，促进健全职业人格的塑造。

【实训内容】

专业能力训练：其"领域"、"技能点"、"名称"及其"参照规范与标准"见表范-1。

表范-1　　　　　　　**专业能力训练领域、技能点、名称及其参照规范与标准**

领域	技能点	名称	参照规范与标准
"市场营销策划"知识综合应用	技能点 1	"'市场营销策划概论'知识应用"技能	1）能全面理解和把握"市场营销策划概论"的理论与实务知识。 2）能应用上述知识，有质量、有效率地进行系列相关操作
	技能点 2	"'市场调研策划'知识应用"技能	1）能全面理解和把握"市场调研策划"的理论与实务知识。 2）能应用上述知识，有质量、有效率地进行系列相关操作
	技能点 3	"'企业战略策划'知识应用"技能	1）能全面理解和把握"企业战略策划"的理论与实务知识。 2）能应用上述知识，有质量、有效率地进行系列相关操作
	技能点 4	"'市场细分与定位策划'知识应用"技能	1）能全面理解和把握"市场细分与定位策划"的理论与实务知识。 2）能应用上述知识，有质量、有效率地进行系列相关操作
	技能点 5	"'产品策划'知识应用"技能	1）能全面理解和把握"产品策划"的理论与实务知识。 2）能应用上述知识，有质量、有效率地进行系列相关操作
	技能点 6	"'价格策划'知识应用"技能	1）能全面理解和把握"价格策划"的理论与实务知识。 2）能应用上述知识，有质量、有效率地进行系列相关操作
	技能点 7	"'促销策划'知识应用"技能	1）能全面把握"促销策划"的理论与实务知识。 2）能应用上述知识，有质量、有效率地进行系列相关操作
	技能点 8	"'分销渠道策划'知识应用"技能	1）能全面理解和把握"分销渠道策划"的理论与实务知识。 2）能应用上述知识，有质量、有效率地进行系列相关操作
	技能点 9	相应《实训报告》撰写技能	1）能正确设计《××企业市场营销策划优化方案》，其结构合理、层次分明。 2）能依照商务应用文的规范撰写《"市场营销策划"知识综合应用实训报告》

职业核心能力和职业道德训练：其内容、种类、等级与选项见表范-2，各选项操作的"参照规范与标准"见本教材"附录三"的附表3和"附录四"的附表4。

表范-2　　　　　　　**职业核心能力与职业道德训练的内容、种类、等级与选项表**

内容	职业核心能力							职业道德						
种类	自我学习	信息处理	数字应用	与人交流	与人合作	解决问题	革新创新	职业观念	职业情感	职业理想	职业态度	职业良心	职业作风	职业守则
等级	中级	中级	中级	中级	中级	中级	中级	认同级	认同级	认同级	认同级	认同级	认同级	认同级
选项	√	√	√	√	√	√	√	√	√	√	√	√	√	√

【实训任务】

1）对"'市场营销策划'知识综合应用"专业能力的各技能点实施基本训练。

2）对"职业核心能力"选项实施"中级"强化训练。

3）对"职业道德"选项实施"认同级"相关训练。

【组织形式】

1）以小组为单位组成营销策划团队。

2）各营销策划团队结合实训任务进行恰当的角色分工，确保组织合理和每位成员的积极参与。

【情境设计】

将学生组成若干营销团队，分别选择和调查一家新产品进入市场的国内企业，结合课业题目，运用相关知识，制订《××企业市场营销策划优化方案》，系统体验"技能点1"至"技能点8"，以及"职业核心能力"和"职业道德"全选项的操作，分析本次实训中的成功与不足，提出具体改进意见，在此基础上撰写《"市场营销策划"知识综合应用实训报告》。

【实训时间】

结束本课程授课后一周内。

【实训步骤】

1）将学生组成若干营销策划团队，每个团队确定1人为队长，结合本实训任务进行适当的角色分工。

2）各团队分别选择一家新产品进入市场的国内企业，结合课业题目，讨论和制订本次《实训方案》。

3）各团队通过互联网和图书馆等途径，调查研究该企业的市场营销现状。在此基础上实施《实训方案》，系统体验如下技能操作：

（1）依照"技能点1"的"参照规范与标准"，运用相应知识，系统体验"'市场营销策划概论'知识应用"的各项操作。

（2）依照"技能点2"的"参照规范与标准"，运用相应知识，系统体验"'市场调研策划'知识应用"的各项操作。

（3）依照"技能点3"的"参照规范与标准"，运用相应知识，系统体验"'企业战略策划'知识应用"的各项操作。

（4）依照"技能点4"的"参照规范与标准"，运用相应知识，系统体验"'市场细分与定位策划'知识应用"的各项操作。

（5）依照"技能点5"的"参照规范与标准"，运用相应知识，系统体验"'产品策划'知识应用"的各项操作。

（6）依照"技能点6"的"参照规范与标准"，运用相应知识，系统体验"'价格策划'知识应用"的各项操作。

（7）依照"技能点7"的"参照规范与标准"，运用相应知识，系统体验"'促销策划'知识应用"的各项操作。

（8）依照"技能点8"的"参照规范与标准"，运用相应知识，系统体验"'分销渠道策划'知识应用"的各项操作。

4）总结上述操作体验，撰写《××企业市场营销策划优化方案》。

5）在上述基本训练中，融入"职业核心能力"的"中级"强化训练和"职业道德"的"认同级"相关训练。

6）各团队综合以上阶段性成果，依照"技能9"的"参照规范与标准"，运用相应规范，撰写《"市场营销策划"知识综合应用实训报告》。其内容包括：实训组成员与分工；实训过程；实训总结（包括对专业能力训练、职业核心能力训练和职业道德训练的分析说明）；附录（包括阶段性成果全文）。

7）在班级讨论和交流各团队的《"市场营销策划"知识综合应用实训报告》。

8）各团队根据讨论和交流结果，修订《"市场营销策划"知识综合应用实训报告》，使其各具特色。

【成果形式】

实训课业：《"市场营销策划"知识综合应用实训报告》。

课业要求：

1）将《××企业市场营销策划优化方案》以"附件"形式附于《"市场营销策划"知识综合应用实训报告》之后。

2）在校园网的本课程平台上展示经过教师点评的班级优秀《"市场营销策划"知识综合应用实训报告》，并将其纳入本课程的教学资源库。

"市场营销策划"知识综合应用实训报告

×年×月×日，××小组成员到××公司，对其××产品"市场营销策划"知识综合应用的现状进行调查，分析了其"市场营销策划"知识综合应用中存在的问题，提出了优化方案。现将本次实训体验情况说明如下：

1）实训组成员分工

（1）团队名称

××公司产品市场营销策划团队称为"××"拓荒者队，"××"是指××公司的产品品牌，"拓荒者"代表创造希望与力量的人。希望"××"拓荒者队能为××产品的市场推广和销售开拓一片巨大的发展空间。

（2）分工内容

"××"拓荒者队下分市场调研组、品牌战略组、营销组合策划组。

2）实训过程

（1）实地调查

×年×月×日，"××"拓荒者队来到位于风景秀丽的郑州市西郊的××公司，对该公司××产品的"'市场营销策划'知识综合应用"现状进行了调查。调查结果如下：

①××公司的背景

××公司成立于×年×月，位于郑州市××镇，是一家集研发、生产、营销、贸易于一体的综合性公司，也是一家面向市场、致富农民的民营企业。

××公司致力于食用菌高档菌种的培育研究、生产和新鲜食用菌深加工项目的开发，以拉长增值产业链。目前××公司拥有虫草菌、桑黄菌、桦褐孔菌、茶树菇、黄金菇等十大系列高档食用菌优良品种，年产500万棒，被授予"郑州市农业产业化经营重点龙头企业"，其所生产的食用菌安全、质优，菌房生长中从未发生过腐烂现象。

　　××公司现有员工80人，其中科技人员28人，资深专家6人；拥有高级职称者6人。与省农科院、河南工业大学建有长期战略合作关系，科技力量较强。××公司十分重视食品的安全生产，建有严格的食品规章制度与操作规程，保证用户吃得放心。

　　②产品情况

　　××公司××产品经农业部农产品质量安全中心多次检测，被授予无公害农产品证书。经过长时间的研发，××公司解决了用新鲜菌与面粉糅合生产高档菌挂面的诸多工艺难题，保存了挂面中高档菌的营养要素，食之鲜滑爽口、养心保健。××公司现拥有虫草菌、金针菇、茶树菇、杏鲍菇、木耳、银耳六个品种的食用菌营养保健挂面，该产品为国际首创。××公司现具有每天10吨的生产能力。

　　③市场营销现状

　　××产品刚刚研发成功，经过业内专家和普通消费者的试吃，人们对产品的口感和营养配方的科学性给予了肯定，但是产品在推向市场的过程中，企业领导者陷入了迷茫，不知该如何进行销售。其销售团队需要组建，市场营销策划亦是空白。

　　（2）分析××公司××产品"市场营销策划"知识综合应用中存在的不足和问题

　　通过调查和分析，发现××公司××产品"市场营销策划"知识综合应用中存在的不足和问题主要有以下几点：

　　①市场调研方面存在的不足和问题

　　××公司的产品系列偏少，并且生产××产品前并未进行周密的市场调查，对消费者需求、消费心理和习惯、竞争对手及其产品品牌策略和竞争策略、公司面临的宏观和微观环境等，均缺乏了解。

　　②目标市场选择和市场定位方面存在的不足和问题

　　尽管××公司依靠其原有的产品和先进的研发能力研制出了××产品，产品质量和技术处于领先地位，但是由于生产成本比同类其他产品高出不少，因此××公司对于如何销售和进行市场推广缺乏头绪，不知道应将产品卖给什么样的客户，也不知道消费者为什么会买。××公司目标市场选择不清，且市场定位模糊。

　　③产品方面存在的不足和问题

　　××公司将××产品定位于高档产品，且××产品在同行业产品中处于领先地位，但产品线过于单一，价格又高，这对于市场拓展来说是不利因素，初期销售也缺乏有效的突破口。

　　④产品促销方面存在的不足和问题

　　由于定位模糊，广告缺乏明确的诉求，目标市场选择不明确，阻碍了媒体的选择。因此，××公司无法进行有效的品牌宣传和产品宣传，市场知名度和美誉度都存在着不小的问题。

　　⑤产品分销渠道方面存在的不足和问题

　　由于目标市场选择不明确，××公司不知道目标顾客的需求、消费习惯和消费心理，对渠道结构的选择和渠道的管理没有明确的方法。

　　（3）制订《××公司市场营销策划优化方案》

　　针对××公司××产品"市场营销策划"知识综合应用中存在的问题，需要从市场调研策划、企业战略策划、市场细分与定位策划、产品策划、价格策划、促销策划和分销渠道策划等方面制订《××公司市场营销策划优化方案》（详见附件2）。

（4）研究讨论、编写实训报告

针对××公司的××产品，从市场调研策划、目标市场战略策划、产品策划、价格策划、促销策划和分销渠道策划等方面，进行了资料搜集、分析，编写了《"市场营销策划"知识综合应用实训报告》。

（5）实施融入性训练

"××"拓荒者队在实施上述训练的过程中，按照"实训要求"，依照表范-2中列入的"职业核心能力"和"职业道德"全选项，进行了相关等级的融入性训练。

3）实训总结

（1）关于"市场营销策划"知识综合应用的专业能力训练

①通过"'市场营销策划'知识综合应用"的实训，"××"拓荒者队成员加深了对市场营销策划知识的理解；掌握了市场调研策划、企业战略策划、市场细分与定位策划、产品策划、价格策划、促销策划和分销渠道策划等方面的知识应用。

②通过对××公司××产品"市场营销策划"知识综合应用中存在问题的分析，制定了《××公司市场营销策划优化方案》，撰写了《"市场营销策划"知识综合应用实训报告》，系统体验了"'市场营销策划'知识综合应用"中"技能点1"到"技能点9"的各项操作，达到了全面建构"'市场营销策划'知识综合应用"职业学力的目的。

（2）"职业核心能力"与"职业道德"选项的融入性训练

在实训前，营销策划团队对相关理论知识进行了自主预习，重温了"职业核心能力"和"职业道德"全选项的"参照规范与标准"，这对于实施融入性训练是十分必要的，有助于克服实训过程中相关操作的盲目性。

营销策划团队在分工与合作中有意识地融入了"自我学习"、"与人合作"、"与人交流"、"数字应用"、"解决问题"和"革新创新"等"职业核心能力"强化训练，以及"职业理想"、"职业观念"、"职业良心"、"职业情感"、"职业态度"、"职业作风"和"职业守则"等"职业道德"的相关训练，培养和提高了团队成员的可持续发展能力和职业道德素质。对于本课程中"职业胜任力"的收官性建构来说，所有这些训练都是必不可少的。

4）附件

➢**附件1**

××公司"市场营销策划"知识综合应用实训计划

为了高质量完成此次实训任务，"××"拓荒者队特制订了《××公司"市场营销策划"知识综合应用实训计划》，具体内容如下：

（1）进行小组成员分工，合理安排实训任务。大约需要2个学时。

（2）进行实地调查或运用互联网和图书馆等途径，研究××公司"市场营销策划知识综合应用的现状，获取相关信息资料。大约需要1天。

（3）小组成员进行信息整理及汇总。大约需要2个学时。

（4）小组成员研讨分析，找出××公司"市场营销策划"知识综合应用中存在的问题。

大约需要2个学时。

（5）小组成员分工编写《"市场营销策划"知识综合应用实训报告》的某一部分内容，由组长总纂定稿。

➤附件2

××公司市场营销策划优化方案

"××"拓荒者队成员到××公司，对其××产品的"市场营销策划"知识综合应用的现状进行了调查，分析了其中存在的问题，提出了相应的优化方案。

针对××公司××产品"市场营销策划"知识综合应用中存在的不足和问题，制订以下优化方案：

（1）市场调研策划方面的优化

遵循市场调研策划的步骤，调研对象为消费者和竞争对手；调研问题是产品销售问题。××产品在市场上出现的时机正好，我们建议树立产品的高端形象，打造品牌。

（2）市场细分与市场定位策划方面的优化

目标客户选定为中国的年轻父母。如今，中国父母对儿童的早期营养和健康极为看重，这对于××产品来说绝对是一件好事。原有面食制品类别中缺乏专门针对儿童的营养健康产品，这恰恰应该成为××产品追求的目标。

××产品具有独特的配方和工艺，经过有关权威部门的认证，口味也很受试吃顾客欢迎，但是为了与一般的面食产品相区别，健康和科学的配方应作为××产品的主要诉求，即坚持差异化的市场定位。

（3）促销策划方面的优化

①将试吃作为促销的重要手段，以提高××产品的知名度。

②利用好国内健康安全食品的相关展会，将展会作为产品亮相的机会，树立××公司良好的形象。

③广告传播首先以原产地的省会城市为主，再扩大到各个中小城市，最后将××产品发展成大家都喜爱的面食产品。

④为节省初期推广费用，建议选择海报、传单、报纸和网络媒体，突出表现××产品口感出色、健康安全、配方科学、有助于儿童健康成长等特点。

⑤同主要社会组织合作，开展健康食品知识大赛。

⑥同省内高校合作，设立××公司奖学金。

（4）分销渠道方面的优化

①由于产品在初期品牌认知度较低，建议搭载目标顾客相同的渠道，如幼儿教育连锁机构或者妇幼保健院相关产品销售门店。

②同广告宣传策略保持一致，营销网点从省会城市率先铺开，然后向省内中等城市辐射。

③后期在产品线延长、企业实力不断壮大的基础上建立专卖店。

━范例综-4━➤➤

▲自主学习

"自主学习-范"

【训练目的】

参加"自主学习-范"训练，在制订和实施《自主学习计划》的基础上，搜集、整理和综合以"企业经营战略"为主题的中外文献资料，撰写、讨论与交流《"企业经营战略"最新文献综述》等活动，体验"自我学习"（初级）及其迁移。

【教学方法】

采用"学导教学法"和"研究教学法"。

【训练要求】

1）以班级小组为单位组建训练团队。

2）各团队依照本教材"附录三"的附表3中"自我学习"（初级）的"基本要求"和各技能点的"参照规范与标准"，确定长期学习目标，制订《自主学习计划》。

3）各团队实施《自主学习计划》，系统体验对本教材"附录一"的附表1"领域"中"自我学习"（初级）各技能点的"'知识准备'参照范围"所列知识和"文献综述"撰写规范的自主学习。

4）各团队以自主学习获得的"学习原理"、"学习策略"与"学习方法"知识为指导，通过院资料室、校图书馆和互联网查阅和整理以"企业经营战略"为主题的国内外学术文献资料。

5）各团队以整理后的以"企业经营战略"为主题的文献资料为基础，撰写《"企业经营战略"最新文献综述》。

6）总结上述各项体验，撰写作为"成果形式"的训练课业。

【成果形式】

训练课业：《"自主学习-范"训练报告》

课业要求：

1）内容包括：训练团队成员与分工；训练过程；训练总结（包括对各项操作的成功与不足的简要分析说明）；附件。

2）将《自主学习计划》和《"企业经营战略"最新文献综述》作为《"自主学习-范"训练报告》的"附件"。

3）《"企业经营战略"最新文献综述》应符合"文献综述"规范要求，做到事实清晰、论据充分、逻辑合理，不少于3 000字。

4）在校园网的本课程平台上展示班级优秀训练课业，并将其纳入本课程的教学资源库。

"自主学习-范"训练报告

1）团队成员与分工

（1）团队构成

本小组设小组长1人，小组成员5人，共计6人。

（2）任务分工

小组长主要负责不同训练阶段的时间进度安排，定期组织讨论，汇总阶段性成果，综合、整理及汇报文献综述成果；A同学负责国内企业经营战略相关学术文献的搜集、整理工作，企业经营战略概念内涵相关文献综述的撰写及汇报工作；B同学负责企业战略相关学术文献的搜集、整理工作，企业战略模式相关文献综述的撰写及汇报工作；C同学负责国外企业战略相关学术文献的搜集、整理工作，国外企业经营战略相关学术文献分布情况的分析及汇报工作；D同学负责国内企业经营战略相关学术文献的搜集、整理工作，国内企业经营战略相关文献研究方向的分析及汇报工作；E同学负责国内企业经营战略相关学术文献的搜集、整理工作，国内企业经营战略相关文献研究方法的分析及汇报工作。

2）训练过程

（1）时间进度安排

本训练为期三周。第一周完成"训练要求"中第1）、2）、3）项要求规定的任务；第二周完成"训练要求"中第4）和5）项要求规定的任务；第三周完成"训练要求"中第6）项要求规定的任务。

（2）训练实施

①训练第一周

在教师指导下，由组长组织团队成员自主学习本教材"附录三"的附表3中"自我学习"（初级）的"基本要求"和各技能点的"参照规范与标准"，制订了《自主学习计划》，完成了"训练要求"中第1）、2）、3）项要求规定的任务。

②训练第二周

在教师指导下，团队成员实施《自主学习计划》，应用本教材"附录一"的附表1中"自我学习"（初级）各技能点的"'知识准备'参照规范"所列知识和"文献综述"撰写规范知识，完成了"训练要求"中第4）和5）项要求规定的任务。

首先，我们对近年的"企业经营战略"文献进行搜索。其中，针对国外文献，以Elsevier_ScienceDirect数据库为基础，分别以"business strategy"、"enterprise strategy"和"strategy"为摘要、篇名和关键词（abstract，title and keywords），搜索相关文献；针对国内文献，以中国知网（CNKI）数据库为基础，将"企业经营战略"拆分成"经营战略"、"企业战略"和"战略"，并分别作为摘要、篇名和关键词，搜索相关文献。经小组总结发现：国外企业经营战略研究集中出现在《战略管理杂志》（Strategic Management Journal）及《哈佛商业评论》（Harvard Business Review）学术期刊上；国内企业经营战略研究则集中出现在知名高校学报、《管理世界》和《商场现代化》等学术期刊上。"企业经营战略"研究涵盖企业经营、战略选择、竞争行为、企业目标、战略环境、战略实施行为等方面。

然后，小组成员根据各自分工的企业战略研究内容进行文献梳理和综述撰写工作。经小组总结发现：企业经营战略概念内涵研究包括计划学派、设计学派、定位学派、企业家学派等。计划学派的代表人物安索夫（Ansoff）认为，企业战略是一条贯穿于企业经营与产品和市场之间的"连线"。设计学派的代表人物安德鲁斯（Andrews）认为，战略是关于企业宗旨、目的和目标的一种模式，和为达到这些目标所制定的主要政策，通过这样的方式，战略界定了企业目前从事什么业务和将要从事什么业务，企业目前是一种什么类型和将要成为什么类型。定位学派的代表人物、美国哈佛大学商学院的迈克尔·波特

（Michael Porter）教授认为，竞争战略是公司为之奋斗的一些终点（目标）与公司为达到它们而寻求的途径（政策）的结合物；战略的本质是定位，即制造竞争中的取舍效应，选择何者可为以及何者不可为。企业家学派则认为，战略是一种远见，即一种与形象和方向感相关的看法。这种远见产生于领导者的头脑之中，是其个人构思的产物。国内的顾乃康、沈艺峰、覃志刚等学者，从经济学的角度以及系统论的角度，深入研究了企业战略管理的内涵。

最后，各成员修改和完善相关研究内容的文献综述。针对企业经营战略概念内涵的研究，补充有关企业战略特征方面的研究成果，包括系统性、长远性、竞争性等特征；针对企业战略模式的研究，补充国内外学者关于企业战略类型研究的成果，包括多元化、一体化、集中化等模式。组长对修改后的各部分综述进行汇总，形成《"企业经营战略"最新文献综述》，于本周末组织小组讨论。组长就最终成果进行汇报，各个组员就本次训练进行经验交流和问题总结。

③训练第三周

组长组织团队成员，总结对落实"训练要求"中第1）、2）、3）、4）和5）各项要求的体验，撰写作为最终成果的《"自主学习-范"训练报告》。

3）训练总结

（1）关于文献搜集

团队成员能够在较短的时间内掌握运用校内网络平台查找国内外学术文献的方法，在国内外学术期刊上成功搜集到企业经营战略相关学术文献。但是，由于语言的限制，因此小组成员在国外学术文献查找方面存在错查漏查、主题混淆的现象，需要进一步加强对国外学术文献的阅读能力和查找能力。

（2）关于文献分类整理

团队成员能够按发表年份、期刊、研究内容、研究取向、研究方法等对海量文献进行分类整理，并从中总结相关研究的发展特征和趋势。但是，小组成员在学术期刊的等级、类别、质量的判断方面存在混淆，需要进一步提升对国内外学术期刊背景信息的了解程度，以及对具有较大影响力的国内外学术期刊的辨识能力。

（3）关于文献综述撰写

团队成员能够在文献搜集和整理的基础上，就自己所负责研究内容的相关研究成果进行综述撰写，并予以评述，但在对具体研究内容的归纳以及有代表性、有影响力的学术成果的甄别方面存在不足，需要进一步培养学术语言表达能力、归纳能力，培养对核心研究文献的甄别能力。

（4）关于"自主学习"融入性训练

《"企业经营战略"最新文献综述》从资料搜集、讨论、撰写到交流和修订，始终是在融入"自主学习"这一"通能"之"强化训练"的过程中进行的；不仅如此，本次训练等级为"初级"，做好本次训练，将为本课程由"初级"转向"中级"最终提升到"高级"打下基础，从而进一步提高了我们的"自主学习"能力。

团队全体成员都认识到：在学科知识更新周期大大缩短的今天，许多在校学习的知识毕业后已经过时。只有通过"学会学习"，导入关于"学习理论"、"学习方法"与"学习策略"的"自主学习"机制，才能赋予自身应对"知识流变"的无限潜力。

4）附件

➢附件1

自主学习计划

（1）学习时间

××年××月××日——××年××月××日，为期三周。

（2）学习小组成员

A同学、B同学、C同学、D同学、E同学、组长，共计6人。

（3）学习目标

掌握搜集和运用信息的方法，能够熟练运用国内外的学术网络平台搜集关于"企业经营战略"研究的文献资料。

掌握学习的认知策略、元认知策略和资源管理策略，能够对国内外"企业经营战略"研究的文献进行规范整理和分类。

掌握有效资源利用的策略以及项目论证和测评的方法，能够对国内外"企业经营战略"研究学术成果进行评述和综合，并清晰表达自己的学术观点。

掌握编写计划和检查调控计划执行的方法，对国内外"企业经营战略"文献研究的自主学习进度、关键时间节点、各阶段任务有清晰的界定和严格的执行。

掌握团队合作的策略和方法，在组长的组织协调下，基于前期的分工及中后期的合作，通过团队的努力一起完成企业经营战略的自主学习任务。

（4）学习阶段

共分三个阶段，每个阶段为期一周。第一阶段完成"训练要求"中第1）、2）和3）项要求规定的任务；第二阶段完成"训练要求"中第4）和5）项要求规定的任务；第三阶段完成"训练要求"中第6）项要求规定的任务。

（5）学习困难和变化预估

在学习过程中，可能在如何学习和应用与"自主学习"相关的"通识"与"规范"、如何对国外学术文献进行快速有效的阅读、如何对国内外学术期刊的背景信息进行准确把握、如何对某一学术问题的研究成果进行清晰归纳、如何运用规范的学术语言对学术成果进行综述撰写等方面存在困难；在小组讨论会的时间确定上，可能需要根据小组成员的情况进行调整。

（6）学习计划实施

①三个学习阶段。第一周完成"训练要求"中第1）、2）和3）项要求规定的任务；第二周完成"训练要求"中第4）和5）项要求规定的任务，即完成应用"知识准备"所列知识，进行相关文献搜集及分类整理和"文献综述"撰写及修改工作；第三周完成《"自主学习-范"训练报告》的撰写工作。

②四次小组讨论。第一次小组讨论：组长组织小组讨论，明确训练目标、计划及任务分工。第二次小组讨论：组长于第一周末组织小组讨论，各成员进行成果汇报，组长统合整理各成员的成果。第三次小组讨论：组长于第二周末组织小组讨论，各成员就撰写内容进行汇报，经小组讨论后，组长提出修改及完善意见。第四次小组讨论：组长于本周末组织小组讨论，汇报最终成果，各成员就本次训练进行经验交流和问题总结。

（7）学习进度检查

通过每阶段末的小组讨论，适时检查各小组成员的学习进度。通过第一阶段末的小组讨论，检查"训练要求"中第1）、2）和3）项要求的落实情况；通过第二阶段末的小组讨论，检查"训练要求"中第4）和5）项要求的落实情况，即各成员"知识准备"所列知识的应用、文献搜集与整理和《"企业经营战略"最新文献综述》初稿撰写情况；通过第三阶段末的小组讨论，检查"训练要求"中第6）项要求的落实情况，即本次训练的问题交流和经验总结情况。

➤附件2

"企业经营战略"最新文献综述提纲

（1）文献搜集

①小组成员分别查找并搜集以"经营战略""企业战略""战略"（"business strategy" "enterprise strategy""strategy"）为摘要、篇名和关键词的文献。

②小组讨论各成员搜集的企业经营战略相关文献，由组长汇总。

（2）文献整理

①小组成员应用搜集到的企业经营战略文献，分析企业经营战略研究的现状和进展。

②小组讨论各成员分析的"企业经营战略研究现状与进展"，由组长汇总。

（3）文献综述撰写与汇报

①组长组织成员，综合以上成果，形成《"企业经营战略"最新文献综述》。

②在班级以PPT形式交流、汇报并讨论各组的《"企业经营战略"最新文献综述》。

③小组修改《"企业经营战略"最新文献综述》，并提交教师点评。

➤附件3

"企业经营战略"最新文献综述

（项目组组长：　　　　　　项目组成员：　　　　　　　　　）

（1）文献搜集及整理

针对国外文献，以Elsevier_ScienceDirect数据库为基础，分别以"business strategy"、"enterprise strategy"和"strategy"为摘要、篇名和关键词（abstract，title and keywords），搜索相关文献；针对国内文献，以中国知网（CNKI）数据库为基础，将"企业经营战略"拆分成"经营战略"、"企业战略"和"战略"，并分别作为摘要、篇名和关键词，搜索相关文献。对1995年到2016年间的企业经营战略文献进行搜索，共搜索到文献2 089篇。经整理后发现：

①国内外分布

国外关于企业经营战略研究的文献共有641篇，国内关于企业经营战略研究的文献共有1 448篇，国内成果相对较多。

②时间分布

对1995—1999年、2000—2004年、2005—2009年、2010—2016年这四个时间段进行划分，搜索到的文献数量情况见表范-3。从表范-3中可以发现，无论是国内还是国外研究文献，总体上均呈现出上升趋势，且以2005年为节点，呈现出快速增长趋势。

表范-3　　　　　　　　　　　国内外企业经营战略研究文献数量分析

范围	检索词	检索项	1995—1999 年	2000—2004 年	2005—2009 年	2010—2016 年
国外	business strategy	abstract, title and keywords	15	26	54	65
	enterprise strategy		21	28	65	103
	strategy		27	38	77	122
国内	经营战略	摘要、篇名和关键词	16	81	227	381
	企业战略		4	13	62	157
	战略		15	69	185	238

③期刊分布

国外企业经营战略研究集中出现在 Strategic Management Journal 及 Harvard Business Review 学术期刊上，占国外所有企业经营战略研究的 57% 左右；国内企业经营战略研究集中出现在知名高校学报、《管理世界》和《商场现代化》等学术期刊上，占国内所有企业经营战略研究的 55% 左右。

（2）文献综述成果

从国内外企业经营战略研究的进程可以发现，当前企业经营战略研究主要集中在企业战略概念内涵研究、企业多元化战略研究、企业营销战略研究、企业战略环境分析研究等方面。现针对这些方面的研究现状分别进行阐述：

①企业经营战略概念内涵研究

企业经营战略概念内涵研究包括计划学派、设计学派、定位学派、企业家学派等。计划学派的代表人物安索夫（Ansoff）认为，企业战略是一条贯穿于企业经营与产品和市场之间的"连线"。设计学派的安德鲁斯（Andrews）认为，战略是关于企业宗旨、目的和目标的一种模式，和为达到这些目标所制定的主要政策，通过这样的方式，战略界定了企业目前从事什么业务和将要从事什么业务，企业目前是一种什么类型和将要成为什么类型。定位学派的代表人物、美国哈佛大学商学院的迈克尔·波特（Michael Porter）教授认为，竞争战略是公司为之奋斗的一些终点（目标）与公司为达到它们而寻求的途径（政策）的结合物；战略的本质是定位，即制造竞争中的取舍效应，选择何者可为以及何者不可为。企业家学派则认为，战略是一种远见，即一种与形象和方向感相关的看法。这种远见产生于领导者的头脑之中，是其个人构思的产物。

②企业多元化战略研究

多元化是一种常见的公司战略，自 20 世纪 50 年代以来，多元化经营一直是企业战略管理研究领域备受关注的焦点问题。许多企业在多元化发展过程中扩大了企业的竞争力，提升了企业地位，使企业拥有更强的规避风险的能力，同时也有许多企业在运用多元化战略的过程中不但没有达到预期效果，还使企业陷入困境。

安索夫把多元化战略分为四大类型：水平型、垂直一体化、同心圆型和混合型。其中，同心圆型又分为销售与技术相关型、销售相关型和技术相关型。赖利把多元化战略分为三大类型：主导型、相关型和无关型。其中，主导型又分为集约型、扩散型和垂直一体型；相关型又分为集约型和扩散型。

国内学者覃志刚博士在其著作《企业多元化经营绩效：理论与实证》中对多元化与绩效等问题进行了全方位的理论与实证研究，实证检验了多元化经营的绩效以及多元化经营的影响因素，对我国企业实施多元化经营提出了有益的建议。尹义省则从企业成长的角度来定义多元化，他认为企业多元化有动态和静态两方面的含义。从静态角度来看，企业多元化是指企业的产品或服务跨一个以上产业的经营方式；从动态的角度分析，企业多元化是指企业进入新产业的一种成长行为。张卫国认为，多元化的程度及类型都会影响企业的绩效，相关多元化经营比非相关多元化经营的企业绩效要好，并以此说明多元化折扣的存在。

总体来讲，国内学者认为多元化战略可以分为三个主要类型：垂直型多元化、相关型多元化和无关型多元化。

③企业营销战略研究

长期以来，被营销理论界广为接受的4P理论是由美国学者杰罗姆·麦卡锡提出的，4P市场营销战略能从复杂的营销变数中找到最重要的因素，并从单纯的因素上升为一组策略，从而更好地适应日益复杂的营销环境。战略学家安索夫最早提出了基于产品市场的企业战略模式，也足以说明市场营销战略的作用是极为重要和突出的。

面对当前营销环境的变化，国内学者谢忠发论述了体验的性质及基本特征、体验经济形态与传统经济形态的区别后，着重探讨了体验经济时代企业营销战略调整的思路，强调树立满足消费者欲望和增强客户体验的营销理念应该以满足消费者心理及个性化需求为营销重点。李永诚通过分析认为，绿色营销是一种可持续发展战略，也是生态文明建设的内在要求，他以湖北省恩施土家族苗族自治州为例，提出了生态资源型民族地区推进绿色营销的思路与对策。赵越从准确定位、错位经营、创新业态入手，提出通过重组、并购和扩张实现连锁化经营，建议培育组织核心竞争力，以获取竞争优势。

④企业战略环境分析研究

进入21世纪以后，随着科技的迅猛发展，全球化步伐的加快，顾客需求的多样化及产品设计周期、产品生命周期的缩短，客观上要求企业提高自身能力，以适应不断变化的环境。在这种背景下，基于企业内部环境分析和企业内外部环境综合分析的战略理论得到了进一步的发展。沃纳菲尔特提出了"企业的资源基础论"，意味着资源论的诞生。其基本思想是把企业看成资源的集合体，将目标集中在资源的特性和战略要素市场上，并以此来解释企业可持续的优势和相互间的差异。波特提出了钻石模型，该模型可以说是关于企业战略的综合分析理论。波特认为，生产要素、需求条件、支持产业与相关产业、企业战略这四大要素创造了国家环境，企业在其中诞生并学习如何竞争，同时指出在国家经济中，钻石体系会形成产业集群，其内部的产业之间形成了互助关系。企业社会关系理论中的企业社会关系是与企业社会资本概念相联系的概念。该理论认为，一个企业既要处理好企业内部组织与外部组织、人与人、组织与人之间的关系，又要处理好与竞争对手、供应商、客户、互补生产商、潜在生产商、政府、企业协会、大学、研究所、社区及其他组织之间的关系，从而使企业的社会资本最大化。从企业社会关系的角度考虑企业战略的理论主要有博弈论、超强竞争理论、新制度主义理论、有机战略论、企业家战略理论等。另外，核心能力理论也在此阶段诞生。

参考文献：

［1］ANSOFF. Strategie for Diversification ［J］. Harvard Busines Review，1957（9）：113-124.

［2］RUMELT. Strategy，Structure and Economic Performance ［M］. Boston：Harvard Business Sclool Press，1974：16-24.

［3］KRUGMAN. Increasing Return and Economic Geography ［J］. Journal of Political Economy 1991（99）：483-499.

［4］WRIGLEY. Divisional Autonomy and Diversofication ［J］. DBA Thesis，Harvard University，1970：47-49.

［5］STULZ R M.Managerial Discretion and Optimal Financing Policies ［J］. Journal of Financing Economics，1990（26）：3-27.

［6］MEYER，ROBERTS. Orgernizational Prospects，Influences Costs，and Ownership Change ［J］. Journal of Economics and Management Strategy，1992（1）：9-35.

［7］GRIFFITH. Understanding Multi-level Institutional Convergence Effects on International Market Segments and Global Marketing Strategy ［J］. Journal of World Business，2010，45（1）：59-67.

［8］KIM，SONG，KIM. A New Marketing Strategy Map for Direct Marketing ［J］. Knowledge-Based Systems，2009，22（5）：327-335.

［9］科特勒. 市场营销管理 ［M］. 洪瑞云，译.北京：中国人民大学出版社，2000：599-645.

［10］安索夫. 战略管理 ［M］. 邵冲，译.北京：机械工业出版社，2010：52-68

［11］波特. 竞争战略 ［M］. 陈小悦，译.北京：华夏出版社，2005：44-56

［12］彭罗斯. 企业成长理论 ［M］. 赵晓，译.上海：上海人民出版社，2007：105-126.

［13］韦里克，孔茨. 管理学 ［M］. 马春光，译.北京：经济科学出版社，2004：37-48.

［14］覃志刚. 企业多元化经营绩效：理论与实证 ［M］. 北京：中国财政经济出版社，2009：110-114.

［15］尹义省. 适度多角化——企业成长与业务重组 ［M］. 北京：生活·读书·新知三联书店，1999：54-55.

［16］张卫国，袁芳，陈宇. 上市公司多元化经营与公司业绩 ［J］. 管理世界，2007（1）：47-49.

［17］李永诚. 生态资源型民族地区生态文明建设中的绿色营销战略——以湖北省恩施州为例 ［J］. 前沿，2009（12）：122-125.

［18］谢忠发. 体验经济在企业营销战略调整中的应用 ［J］. 中小企业管理与科技，2009（12）：76-77.

［19］赵越. 新时期我国大型连锁超市市场营销战略之探讨 ［J］. 商场现代化，2009（32）：5-7.

［20］罗森.顶尖营销［M］.北京：企业管理出版社，2003：121-194.

［21］晁钢令.市场营销学教程［M］.上海：上海财经大学出版社，1999：365-419.

［22］林成安.促销管理［M］.北京：北京工业大学出版社，2004：215-232.

主要参考文献

[1] 科特勒，凯勒. 营销管理 [M]. 王永贵，于洪彦，陈荣，等，译. 14版. 北京：中国人民大学出版社，2013.

[2] 里斯，特劳特. 定位：有史以来对美国营销影响最大的观念 [M]. 谢伟山，苑爱冬，译. 北京：机械工业出版社，2011.

[3] 特劳特，里夫金. 重新定位 [M]. 谢伟山，苑爱冬，译. 北京：机械工业出版社，2011.

[4] 科特勒，阿姆斯特朗. 市场营销原理 [M]. 楼尊，译. 13版. 北京：中国人民大学出版社，2010.

[5] 凯林，等. 市场营销 [M]. 董伊人，译. 9版. 北京：世界图书出版社，2012.

[6] 科特勒，凯勒，卢泰宏. 营销管理 [M]. 卢泰宏，高辉，译. 13版. 北京：中国人民大学出版社，2009.

[7] 戈文达拉扬，特林布尔. 战略创新者的十大法则 [M]. 马一得，罗春华，译. 北京：商务出版社，2008.

[8] 约翰逊，斯科尔斯. 公司战略教程 [M]. 金占明，贾秀梅，译. 北京：华夏出版社，1998.

[9] 罗宾斯，库尔特. 管理学 [M]. 孙健敏，黄卫伟，等，译. 7版. 北京：中国人民大学出版社，2004.

[10] 冯志强. 市场营销策划 [M]. 北京：北京大学出版社，2013.

[11] 王方. 市场营销策划 [M]. 2版. 北京：中国人民大学出版社，2012.

[12] 李文义，刘进，张存明. 市场营销策划 [M]. 北京：中国财政经济出版社，2012.

[13] 徐汉文，袁玉玲. 市场营销策划 [M]. 北京：清华大学出版社，2011.

[14] 杨勇. 市场营销：理论、案例与实训 [M]. 2版. 北京：中国人民大学出版社，2011.

[15] 杨明刚. 市场营销策划 [M]. 2版. 北京：高等教育出版社，2010.

[16] 张丁卫. 营销策划 [M]. 2版. 北京：电子工业出版社，2010.

[17] 屈云波，张少辉. 市场细分 [M]. 北京：企业管理出版社，2010.

[18] 中国营销传播网，http：//www.emkt.com.cn.

[19] 百度文库，http：//wenku.baidu.com.

[20] 百度百科，http：//baike.baidu.com/.

[21] 叶茂中策划网站，http：//www.yemaozhong.com.

[22] 世界经理人网站，http：//www.ceconline.com.

[23] 搜狐资讯，http：//roll.sohu.com.

［24］第一营销网，http：//www.cmmo.cn.

［25］凤凰网，http：//www.ifeng.com.

［26］经济观察网，http：//www.eeo.com.cn.

［27］网易网，http：//www.163.com.

［28］中国广告人网，http：//www.chinaadren.com.

［29］全球品牌网，http：//www.globrand.com.

［30］梅花网案例，http：//www.meihua.info/knowledge/case.

［31］新浪网，http：//www.sina.com.cn.

［32］谋思网，http：//news.imosi.com.

［33］阿里巴巴管理资讯，http：//info.1688.com.

［34］道客巴巴，http：//www.doc88.com.

［35］豆丁网，http：//www.docin.com.

［36］MBA智库文档，http：//doc.mbalib.com.

［37］育龙网，http：//www.china-b.com.

［38］和讯网，http：//tech.hexun.com.

［39］湖北省商务厅网站，http：//www.hbdofcom.gov.cn.

［40］央视网-经济，http：//jingji.cntv.cn.

［41］中国产品质量协会-21315全国企业征信系统，http：//www.21315.org.

［42］中国青年网，https：//www.youth.cn.

［43］价值中国网，http：//www.chinavalue.net.

［44］新民网，http：//www.xinmin.cn.

附 录

附录一　职业核心能力强化训练"知识准备"参照范围

附表1　　　　　　　　　　职业核心能力强化训练"知识准备"参照范围

领域	等级	技能点	"知识准备"参照范围
自我学习	初级	确定短期学习目标	激发学习动力的方法；学习的基本原理；确定目标的原则和方法；编写学习计划的基本规则；取得他人帮助和支持的方法与技巧
		实施短期学习计划	学习的基本原理；学习的方法和技巧；计划落实、控制和调整的方法和技巧；节约时间的诀窍
		检查学习进度	学习方法与学习效果的关系；检查目标进度的方法和技巧（总结、归纳、测量）；成功学的基本要求
	中级	确定中期学习目标	学习的基本原理；确定目标的原则和方法；编写学习计划的基本规则；获得他人帮助和支持的方法或技巧
		实施中期学习计划	学习的基本原理；学习的方法和技巧；计划落实、控制和调整的方法和技巧；关于方法的知识；时间管理的诀窍
		检查学习进度	成功学的基本要点；项目目标检查、总结、归纳的方法；学习迁移的原理与应用知识；学习的观察、认知记忆及提高效率的规律；养成良好学习习惯的方法
	高级	确定长期学习目标	搜集和运用信息的方法；有效资源利用的策略；项目论证和测评的方法；编写计划和检查调控计划执行的方法；团队合作的策略和方法
		实施长期学习计划	学习的方法和技巧；有关学习与实践关系的原理；计划落实、控制和调整的方法和技巧；关于思维方法的知识；目标管理的诀窍
		检查学习进度	成功学的基本要点；项目目标检查、总结、归纳的方法；学习迁移的原理与应用知识；学习的观察、认知记忆及提高效率的规律；养成良好学习习惯的方法
信息处理	初级	获取信息	信息的含义、特征与种类；信息搜集的原则、渠道和方式；文献和网络索引法；一般阅读法；计算机和网络相关知识
		整理信息	信息的分类方法与原则；信息筛选方法与要求；信息资料手工存储方法；计算机信息存储方法；计算机其他相关知识
		传递信息	信息传递的种类与形式；口语和文字符号的信息传递技巧；现代办公自动化技术；计算机和网络相关技术
	中级	获取信息	信息的特征与种类；信息搜集的范围、渠道与原则；信息搜集方法（观察法、询访法）；计算机相关知识；网络相关知识
		开发信息	信息筛选、存储的方法与原则；信息资料的分析、加工的方法；新信息生成或信息预测的方法
		展示信息	口语和文字符号信息展示的技巧；多媒体制作与使用技术；计算机相关应用技术
	高级	获取信息	调查研究的方法和原理；信息搜集的范围、方法（问卷法、检索法、购买法、交换法）和原则；信息搜集方案选择；计算机和网络相关技术
		开发信息	信息资料鉴别方法；信息资料核校方法；信息资料分析方法；信息资料编写方法（主题提炼、标题选择、结构安排、语言组织）；信息资料加工方法；计算机信息生成知识
		展示信息	口语和文字符号的信息表达技巧；多媒体制作技术；科学决策知识；信息反馈方式与要求；网页设计与网络使用知识；知识产权知识

续表

领域	等级	技能点	"知识准备"参照范围
数字应用	初级	采集、解读数据信息	获取数据的方法（测量法、调查法、读取法）；数的意义（整数、小数、分数及百分数）；常用测量器具的功能与使用方法，常用单位，单位的换算；近似的概念与精度；图表（数表扇形统计图、条形统计图、示意图）知识
		进行数字计算	计算方法（笔算、口算、珠算、计算器计算）；整数、分数四则运算；近似计算；验算（逆算法、估算法、奇偶对应法）
		展示和使用数据信息	评价指标；最大值、最小值；平均值；精度
	中级	解读数据信息	获取数据信息的渠道与方法（测量法、调查法、读取法）；数的意义（整数、分数、正数、负数）；总量与分量，比例；误差、精度、估计；复合单位（如速度、速率等）；图表（数表、扇形统计图、条形统计图、折线图、示意图）
		进行数据计算	计算方法（笔算、计算器计算、查表、Excel等软件）；整式、分式四则运算，乘方、开方；近似计算（误差估计）；验算（逆算法、估算法、奇偶对应法）
		展示和使用数据信息	评价指标；最大值、最小值；平均值、期值、方差；绝对误差、相对误差；图表的制作
	高级	解读数据信息	数据信息源的筛选原则（多样性、代表性、可靠性）；数据的采集方案；图表（数表、坐标、比例尺）；频率、频率稳定性；平均、加权平均；误差分析、估算
		进行数据计算	计算方法（笔算、计算器计算，查表，编程计算，Excel等软件）；整式、分式四则计算，乘方、开方；函数（幂函数、指数函数、对数函数、三角函数、反三角函数、复合函数）；近似计算（误差分析）；验算（逆算法、估算法）
		展示和使用数据信息	评价指标；最大值、最小值；平均值、期值、方差；绝对误差、相对误差；图表的制作
与人交流	初级	交谈讨论	与人交谈主题相关的信息和知识；正确使用规范语言的基本知识；口语交谈方式和技巧；身体语言运用技巧
		阅读和获取资料	资料查询和搜索的方法；一般阅读的方法；文件资料归类的方法；词典类工具书的功能和使用方法；各种图表的功能；网上阅读的方法
		书面表达	与工作任务相关的知识；实用文体的应用；图表的功能和应用；素材选用的基本方法；写作的基本技法；逻辑和修辞初步技法
	中级	交谈讨论	与交谈主题相关的知识和信息；正确使用规范语言的基本知识；口语交谈的技巧；身体语言运用技巧；掌握交谈心理的方法；交谈的辅助手段或多媒体演示技术；会谈和会议准备基本要点
		简短发言	与发言主题相关的知识和信息；当众讲话的技巧（包括运用身体语言的技巧）；简短发言的辅助手段或多媒体演示技术
		阅读和获取资料	资料查询和搜索方法；快速阅读的原理与方法；文件归类的方法；各种图表的功能
		书面表达	与工作任务相关的知识；实用文体的应用；图表的功能和应用；素材选用的基本方法；文稿排版和编辑的技法；写作的基本技法；逻辑和修辞常用技法
	高级	交谈讨论	与会谈主题相关的知识和信息；语言交流的艺术和技巧；交谈的辅助手段或多媒体演示技术；总结性话语运用的技巧；谈判的心理和技巧；会议准备的基本要点；主持会议的相关程序
		当众讲演	与发言主题相关的知识和信息；演讲的技巧和艺术；演讲辅助手段或多媒体演示技术
		阅读和获取资料	资料查询和搜索方法；快速阅读的技巧；各种图表的功能
		书面表达	与工作任务相关的知识；实用文体的应用；图表的功能和应用；素材选用的基本方法；文稿排版和编辑的技法；写作的基本技法；逻辑和修辞技法

续表

领域	等级	技能点	"知识准备"参照范围
与人合作	初级	理解合作目标	活动要素的群体性与分工合作的关系；职业团队的概念、特征与种类，组织的使命、目标、任务；自身的职业价值，个人在组织中的作用
		执行合作计划	服从的基本概念，指令、命令的含义；求助的意义，人的求助意识；职业生活的互助性，帮助他人的价值
		检查合作效果	工作进度的概念，影响工作进度的因素；工作进程的检查，调整工作程序；工作汇报的程序和要领
	中级	制订合作计划	聚合型团队、松散型团队和内耗型团队的特征；组织内部的冲突情况，剖析内耗型团队的心理根源；合作双方的利益需求和社会心理需求
		完成合作任务	民族、学历、地域、年龄等差异；人的工作和生活习惯、办事规律；宽容的心态，容忍的方法
		改善合作效果	使他人接受自己意见、改变态度的策略；在会议上提出意见和建议的规则；改变自己的态度，接受他人批评指责的心理准备
	高级	调整合作目标	领导科学与管理方法；组织文化的形成与发展；目标管理与时间管理
		控制合作进程	人际交往与沟通的知识和相关能力；有效激励的方法与技巧；批评的途径、方法和注意事项
		达到合作目标	信息的采集与整理，组织经济效益的统计学知识；员工绩效测评的基本方法和程序；合作过程的风险控制意识和防范
解决问题	初级	分析问题提出方案	分析问题的方法；归纳问题的方法；对比选择的方法；判断和决策的方法；关于相关问题本身的专业知识和发展规律的认识
		实施计划解决问题	撰写工作计划的相关知识；信息检索、文献查询的有关方法；逻辑判断、推理的相关知识；解决问题的技巧
		验证方案改进方式	分析和检查问题的方法；跟踪调查的方法；工作总结的规则和写作方法
	中级	分析问题提出方案	分析问题的方法；归纳问题的方法；对比选择的方法；判断和决策的方法；关于相关问题本身的专业知识和变化规律的认识
		实施计划解决问题	应用写作学中关于撰写工作计划的相关知识；信息检索、文献查询的有关方法；逻辑判断、推理的相关知识；解决问题的技巧；与他人合作的知识和方法
		验证方案改进计划	分析和检查问题的方法；跟踪调查的方法；工作总结的规则和写作方法
	高级	分析问题提出对策	决策科学的系统知识；形式逻辑、辩证逻辑思维的系统知识和方法；分析问题的系统知识和技巧；群体创新技法的系统知识；数学建模方法；关于相关问题本身的专业知识和变化规律的认识
		实施方案解决问题	关于撰写工作计划的系统知识；信息检索、文献查询的系统知识和方法；有关价值工程、现场分析和形态分析的知识；解决问题的技巧；有关进度评估的知识；与人合作的系统知识和方法
		验证方案改进计划	分析和检查问题的方法；跟踪调查的方法；工作总结的规则和写作方法；创新技法

续表

领域	等级	技能点	"知识准备"参照范围
革新创新	初级	揭示不足提出改进	关于思维和创造性思维的一般知识；关于思维定势和突破思维障碍的知识；关于相关事物本身的专业知识和发展规律的认识
		做出创新方案	列举类技法和设问类技法的原理、特点、适用范围和具体操作的知识；有关分解类技法、组合类技法、分解组合类技法的原理、特点、适用范围和具体操作方法的知识；搜集信息、案例的知识和方法
		评估创新方案	有关创新成果价值评定的知识；可行性分析的知识；撰写可行性报告的知识
	中级	揭示不足提出改进	有关思维障碍形成的知识；横向、逆向、灵感思维的知识；换向、换位思维的知识；逻辑判断和推理的知识；关于相关事物本身的专业知识和发展规律的认识
		做出并实施创新方案	有关类比类技法和移植类技法的知识；有关德尔斐法和综摄法的知识；有关还原法、换向思考类技法的知识
		评估创新方案	有关项目可行性测评的技术；有关最佳方案评估的知识；撰写评估报告的知识
	高级	揭示不足提出改进	创新能力构成和提升的知识；有关事物运动、变化和发展的知识；灵活运用各种思维形式的知识；关于相关事物本身的专业知识和发展规律的认识
		做出并实施创新方案	有关价值工程、现场分析和形态分析的知识；针对不同事物运用不同创新方法的知识；综合运用各种创新方法的知识
		评估创新方案	可持续创新的知识；有关创新原理的知识；有关知识产权的知识；技术预测和市场预测知识

资料来源　中华人民共和国劳动和社会保障部职业技能鉴定中心.职业核心能力培训测评标准（试行）［M］.北京：人民出版社，2007.本表参照"资料来源"所列文献相关内容提炼与编制。

附录二　案例分析训练和考核参照指标与内容

附表 2　　　　　　　　　　　案例分析训练和考核参照指标与内容

考核指标		考核内容	分项成绩
形成性考核 ∑50	个人准备 ∑20	案例概况；讨论主题；问题理解；揭示不足；创新意见；决策标准；可行性方案	
	小组讨论 ∑15	上课出席情况；讨论发言的参与度；言语表达能力；说服力大小；思维是否敏捷	
	班级交流 ∑15	团队协作；与人交流；课堂互动等方面的满意度；讨论参与的深度与广度	
课业考核 ∑50	分析依据 ∑8	分析依据的客观性与充分性	
	分析步骤 ∑8	分析步骤的恰当性与条理性	
	理论思考 ∑8	理论思考的正确性、深刻性与全面性	
	解决问题 ∑8	理解问题与解决问题能力的达标性	
	革新创新 ∑10	揭示不足与提出改进能力的达标性	
	文字表达 ∑8	文字表达能力的强弱性	
总成绩 ∑100			
教师评语			签名： 20　年　月　日
学生意见			签名： 20　年　月　日

（说明：本表用于章后"基本训练"和书后"综合训练与考核"中的"案例题"，作为其"考核指标"与"考核内容"的参照）

附录三　职业核心能力训练和考核参照规范与标准

附表3

职业核心能力训练和考核参照规范与标准

领域	等级	基本要求	技能点	参照规范与标准
自我学习	初级	具备学习的基本能力，在常规条件下能运用这些能力，以适应工作和学习要求	确定短期学习目标	能明确学习动机和目标，并计划时间、寻求指导
			实施短期学习计划	能按照行动要点开展工作、按时完成任务，使用不同方式、选择和运用不同的学习方法实现目标，并能对计划及时做出调整
			检查学习进度	能对学习情况提出看法、改进意见和提高学习能力的设想
	中级	主要用理解式接受法，对有兴趣的任务可以用发现法掌握知识信息；在更广泛的工作范围内灵活运用这些能力，以适应工作岗位各方面的需要	确定中期学习目标	能明确提出多个学习目标，列出实现各目标的行动要点，确定实现目标的计划，并运筹时间
			实施中期学习计划	能开展学习和活动，通过简单的课程和技能训练，提高工作能力
			检查学习进度	能证明取得的学习成果，并能将学到的东西用于新的工作任务
	高级	能较熟练灵活地运用各种学习法在最短时间内掌握急需知识信息；能广泛地搜集、整理、开发和运用信息，善于学习、接受新的事物，以适应复杂工作和终身发展的要求	确定长期学习目标	能根据各种信息和资源确定要实现的多个目标及途径，明确可能影响计划实现的因素，确认实现目标的时限，制定行动要点和时间表，预计困难和变化
			实施长期学习计划	能保证重点、调整落实、处理困难、选择方法，通过复杂的课程和技能训练提高工作能力
			检查学习进度	能汇总学习成果、成功经验和已实现的目标，证明新学到的东西能有效运用于新选择的职业或工作任务
信息处理	初级	具备进入工作岗位最基本的信息处理能力，在常规条件下能搜集、整理并传递适应既定工作需要的信息	获取信息	能通过阅读、计算机或网络获取信息
			整理信息	能使用不同方法、从多个资源中选择、搜集和综合信息，并通过计算机编辑、生成和保存信息
			传递信息	能通过口语、书面形式，用合适的版面编排、规范的方式展示、电子手段传输信息
	中级	在更广泛的工作范围内获取需要的信息，进行信息开发处理，并根据工作岗位各方面的需要展示组合信息	获取信息	能定义复杂信息任务，确定搜寻范围，列出资源优先顺序，通过询访法和观察法搜寻信息
			开发信息	能对信息进行分类、定量筛选、运算分析、加工整理，用计算机扩展信息
			展示信息	能通过演说传递信息，用文字图表、计算机排版展示组合信息，用多媒体辅助信息传达
	高级	广泛地搜集、深入地整理开发、多样地传递、灵活地运用信息，以适应复杂的工作需要；具备信息处理工作的设计与评估能力，并表现出较强的组织与管理能力	获取信息	能分析复杂信息任务，比较不同信息来源的优势和限制条件，选择适当技术、使用各种电子方法发现和搜寻信息
			开发信息	能辨别信息真伪、定性核校、分析综合、解读与验证资料，建立较大规模的数据库，用计算机生成新的信息
			展示信息	能用新闻方式发布、平面方式展示、网络技术传递，利用信息预测趋势、创新设计，搜集信息反馈，评估使用效果

续表

领域	等级	基本要求	技能点	参照规范与标准
数字应用	初级	具备进入工作岗位最基本的数字应用能力，在常规条件下能运用这些能力适应既定工作的需要	采集、解读数据信息	能按要求测量并记录结果，准确统计数目，解读简单图表，读懂各种数字，并汇总数据
			进行数字计算	能进行简单计算并验算结果
			展示和使用数据信息	能正确使用单位，根据计算结果说明工作任务
	中级	在更广泛的工作范围内，灵活地运用数字应用能力，以适应工作岗位各方面的需要	解读数据信息	能从不同信息源获取信息，读懂、归纳、汇总数据，编制图表
			进行数据计算	能从事多步骤、较复杂的计算，使用公式计算结果
			展示和使用数据信息	能使用适当方法展示数据信息和计算结果，设计并使用图表，根据结果准确说明工作任务
	高级	具备熟练把握数字和通过数字运算来解决实际工作中的问题的能力，以适应更复杂的工作需要	解读数据信息	能组织大型数据采集活动，通过调查和实验获取、整理与加工数据
			进行数据计算	能从事多步骤的复杂计算，并统计与分析数据
			展示和使用数据信息	能选择合适的方法阐明和比较计算结果，检查并论证其合理性，设计并绘制图表，根据结果做出推论，说明和指导工作
与人交流	初级	具备进入工作岗位最基本的与人交流能力，在常规条件下能运用这些能力适应既定工作的需要	交谈讨论	能围绕主题，把握讲话的时机、内容与长短，倾听他人讲话，多种形式回应；使用规范易懂的语言、恰当的语调和连贯的语句清楚地表达意思
			阅读和获取资料	能通过有效途径找到所需资料，识别有效信息，归纳内容要点，整理确认内容，会做简单笔记
			书面表达	能选择基本文体，利用图表、资料撰写简单文稿，并掌握基本写作技巧
	中级	在更广泛的工作范围内，灵活运用这些能力以适应工作岗位各方面的需要	交谈讨论	能始终围绕主题参与，主动把握讲话时机、方式和内容，理解对方谈话内容，推动讨论进行，全面准确传达一个信息或观点
			简短发言	能为发言作准备，当众讲话并把握讲话内容、方式，借助各种手段说明主题
			阅读和获取资料	能根据工作要求从多种资料筛选有用信息，看懂资料的观点、思路和要点，并整理汇总资料
			书面表达	能掌握应用文体，注意行文格式；组织利用材料，充实内容要点；掌握写作技巧，清楚表达主题；注意文章风格，提高说服力
	高级	在工作岗位上表现出更强的组织和管理能力，通过运用与人交流的能力适应更复杂的工作需要	交谈讨论	始终把握会议主题，听懂他人讲话内容并做出反应，主持会议或会谈，全面准确表述复杂事件或观点
			当众讲演	能为讲演作准备，把握讲演的内容、方式，借助各种手段强化主题
			阅读和获取资料	能为一个问题或课题找到相关资料，看懂资料的思路、要点、价值和问题，分析、筛选和利用资料表达主题
			书面表达	能熟悉专业文书，把握基本要求；有效利用素材，说明内容要点；掌握写作技巧，清楚恰当表达主题；采用适当风格，增强说服力

续表

领域	等级	基本要求	技能点	参照规范与标准
与人合作	初级	理解个人与他人、群体的合作目标，有效地接受上级指令；准确、顺利地执行合作计划；调整工作进度，改进工作方式；检查工作效果	理解合作目标	能确定合作的基础和利益共同点，掌握合作目标要点和本单位人事组织结构，明确个人在团队中的职责和任务
			执行合作计划	能接受上级指令，准确、顺利地执行合作计划
			检查合作效果	能通过检查工作进展情况，改进工作方式，促进合作目标实现
	中级	与本部门同事、内部横向部门、外部相关部门共同制订合作计划；协调合作过程中的矛盾关系，按照计划完成任务；在合作过程中遇到障碍时提出改进意见，推进合作进程	制订合作计划	能与本部门同事、组织内部横向部门、组织外部相关部门共同制订合作计划
			完成合作任务	能与他人协同工作，处理合作过程中的矛盾
			改善合作效果	能判断合作障碍，表达不同意见，接受批评建议，弥补双方失误
	高级	根据情况变化和合作各方的需要，调整合作目标；在变动的工作环境中，控制合作进程；预测和评价合作效果，达成合作目的	调整合作目标	能发现各方问题，协调利益关系，进行有效沟通，调整合作计划与工作顺序
			控制合作进程	能整合协调各方资源，妥善处理矛盾，排除消极因素，激发工作热情
			达到合作目标	能及时全面检查工作成效，不断改善合作方式
解决问题	初级	具备进入工作岗位最基本的解决问题的能力，在常规条件下能根据工作的需要，解决一般简单和熟悉的问题	分析问题提出方案	能用几种常用的办法理解问题，确立目标，提出对策或方案
			实施计划解决问题	能准备、制订和实施被人认可并具有一定可行性的计划
			验证方案改进方式	能寻找方法，实施检查，鉴定结果，提出改进方式
	中级	在有限的资源条件下，根据工作岗位的需要，解决较复杂的问题	分析问题提出方案	能描述问题，确定目标，提出并选择较佳方案
			实施计划解决问题	能准备、制订和实施获得支持的较具体计划，并充分利用相关资源
			验证方案改进计划	能确定方法，实施检查，说明结果，利用经验解决新问题
	高级	在工作岗位上表现出更强的解决问题的能力，在多种资源条件下，根据工作需要解决复杂和综合性问题	分析问题提出对策	在提出解决问题的对策时，能分析探讨问题的实质，提出解决问题的最优方案，并证明这种方案的合理性
			实施方案解决问题	在制订计划、实施解决办法时，能制订并实施获得认可的详细计划与方案，并能在实施中寻求信息反馈，评估进度
			验证方案改进计划	在检查问题、分析结果时，能优选方法，分析总结，提出解决同类问题的建议与方案

续表

领域	等级	基本要求	技能点	参照规范与标准
革新创新	初级	在常规工作条件下，能根据工作需要，初步揭示事物的不足，运用创新思维和创新技法进行创新活动	揭示不足提出改进	能揭示事物不足，提出改进意见
			做出创新方案	能在采纳各方意见的基础上，确定创新方案的目标、方法、步骤、难点和对策，指出创新方案需要的资源和条件
			评估创新方案	能进行自我检查，正确地对待反馈信息和他人意见，对创新方案及实施做出客观评估，并根据实际条件加以调整
	中级	根据工作发展需要，在更广泛的工作范围内揭示事物的不足，较熟练地运用创新思维和创新技法进行创新活动，并对创新成果进行分析总结	揭示不足提出改进	能在新需求条件下揭示事物的不足，提出改进事物的创新点和具体方案
			做出并实施创新方案	能从多种选择中确认最佳方案，并利用外界信息、资源和条件实施创新活动
			评估创新方案	能按常规方式和专业要求，对创新改进方法和结果的价值进行评估，根据实际条件进行调整，并指导他人的创新活动
	高级	在工作岗位上表现出更强的创新能力，在复杂的工作领域，能根据工作需要揭示事物的不足，熟练运用创新思维和创新技法进行创新活动，对创新成果进行理论分析、论证、总结和评估，并指导他人的创新活动	揭示不足提出改进	能通过客观分析事物发展与需求之间的矛盾揭示事物的不足，提出首创性的改进意见和方法
			做出并实施创新方案	能根据实际需要，设计并实施创新工作方案，并在条件变化时坚持创新活动
			评估创新方案	能按常规方式和专业要求，对创新方法和结果进行检测和预测风险；针对问题调整工作方案，总结经验，指导他人，提出进一步创新改进的方法

资料来源　中华人民共和国劳动和社会保障部职业技能鉴定中心.职业核心能力培训测评标准（试行）（共7册）及其训练手册（共6册）［M］.北京：人民出版社，2007.本表参照"资料来源"所列文献相关内容提炼与编制。

（说明：本表用于章后"基本训练"和书后"综合训练与考核"的"实训题"，作为"职业核心能力强化训练"之"考核指标"与"考核标准"的参照）

附录四　职业道德训练和考核参照规范与标准

附表4　　　　　　　　　　职业道德训练和考核参照规范与标准

领域	参照规范与标准
职业观念	对职业、职业选择、职业工作、职业道德和企业伦理等问题具有正确的看法
职业情感	对职业或职业模拟有愉快的主观体验、稳定的情绪表现、健康的心态、良好的心境，具有强烈的职业认同感、职业荣誉感和职业敬业感
职业理想	对将要从事的职业种类、职业方向与事业成就有积极的向往和执著的追求
职业态度	对职业选择或模拟选择有充分的认知与积极的倾向和行动
职业良心	在履行职业义务时具有强烈的道德责任感和较高的自我评价能力
职业作风	在职业模拟、职业实践或职业生活的自觉行动中，具有体现职业道德内涵的一贯表现
职业守则	爱国爱企，自尊自强；遵纪守法，敬业爱岗；公私分明，诚实善良；克勤克俭，宾客至上；热情大度，清洁端庄；一视同仁，不卑不亢；耐心细致，文明礼貌；团结服从，大局不忘；优质服务，好学向上

资料来源　中华人民共和国劳动和社会保障部.国家职业标准：营销师［M］.北京：中国劳动社会保障出版社，2002.本表参照"资料来源"所列文献相关内容编制。

（说明：本表用于章后"基本训练"和书后"综合训练与考核"的"实训题"，作为市场营销专业"职业道德相关训练"之"考核指标"与"考核标准"的参照）

附录五　能力训练与考核参照采分系数

附表 5　　　　　　　　　　　能力训练与考核参照采分系数

系数	达标程度
90%~100%	能依照全部考核要求，圆满、高质地完成此种能力所属各项技能操作，其效率与稳定性俱佳
80%~89%	能依照多数考核要求，圆满、高质地完成此种能力所属各项技能操作，其效率与稳定性较佳
70%~79%	能依照多数考核要求，较圆满、高质地完成此种能力所属各项技能操作，其效率与稳定性一般
60%~69%	能依照多数考核要求，基本完成此种能力所属各项技能操作，其效率与稳定性一般
60%以下	只能依照少数考核要求，基本完成此种能力所属各项技能操作，其效率与稳定性较低

（说明：本表用于章后"单元考核"和"综合训练与考核"，作为"职业核心能力"、"职业道德"和"专业能力"考核达标程度的参照）